# 市场营销理论与实务

The Theory and
Practice of Marketing

岳淑捷 胡留洲 ◎主编
季培媛 李旭波 孙吉春 ◎副主编

21世纪高等职业教育财经类规划教材

市场营销类

Marketing

人民邮电出版社

北京

**图书在版编目（ＣＩＰ）数据**

市场营销理论与实务 / 岳淑捷，胡留洲主编. -- 北京：人民邮电出版社，2011.2（2016.9 重印）
21世纪高等职业教育财经类规划教材. 市场营销类
ISBN 978-7-115-24678-3

Ⅰ．①市… Ⅱ．①岳… ②胡… Ⅲ．①市场营销学－高等学校：技术学校－教材 Ⅳ．①F713.50

中国版本图书馆CIP数据核字(2011)第008644号

## 内 容 提 要

　　本书采用案例引导、知识传授、实例运用及综合训练等教学形式，将市场营销原理与技能传授给学生。本教材紧扣市场营销人员所需的知识、技能和态度，从认识营销入手，介绍了营销环境和购买行为分析及市场调研，市场细分与定位和市场营销战略，市场营销的 4P 策略，最后介绍了市场营销的计划、执行与控制。

　　本书适合作为高职高专市场营销类专业、财经管理类专业、工商管理类专业及相关专业的教材。此外，本书还可作为企业营销管理人员的培训和参考用书。

21 世纪高等职业教育财经类规划教材·市场营销类
### 市场营销理论与实务

◆ 主　　编　岳淑捷　胡留洲
　　副 主 编　季培媛　李旭波　孙吉春
　　责任编辑　刘　琦

◆ 人民邮电出版社出版发行　　北京市丰台区成寿寺路 11 号
　　邮编 100164　　电子邮件　315@ ptpress. com. cn
　　网址　http://www. ptpress. com. cn
　　固安县铭成印刷有限公司印刷

◆ 开本：700×1000　1/16
　　印张：15. 25　　　　　　　　2011 年 2 月第 1 版
　　字数：360 千字　　　　　　　2016 年 9 月河北第 6 次印刷

ISBN 978-7-115-24678-3
定价：28.50 元
读者服务热线：(010)81055256　印装质量热线：(010)81055316
反盗版热线：(010)81055315
广告经营许可证：京东工商广字第 8052 号

近 30 年来，我国取得巨大的进步，靠的是改革开放带来的经济腾飞。经济的发展使得财经类学科一时成为显学，财经类专业也成为了大中专院校的热门专业。

当前，企业对财经类人才的需求又开始呈现增长的态势，但同时企业对财经类人才的要求与以往相比也越来越高。因此，能够培养出数量充足，而且素质和技能较高、能够充分适应和满足企业需求的财经类人才，已成为未来高职高专院校亟待探索和解决的问题。

何谓高层次的财经人才，首先，应该有科学、完整、宽厚、扎实的专业知识，现在市场细分，岗位细分，越是细分，就对人才的要求越综合，就越需要具备综合知识，以做好细分后的工作；其次，需要有较强的实践能力，能够高质量地承担第一线工作，并且能够在实践中不断地发展自己。要培养出这样一支高素质、高技能的应用型、技术性人才队伍，就要摸索出一套有效的人才培养模式，做好高校人才培养工作。

教材建设在高校人才培养中占有重要的地位。基于这一点，人民邮电出版社在广泛征求全国高职高专财经类专家、学者和教师意见的基础上，组建了 21 世纪高等职业教育财经类规划教材编写委员会，以课题研究的形式，组织全国多所知名财经院校教师，召开了多次教材建设研讨会，从而确立了系列规划教材的编写思路和编写体例，并对系列规划教材的大纲和内容进行了深入研讨和论证，几易其稿，终能付梓。

本系列规划教材涉及财务会计、财政金融、市场营销、工商管理、经济贸易、物流管理、电子商务等多个方向，其内容既体现教育部发布的 16 号文件精神，又与高职高专院校教学实践相结合，具有鲜明的编写特色。

1．整体策划，项目推进。本系列规划教材注重专业整体规划，从分析专业工作岗位入手，获得专业核心技能和岗位核心技能，进而来组织教材选题，安排教材结构和内容。同时，本系列教材采用项目研究、整体推进的形式，可以有效保证各专业教材内部之间的衔接性和系统性。

2．定位准确，紧扣改革。本系列规划教材紧扣教学改革的最新趋势，体现教育部发布的《关于全面提高高等职业教育教学质量的若干意见》的文件精神，专业核心课程以应用知识为主，重点是培养学生解决实际问题的能力，满足培养应用型人才的教学需求。

3．理论够用，突出技能。本系列规划教材遵循"以就业为导向，工学结合"的原则，以实用为基础，根据企业的岗位需求进行课程体系设置和教材内容选取，理论知识以"够用"为度，突出工作过程导向，突出技能的培养。在编写体例上将案例教学方式和项目教学方式与不同的课程合理结合，以期能够更贴近教学实际。

为了提升教学效果和满足学生的学习需求，本系列规划教材大部分还建设了配套的立体化教学辅助资源，包括多媒体课件、电子教案、实训资料、习题及答案、生动的教学案例及案例分析，部分教材还配有图片、动画和视频等教学资源。

期望通过本系列规划教材的推出，能够为推动财经类专业职业教育教学模式、课程体系和教学方法的改革贡献一份力量。同时，我们也希望能有更多的专家和老师参与到本系列规划教材的建设中来，对教材提出宝贵的意见和建议。

　　"市场营销理论与实务"是一门实践性和艺术性兼备的应用型学科，是建立在经济科学、行为科学和现代管理理论之上的应用课程，是市场营销专业的核心课程，也是其他经济管理类专业的重要专业基础课。为了满足市场营销专业的教学需要，提高学生的职业能力，在吸收了近年来高职高专院校技能型、应用型市场营销人才培养教学改革经验的基础上，特编写了本书。

　　通过本课程的教学，要能使学生充分认识在经济全球化背景下加强企业市场营销的重要性，了解分析市场营销环境、研究市场购买行为、制定市场营销组合策略、组织和控制市场营销活动的基本程序和方法，最终比较全面系统地掌握市场营销的基本原理和技能。在教学过程中可以运用案例引导、知识传授、实例运用及综合训练等教学方法，借助课堂讨论、社会实践、市场调查、营销策划等多种形式，培养和提高学生正确分析和解决市场营销管理问题的实践能力，培养学生的营销知识应用和创新能力。

　　本课程主张理论与实践一体化，有针对性地采取项目导向、案例研讨等教学模式，激发学生参与活动及学习知识的积极性和主动性，使学生边实践、边学习、边思考、再实践，以培养学生分析和解决营销实际问题的能力。在内容上，本书紧跟时代步伐，吸收了现代市场营销学研究与实践的最新成果，以期能反映现代市场营销的发展趋势；在内容组织上，注重各部分内容间的联系及全书的系统性，可以使学生学习本书后对市场营销原理有一个整体认识。

　　本书由岳淑捷、胡留洲任主编，季培媛、李旭波、孙吉春任副主编，本书编写组成员还包括张金成和林小浩。其中岳淑捷编写了第 1 章和第 10 章，胡留洲编写了第 5 章和第 6 章，李旭波编写了第 2 章~第 4 章，季培媛编写了第 7 章和第 9 章，张金成编写了第 8 章，林小浩编写了第 11 章。全书统稿工作由岳淑捷完成。

　　在本书编写过程中，广泛参阅了国内外学者的文献资料，在此谨向各位专家学者致以诚挚的感谢。与此同时，对有关单位、企业和专家的大力支持和帮助，致以深深的谢意。

　　限于作者水平，书中难免存在不足之处，敬请广大读者批评指正。

编　者

2010 年 11 月

# 目　录

第1章　认知营销 ………………………… 1
　实践项目 ………………………………… 1
　案例导入 ………………………………… 1
　1.1　市场营销观念 …………………… 3
　　1.1.1　生产观念 …………………… 3
　　1.1.2　产品观念 …………………… 3
　　1.1.3　推销观念 …………………… 4
　　1.1.4　市场营销观念 ……………… 4
　　1.1.5　社会市场营销观念 ………… 5
　　1.1.6　大市场营销观念 …………… 5
　　1.1.7　整合营销观念 ……………… 6
　1.2　市场营销的含义 ………………… 7
　　1.2.1　市场营销的定义 …………… 7
　　1.2.2　"以人为本"的市场营销 …… 8
　1.3　顾客满意 ………………………… 8
　　1.3.1　顾客满意的内涵 …………… 8
　1.4　市场营销原理 …………………… 10
　　1.4.1　市场营销环境 ……………… 10
　　1.4.2　STP营销战略 ……………… 10
　　1.4.3　市场营销组合策略 ………… 11
　案例分析 ……………………………… 12
　思考与练习 …………………………… 14

第2章　市场营销环境 ………………… 15
　实践项目 ……………………………… 15
　案例导入 ……………………………… 15
　2.1　市场营销环境概述 ……………… 16
　　2.1.1　市场营销环境的特征 ……… 16
　　2.1.2　分析市场营销环境的意义 … 17
　2.2　市场营销宏观环境 ……………… 17
　　2.2.1　政治环境 …………………… 17
　　2.2.2　经济环境 …………………… 18
　　2.2.3　人口环境 …………………… 19
　　2.2.4　法律环境 …………………… 20
　　2.2.5　科学技术环境 ……………… 21
　　2.2.6　社会文化环境 ……………… 21
　　2.2.7　自然地理环境 ……………… 22
　2.3　市场营销微观环境 ……………… 22
　　2.3.1　供应商 ……………………… 23
　　2.3.2　营销中介 …………………… 23
　　2.3.3　顾客 ………………………… 24
　　2.3.4　竞争者 ……………………… 24

　　2.3.5　社会公众 …………………… 25
　　2.3.6　企业内部 …………………… 25
　2.4　市场营销环境分析 ……………… 26
　　2.4.1　SWOT分析法 ……………… 26
　　2.4.2　环境威胁和市场机会分析 … 26
　案例分析 ……………………………… 28
　思考与练习 …………………………… 29

第3章　购买行为分析 ………………… 30
　实践项目 ……………………………… 30
　案例导入 ……………………………… 30
　3.1　消费者市场与消费行为模式 …… 31
　　3.1.1　消费者市场的概念 ………… 31
　　3.1.2　消费者市场的特点 ………… 31
　　3.1.3　消费者行为模式 …………… 32
　3.2　消费者购买行为的影响因素 …… 33
　　3.2.1　文化因素 …………………… 33
　　3.2.2　社会因素 …………………… 34
　　3.2.3　个人因素 …………………… 35
　　3.2.4　心理因素 …………………… 36
　3.3　消费者的购买决策过程 ………… 39
　　3.3.1　参与决策的角色 …………… 39
　　3.3.2　购买决策的类型 …………… 40
　　3.3.3　购买决策的过程 …………… 41
　3.4　组织市场购买行为 ……………… 42
　　3.4.1　组织市场的构成 …………… 42
　　3.4.2　组织市场的特点 …………… 43
　　3.4.3　组织市场购买行为的类型 … 44
　　3.4.4　组织购买的影响因素 ……… 45
　案例分析 ……………………………… 46
　思考与练习 …………………………… 47

第4章　市场调研 ……………………… 48
　实践项目 ……………………………… 48
　案例导入 ……………………………… 48
　4.1　营销信息系统 …………………… 49
　　4.1.1　营销信息的含义 …………… 49
　　4.1.2　营销信息的特征 …………… 49
　　4.1.3　市场营销信息系统的含义 · 50
　　4.1.4　市场营销信息系统的构成 · 50
　4.2　市场调研 ………………………… 51
　　4.2.1　市场调研的含义 …………… 51
　　4.2.2　市场调研的内容 …………… 52
　　4.2.3　市场调研的类型 …………… 53
　　4.2.4　市场调研的程序 …………… 54
　　4.2.5　市场调研的方法 …………… 56

1

4.3　市场营销预测·······················57
 4.3.1　定性预测······················58
 4.3.2　定量预测······················60
案例分析································61
思考与练习······························63

**第5章　市场细分与定位**······················64
实践项目································64
案例导入································64
5.1　市场细分·························66
 5.1.1　市场细分的依据·············66
 5.1.2　市场细分的作用·············67
 5.1.3　市场细分的原则·············68
 5.1.4　市场细分的标准·············68
 5.1.5　市场细分的方法·············74
 5.1.6　市场细分的步骤·············75
5.2　目标市场的选择················75
 5.2.1　评估细分市场，确定目标市场···75
 5.2.2　目标市场选择的基本模式·····76
 5.2.3　目标市场选择的基本策略·····77
5.3　市场定位·························79
 5.3.1　市场定位的含义·············79
 5.3.2　市场定位的步骤·············79
 5.3.3　市场定位的实质·············82
 5.3.4　市场定位的方法·············83
 5.3.5　定位图······················84
 5.3.6　市场定位的步骤·············85
 5.3.7　市场定位中的误区··········86
案例分析································86
思考与练习······························88

**第6章　市场营销战略**······················89
实践项目································89
案例导入································89
6.1　市场营销战略概述·············90
 6.1.1　市场营销战略的地位·········90
 6.1.2　市场营销战略的特点·········90
6.2　市场营销战略分析方法·······92
 6.2.1　波特的五种力量模型·········92
 6.2.2　波士顿矩阵法···············94
 6.2.3　多因素投资组合矩阵·········97
 6.2.4　SWOT分析模型·············99
6.3　市场营销战略决策············102
 6.3.1　市场发展战略··············102
 6.3.2　市场竞争战略··············104
6.4　市场营销战略的流程·········106
 6.4.1　企业在整体上确定总任务···106
 6.4.2　企业要确定其目标·········106
 6.4.3　企业要安排好其业务组合···107

 6.4.4　制订其他功能性战略计划·····107
6.5　市场营销战略实施···········108
 6.5.1　成本领先战略的实施·······108
 6.5.2　聚焦化战略的实施·········109
 6.5.3　差异化战略的实施·········110
案例分析·······························110
思考与练习·····························113

**第7章　产品策略**························114
实践项目·······························114
案例导入·······························114
7.1　产品整体概念及分类·········115
 7.1.1　产品整体概念·············115
 7.1.2　产品的类型···············117
7.2　产品组合策略················118
 7.2.1　产品组合概念·············118
 7.2.2　产品组合策略·············119
7.3　产品生命周期················121
 7.3.1　产品生命周期的理论·······121
 7.3.2　产品生命周期各阶段的
   特征····················123
7.4　新产品开发策略··············126
 7.4.1　新产品的概念和类型·······126
 7.4.2　新产品的扩散过程·········127
 7.4.3　新产品开发的意义·········128
 7.4.4　新产品开发程序···········129
 7.4.5　新产品开发的策略·········131
7.5　产品品牌策略················133
 7.5.1　品牌的概念···············133
 7.5.2　品牌的作用···············134
 7.5.3　品牌设计··················135
 7.5.4　品牌决策··················136
7.6　包装策略·····················139
 7.6.1　包装的概念与作用·········139
 7.6.2　包装的原则···············140
 7.6.3　包装策略··················140
案例分析·······························141
思考与练习·····························144

**第8章　价格策略**························145
实践项目·······························145
案例导入·······························146
8.1　基本价格的制定··············147
 8.1.1　定价目标··················147
 8.1.2　确定需求··················148
 8.1.3　估计成本··················149
 8.1.4　分析竞争者的产品和价格···150
 8.1.5　选择定价方法·············150

2

8.1.6 选定最终价格 ·············153
## 8.2 产品基本价格的修订 ·············153
8.2.1 地区性定价 ·············153
8.2.2 价格折扣和折让 ·············154
8.2.3 促销定价 ·············155
## 8.3 相关产品的定价 ·············156
8.3.1 产品线定价 ·············156
8.3.2 选购品的定价 ·············156
8.3.3 附带产品的定价 ·············156
8.3.4 副产品定价 ·············157
8.3.5 组合产品的定价 ·············157
## 8.4 产品生命周期与价格策略 ·············157
8.4.1 导入期定价 ·············157
8.4.2 成长期定价 ·············158
8.4.3 产品成熟期的价格策略 ·············159
8.4.4 产品衰退期的价格策略 ·············159
案例分析 ·············159
思考与练习 ·············161
# 第9章 分销渠道策略 ·············162
案例导入 ·············162
## 9.1 分销渠道概述 ·············163
9.1.1 分销渠道的概念 ·············163
9.1.2 分销渠道的功能及流程 ·············164
9.1.3 分销渠道的类型和结构 ·············165
9.1.4 分销渠道系统 ·············167
## 9.2 中间商功能和类型 ·············168
9.2.1 中间商的功能 ·············168
9.2.2 中间商的类型 ·············169
## 9.3 分销渠道设计 ·············173
9.3.1 分销渠道选择的原则 ·············173
9.3.2 影响分销渠道设计的因素 ·············173
9.3.3 选择分销渠道的策略 ·············175
9.3.4 分销渠道设计的步骤 ·············176
## 9.4 分销渠道管理 ·············177
9.4.1 分销商的选择 ·············177
9.4.2 分销商的激励 ·············178
9.4.3 分销商绩效评估 ·············179
9.4.4 分销渠道的调整 ·············180
9.4.5 渠道窜货管理 ·············180
案例分析 ·············181
思考与练习 ·············183
# 第10章 促销策略 ·············184
实践项目 ·············184

案例导入 ·············184
## 10.1 促销概述 ·············185
10.1.1 促销的含义 ·············185
10.1.2 促销的作用 ·············187
10.1.3 促销组合 ·············187
## 10.2 广告策略 ·············190
10.2.1 广告的分类 ·············190
10.2.2 广告策略 ·············192
## 10.3 人员推销策略 ·············195
10.3.1 推销人员应具备的素质 ·············195
10.3.2 人员推销的组织形式 ·············196
10.3.3 人员推销的工作过程 ·············197
## 10.4 营业推广策略 ·············198
10.4.1 营业推广的种类 ·············198
10.4.2 营业推广策略的实施过程 ·············199
## 10.5 公共关系策略 ·············200
10.5.1 公共关系的含义 ·············201
10.5.2 公共关系策略的实施 ·············201
案例分析 ·············203
思考与练习 ·············208
# 第11章 市场营销计划、执行与控制 ·············209
实践项目 ·············209
案例导入 ·············210
## 11.1 市场营销计划 ·············211
11.1.1 市场营销计划的定义 ·············211
11.1.2 市场营销计划的内容 ·············211
11.1.3 市场营销计划的分类 ·············214
11.1.4 制定市场营销计划常见问题 ·············214
## 11.2 市场营销执行 ·············216
11.2.1 市场营销组织 ·············216
11.2.2 营销计划执行过程 ·············221
11.2.3 市场营销计划有效执行的保障 ·············222
11.2.4 现代企业市场营销应注意几个方面 ·············223
## 11.3 市场营销控制 ·············224
11.3.1 年度计划控制 ·············224
11.3.2 盈利能力控制 ·············226
11.3.3 效率控制 ·············227
## 11.4 市场营销审计 ·············229
案例分析 ·············232
思考与练习 ·············235
# 参考文献 ·············236

# 第1章

# 认 知 营 销

## 学习目标

- 了解市场营销观念的发展变化过程，树立现代市场营销理念。
- 理解市场营销的基本概念。
- 掌握市场营销原理。

## 实践项目

**感悟营销**

任务一　分组成立模拟公司，每6～8人一组，给公司命名，选择公司产品。

任务二　走访市场，去企业调研，提出公司经营思路。

## 案例导入

### 海尔：创造"海尔市场"

　　海尔是世界白色家电第一品牌、中国最具价值品牌。海尔在全球建立了 29 个制造基地，8 个综合研发中心，19 个海外贸易公司，全球员工总数超过 6 万人，已发展成为大规模的跨国企业集团。早在 2005 年 8 月，海尔就被英国《金融时报》评为"中国十大世界级品牌"之首。2006 年，在《亚洲华尔街日报》组织评选的"亚洲企业 200 强"中，海尔集团连续 4 年荣登"中国内地企业综合领导力"排行榜榜首。2007 年，海尔在中国家电市场的整体份额达到 25%以上，全球营业额超过 1 000 亿元。自 2002 年以来，海尔品牌价值连续 8 年蝉联中国最有价值品牌榜首。2008 年 3 月，海尔第二次入选英国《金融时报》评选的"中国十大世界级品牌"。2008 年 6 月，在《福布斯》"全球最具声望大企业 600 强"评选中，海尔排名第 13 位，是排名最靠前的中国企业。2008 年 7 月，在《亚洲华尔街日报》组织评选的"亚洲企业 200 强"中，海尔集团荣登"中国内地企业综合领导力"排行榜榜首。2009 年，海尔品牌价值高达 812 亿元，海尔品牌旗下冰箱、空调、洗衣机、电视机、热水器、电脑、手机、家居集成等 19 个产品被评为中国名牌。

据 1997 年 7 月 30 日《经济日报》报道，进入 5 月份，在青岛海尔空调器总公司，前来采购的车辆排起了长龙。就连祖国北边的黑龙江百货大楼、南边的海南乐普生商厦、西边的新疆新百商场和东边的上海华联商厦，都不远千里赶来提货。

自 1997 年 2 月开始，公司就加班加点，由两班生产改为三班生产，千方百计扩大生产，以满足市场需求。1～5 月份，产量已比上年同期增长了 496%，但产品仍供不应求。截至 1997 年 4 月底，公司销售收入已突破 10 亿元大关，相当于上年全年总和。品牌的市场占有率也越来越高，据统计显示，海尔空调的市场占有率已高达 41%，大大领先于其他品牌。

早在几年前，空调器产品在我国就由"卖方市场"转入"买方市场"。有关资料显示，1996 年，我国空调器的实际产量为 680 万台，但实际生产能力已超过 2 000 万台。1996 年以来，已有 30%的空调器生产企业因销售困难出现效益下降或亏损，许多企业加大了限产力度。

市场"饱和"了，但"海尔"为什么没有饱和？

"只有饱和的思想，没有饱和的市场。"公司经理认为："道理很简单，空调器短缺时，人们能买到就行；产品丰富了，人们先选取物美价廉的；质量、价格都差不多了，人们开始挑牌子；牌子都叫响了，人们又瞄准了服务最好的。总之，要盯住消费者这些无穷尽的需求，它们决定了市场总是有张力的。"

针对老人、孩子开启空调和设定温度不方便，公司设计出中国第一台"电话指挥"智能变频空调，一投放市场就到处告缺。自 1996 年开始，海尔先后开发了 200 多个适销对路的新产品，其中 23 个产品一直脱销。"从用户中来"的新产品开发思路，使海尔最终达到了"到用户中去"的目的，也使得海尔完成了由"销售我能生产的产品"到"生产我能销售出去的产品"的历史转变。同样，在服务上，海尔坚持用户有什么样的潜在需求，公司就开发什么样的服务项目，给用户一个"意想不到的惊喜和满足"。比如，公司推出"您只要打一个电话，其余的事由我们来做"的"星级服务"。推出"星级服务"的当月，海尔空调销量就增长了 40%。

海尔集团携手 2010 年上海世博会中国山东馆，将其物联网时代的产品带给观众，使观众"预先尝试物联网生活的美好体验"。比如，利用时下正流行的物联网概念，海尔 U-home 数字家庭中的创新——当你拿起柚子，托盘会告诉你它的含糖量及合理的摄入量；当你准备出门，电脑包会提醒你忘带了什么东西；当你在回家路上，冰箱会告诉你储存了什么食物，并推荐相应的菜谱……如此，把更多想象中的美好转变成现实，在最具科技前瞻的盛会上展现出来，势必可以植根于观众的心中，形成对消费者强大的感召力。

从本案例可以看出，海尔成功的诸多因素中，正确而超前的营销具有决定性作用。海尔着眼于把消费者潜在的需求转化为现实的市场需求，创造出了一个个"海尔市场"。营销已经成为海尔安身立命的重要法宝之一。

# 1.1　市场营销观念

企业的市场营销活动是在特定的营销观念指导下进行的。所谓市场营销观念（即市场营销管理观念），是指企业在一定时期、一定生产经营技术和市场环境条件下，进行全部市场营销活动，正确处理企业、顾客和社会三者利益方面的指导思想和行为的根本准则。市场营销观念是随着生产发展、科技进步和市场环境的变化而不断发展变化的。

随着生产力水平的发展、供求关系的改变以及企业素质的提高，企业经营观念大体经历了生产观念、产品观念、推销观念、市场营销观念等阶段。最初，企业的营销活动以生产观念（Production Concept）和产品观念（Product Concept）为指导思想；继而以推销观念（Selling Concept）为指导思想；第二次世界大战以后，企业营销活动的指导思想又逐渐演变为市场营销观念（Marketing Concept）；到 20 世纪 70 年代，西方有些学者又提出了社会市场营销观念（Societal Marketing Concept）和大市场营销观念（Megmarketing Concept）。

## 1.1.1　生产观念

生产观念在西方盛行于 19 世纪末 20 世纪初。当时，资本主义国家处于工业化初期，市场需求旺盛，企业只要提高产量、降低成本，便可获得丰厚利润。因此，企业的中心问题是扩大生产价廉物美的产品，而不必过多关注市场需求差异。生产观念是以企业为中心的市场营销观念，是以企业利益为根本取向和最高目标来处理营销问题的观念。这是一种最古老的营销观念。

生产观念认为，消费者总是喜欢那些可以随处买得到而且价格低廉的产品，企业应当集中精力提高生产效率和扩大分销范围，增加产量，降低成本。以生产观念指导营销管理活动的企业，称为生产导向企业。生产观念是一种重生产、轻市场营销的商业哲学，其典型表现是我们生产什么，就卖什么，就像美国福特汽车公司创始人说："不管顾客需要什么，我的汽车就是黑色的。"生产观念由于重生产、轻市场，在物资紧缺的年代也许能"创造辉煌"，如福特汽车公司 1914 年开始生产的 T 型汽车，到 1921 年在美国汽车市场上的占有率达到 56%。但随着生产的发展、供求形势的变化，这种观念必然使企业陷入困境。之后不久，福特汽车公司陷入困境，几乎破产。

20 世纪 80 年代之前，由于我国对企业产品实行统购统销制度，企业只注重生产规模的扩大和生产计划的完成，这就是奉行了生产观念。在那个年代，由于产品供不应求，企业不需要也不可能进行真正的市场营销。

## 1.1.2　产品观念

持产品观念的企业假设购买者欣赏精心制作的产品，相信他们能鉴别产品的质量和功能并愿意出较高价格购买质量上乘的产品。

比起生产观念的重产品数量、轻产品质量，持产品观念的企业在同行业竞争中取得了优势，但由于产品观念同样产生于市场产品供不应求的"卖方市场"形势下，该观念仍然是以企业为中心的市场营销观念。这些企业常迷恋自己的产品，只致力于大量生产或精工制造、改进产品，而不太关注市场是否欢迎。

产品观念与生产观念类似，其共同特点是重生产、轻营销，把市场看作生产过程的终点，忽视了市场需求的多样性和动态性，认为只要产品好、有特色就不愁卖，如"好酒不怕巷子深"、"花香自有蝶飞来"。忽视市场需要的最终结果是其产品被市场冷落，经营者陷入困境甚至破产。

## 1.1.3　推销观念

推销观念产生于资本主义国家由"卖方市场"向"买方市场"的过渡阶段。在1920～1945 年，由于科学技术的进步、科学管理和大规模生产的推广，产品产量迅速增加，逐渐出现了市场产品供过于求、卖主之间竞争激烈的新形势。许多企业家感到，即使有物美价廉的产品，也未必能卖得出去；企业要在日益激烈的市场竞争中求得生存和发展，就必须重视推销工作。

推销观念认为，消费者通常表现出一种购买惰性或抗衡心理，如果听其自然的话，消费者一般不会大量购买某一企业的产品，因此，企业必须积极推销和大力促销，以刺激消费者大量购买。执行推销观念的企业，其表现往往是我们卖什么，就让人们买什么。推销观念在现代市场经济条件下被大量用于推销那些非渴求物品，即购买者一般不会想到要去购买的产品或服务。许多企业在产品过剩时，也常常奉行推销观念。在推销观念指导下，企业相信产品是"卖出去的"，而不是"被买去的"。他们致力于产品的推广和广告活动，以求说服甚至强制消费者购买。他们收罗了大批推销专家，做大量的广告宣传，夸大产品的"好处"，对消费者进行无孔不入的促销信息"轰炸"，迫使人们不得不购买。

与前两种观念一样，推销观念奉行的也是以企业为中心的"以产定销"理念，而不是满足消费者的真正需要。

## 1.1.4　市场营销观念

市场营销观念形成于 20 世纪 50 年代。第二次世界大战后，资本主义经历了 20 年的发展时期。随着第三次科学技术革命的兴起，西方各国企业更加重视研究和开发，产品技术不断创新，新产品竞相上市。大量军工企业转向民品生产，使社会产品供应量迅速增加，许多产品供过于求，市场竞争进一步激化。同时，西方各国政府相继推行高福利、高工资、高消费政策，社会经济环境出现快速变化。消费者有较多的可支配收入和闲暇时间，对生产质量的要求逐渐提高，消费需要变得更加多样化，购买选择更为精明，要求也更为苛刻。在这种形势下，要求企业改变以往单纯以卖主为中心的思维方式，转向认真研究需求，正确选择为之服务的目标市场，以满足目标顾客的需要为目标，并根据其变动不断调整自己的营销策略，也就是说，要从以企业为中心转变到以消费者（顾客）为中心。

市场营销观念是以消费者为中心的观念。市场营销观念的形成和实践是一种质的飞跃，它不仅改变了传统的生产观念、产品观念和推销观念的思维方法，在经营策略上也有很大突破。这种观念认为，企业的一切计划与策略应以消费者为中心，正确确定目标市场的需要与欲望，并且比竞争者更有效地传送目标市场所期望的物品或服务，进而比竞争者更有效地满足目标市场的需要和欲望。例如，美国的 IBM、麦当劳等都是成功运用市场营销观念的企业。

市场营销观念的核心内容是：消费者需要什么，就生产什么供应什么，消费者的需要成为生产、经营和服务的出发点。在这种观念指导下，企业营销管理的主要任务是从调查研究消费者的需求和欲望出发，组织生产和营销。具体措施是调查研究、开发技术、合理定价、选择销售渠道、确定销售方式、提供售前售后服务、重视信息反馈。"顾客是上帝"等口号就是这种观念的反映。

## 1.1.5　社会市场营销观念

从 20 世纪 70 年代起，随着全球环境破坏、资源短缺、人口爆炸、通货膨胀和忽视社会服务等问题日益严重，要求企业顾及消费者整体与长远利益即社会利益的呼声越来越高，社会市场营销观念应运而生。

社会市场营销观念是对市场营销观念的修改和补充。鉴于市场营销观念回避了消费者需要、消费者利益和长期社会福利之间隐含着的冲突，社会市场营销观念提出企业的任务在于确定各个目标市场的需要、欲望和利益，并以维护与增进消费者和社会福利的方式，比竞争者更有效、更有利地向目标市场提供能够满足其需要、欲望和利益的物品或服务。社会市场营销观念要求市场营销者在制定市场营销政策时，要统筹兼顾三方面的利益，即企业利润、消费者需要和社会利益。

## 1.1.6　大市场营销观念

20 世纪 80 年代以来，经济发达国家生产过剩，市场竞争日益激烈。世界上许多国家的政府干预加强，贸易保护主义抬头，为了保护本国的工业，采取了一系列关税和非关税贸易壁垒。在这种封闭型或保护型的市场上，已经存在的参与者和批准者往往会设置各种障碍，使得那些能够提供类似产品，甚至能够提供更好的产品或服务的企业难以进入市场，无法开展经营服务。在这样的背景下，菲利普·科特勒（Phlip Kotler）于 1984 年提出了"大市场营销"这种新的观念或新的战略思想。

所谓大市场营销观念，是指在实行贸易保护的条件下，企业的市场营销战略除了 4P 之外，还必须加上 2P，即"政治力量"（Political Power）和"公共关系"（Public Relations）。这种战略思想被称为"大市场营销"。菲利普·科特勒给"大市场营销"下的定义为：企业为了成功地进入特定市场或者在特定市场经营，应用经济的、心理的、政治的和公共关系的技能，赢得若干参与者合作。

应当看到，"大市场营销"与"市场营销观念"和传统的市场营销基本理论有所不同。

### 1. 企业市场营销管理与企业外部经营环境的关系有所不同

过去一直认为，企业要善于安排市场营销组合，使企业的市场营销管理决策与企业外部不可控制的环境因素相适应，这是企业能否成功、能否生存和发展的关键；"大市场营销"则认为，企业可以影响其经营环境，而不是仅仅顺从它和适应它。

### 2. 企业的市场营销目标有所不同

在"市场营销观念"指导下，企业的市场营销目标是千方百计地发展和满足目标顾客的需要；在"大市场营销"指导下，企业的市场营销目标是为了满足目标顾客的需要，采取一切手段，打开和进入某一市场，创造或改变目标顾客的需要。

### 3. 市场营销手段有所不同

在"市场营销观念"指导下，企业集中一切资源、力量，适当安排 4P，采取这些市场营销手段来满足目标顾客的需要；而在"大市场营销"指导下，企业要用 6P 来打开和进入某一市场，创造或改变目标顾客的需要。

## 1.1.7　整合营销观念

进入 20 世纪 90 年代之后，美国社会处于高度发达的后工业时代，科技进步威力无穷，尤其计算机辅助设计生产及机器人的大量使用，企业制造手段普遍表现出高度自动化，弹性生产、准时生产等新型生产方式普遍抢先。计算机的广泛使用、各企业技术水平的提高，也使得竞争者在产品及技术方面同质化。根据同类市场调查结果，竞争对手可能在一家企业测试产品的时候，就破解了他的配方，很快推出性能接近的产品，而且生产成本几乎接近。销售渠道的形式也很容易遭到竞争者模仿，在同一销售网点，同行的同类产品挤上了同一货架。营销中售前、售中、售后服务更是如出一辙，一家有的大家都有，消费者很难从中分出优劣。在这种情况下，企业如何实现差异化？如何才能赢得更多顾客？

整合营销理论对此做出了回答。菲利普·科特勒认为：企业所有部门为服务于顾客利益，生产单位共同工作时，其结果就是整合营销。整合营销观念改变了以前把营销活动作为企业经营管理的一项职能的观点，而是要求将所有活动都整合和协调起来，努力为顾客的利益服务。整合营销以下列 4C 观念为核心，强化了以消费者需求为中心的营销组合。

### 1. 消费者（Consumer）

"消费者"指消费者的需要和欲望（Needs and Wants of Consumer）。企业要把重视顾客放在第一位，强调创造顾客比开发产品更重要，满足消费者的需求和欲望比产品功能更重要。不能仅仅卖企业想制造的产品，而是要提供顾客确实想买的产品。

### 2. 成本（Cost）

"成本"指消费者获得满足的成本（Cost and Value to Satisfy Consumer Needs and Wants），或是消费者满足自己的需要和欲望肯付出的成本价格。这里的营销价格因素延伸为生产经营过程中的全部成本，包括企业的生产成本，即生产适合消费者需要的产品成本；消费者购物成本，不仅指购物的货币支出，还有时间耗费、体力和精力耗费以及风险承担。新的定价模式是：

$$消费者支持的价格 - 适当的利润 = 成本上限$$

企业要想在消费者支持的价格限度内增加利润，就必须努力降低成本。

### 3. 便利（Convenience）

"便利"指购买的方便性（Convenience to buy）。和传统的营销渠道相比，新的观念更重视服务环节，在销售过程中，强调为顾客提供便利，让顾客既购买到商品，也购买到便利。在各种邮购、电话订购、代购代送、网上购物等方式出现后，消费者不去商场，在小区或坐在家里就能买到自己所需的物品。企业要深入了解不同的消费者有哪些不同的购买方式和偏好，把便利原则贯穿于营销活动的全过程；售前及时向消费者提供充分的关于产品性能、质量、价格、使用方法和效果的准确信息，在售货地点要提供自由挑选、方便停车、免费送货、咨询导购等服务，售后应重视信息反馈和追踪调查，及时处理和答复顾客意见，对有问题的商品主动退换，对使用故障积极提供维修方便，大件商品甚至终身保修。为方便顾客，很多企业已开设热线电话服务。

### 4．沟通（Communication）

"沟通"指与用户沟通（Communication with consumer）。企业可以尝试多种营销策划与营销组合，如果未能收到理想的效果，说明企业与产品尚未完全被消费者接受。这时，不能首先加强单向劝导顾客，而要着眼于加强双向沟通，增进相互的理解，实现真正的适销对路，培养忠诚的顾客。

## 1.2 市场营销的含义

市场营销译自英文"Marketing"，20世纪初产生于美国。以后的一个世纪，随着社会、经济形势的发展变化，市场营销的理论和方法在企业，包括非商业性组织中得到广泛运用。通过市场营销活动获得利润，既是企业生存的基础，也是整个国民经济正常运行和可持续发展中不可缺少的环节。

### 1.2.1 市场营销的定义

市场营销的定义在不同的时期有着不同的表述。在市场营销产生之初，第二次世界大战前的30年里，"市场营销（Marketing）"同"推销（Selling）"或"促销（Promotion）"的含义是通用的，并无重大区别。随着市场营销实践的发展和现代市场营销理论的形成，"市场营销"一词有了更加丰富的内涵，同"推销"不再是同义词。

菲利普·科特勒指出："市场营销最重要的部分不是推销，推销仅仅是市场营销冰山的顶端，是市场营销几个职能中的一个，并且往往不是最重要的一个。因为，如果营销人员做好识别消费者需要的工作，开发适销对路的产品，并且搞好定价、分销和实行有效的促销，这些货物将会很容易地销售出去。"

美国管理学权威彼得·拉克（Peter Drucker）指出："人们可以相信总是存在销售的需要，但是营销的目标是让销售变得不那么必要。营销的目标是对顾客非常了解和理解，因此，提供的产品和服务能够满足顾客的需要，这样产品自身就把自己销售出去了。"

1960年，美国市场营销协会（AMA）给市场营销（活动）下的定义是："市场营销是引导商品和劳务从生产者到达消费者或使用者的一切商业活动过程。"对于这一定义，一般认为范围显得过于狭小，因为它把市场营销限制在"产品生产出来以后"和"产品被消费者或使用者购买之前"的商业活动范围之内，不能概括现代市场营销的全部功能。实际上，市场营销除了研究产品生产出来以后到产品销售之前这一过程，还应在产品生产之前就考虑这件产品是否应该生产，以及产品的设计、原材料准备、定价、商标、包装等；在产品到达消费者手中之后，市场营销活动并没有结束，还要搞好售后服务，并进行消费者产品使用情况的调查，及时进行信息反馈，为下一轮市场营销活动打下基础。

1985 年，美国市场营销协会对市场营销重新下了一个定义："市场营销是关于构思、货物和服务的设计、定价、促销和分销的策划与实施过程，即为了实现个人和组织目标而进行的交换过程。"这一定义比较明确地表述了市场营销的含义，指出了市场营销的实质，但它所概括的内容仍不够全面。事实上，市场营销发展到今天，不再仅仅是一种交换过程，市场营销理论还将进一步运用于非商业组织的活动之中。

从上述市场营销的定义可以看出：市场营销是一个整体活动；营销主体既包含营利性的企业，也包含非营利的组织和个人；营销对象不仅是市场需要的产品、劳务或服务，而且包括构思以及人物的营销；市场营销的核心是交换；市场营销是一个动态的过程，营销活动受到微观环境和宏观环境的影响；市场营销是企业或组织的一种管理功能；市场营销是一种观念。现代营销观念要求企业把满足顾客需求放在经营的首位。

### 1.2.2  "以人为市"的市场营销

美国经济学家包尔·马苏（Paul Magur）提出过这样一个定义："市场营销就是给社会传递生活标准"，这被认为是一个具有特色、简短有力的定义。哈佛大学的马尔康·麦克纳（Malcolm Mcnair）教授对这一定义表示赞赏，并为它增加了"创造"二字，认为"市场营销就是给社会创造与传递生活标准"。也就是说，一个企业成功的市场营销策略，不但要满足消费者的现有需要，而且要与整个社会生活标准及其提高的趋势和速度相适应。

2010 年，菲利普·科特勒提出了最新观点——市场趋势正在呼唤"价值观驱动的营销"。这是一个"以人为本"的营销时代，在这个时代，消费者将会变得更加积极、更加主动、更加渴望拥有创造性，他们将会要求更多参与到营销价值的创造中来。对于企业来说，以前只要在产品与服务上有效地把握客户需求并建立起客户利益的比较优势，就能赢得客户的满意、赢得市场；而在新的时代，企业营销要从公司愿景与价值观入手，必须关注到社会可持续发展中所面临的问题，必须主动承担更多的社会责任，在营销中加入更多的人文关怀，并通过新的经营手段和营销方式来推动社会的和谐发展。

## 1.3  顾客满意

现代市场营销观念的核心是以顾客为中心，满足顾客需求。在这一观念的指导下，企业在进行市场营销活动中，要努力通过顾客满意，建立顾客忠诚。当今，对于许多企业来说，市场竞争的重点已不再仅仅是统计意义上的市场占有率，而是拥有多少忠诚的顾客，即企业竞争的目标由追求市场占有率转向忠诚顾客的数量。忠诚顾客的数量决定了企业的生存与发展。

### 1.3.1  顾客满意的内涵

菲利普·特勒认为，顾客满意"是指一个人通过对一个产品的可感知效果与他的期望值相比较后，所形成的愉悦或失望的感觉状态"。可见，顾客满意是一种期望与可感知效果比较的结果，它是一种顾客心理反应。

顾客在进行消费之前，心中就持有产品应达到的某种特定标准，从而形成期望，在购买产品之后，他会将产品的实际表现同自己的标准相比较，从比较中判断自己的满意程度。这种判断有三种可能的结果：第一，如果产品表现与顾客的标准相符，他就会感到理所当然，不会有太大的反应；第二，如果产品表现优异，超出了顾客的标准，他会感到十分满意；第三，如果产品表现达不到标准，顾客就会产生不满。比如，顾客以约定的时间采购物品，如果不能如期到达，顾客就会抱怨；如果按时到达，顾客也许不会有什么反应；如果能提前到达，顾客则会很高兴。

由此可以看出，能否实现顾客满意有三个重要因素：第一，顾客对产品的预先期望，这种期望来源于顾客原先的购买经验、朋友或同事的建议、企业广告信息及承诺等；第二，产品的实际表现；第三，产品表现与顾客期望的比较。而满意本身又具有多个层次，具体说来，"满意"可以用五种情绪来形容，分别是："满足"，指产品可以接受或容忍；"愉快"，指产品带给人以积极、快乐的体验；"解脱"，指产品解除了人们的消极状态；"新奇"，指产品带给人以新鲜和兴奋的感觉；"惊喜"，指产品令人喜出望外。

由此可见，声称满意的人们，其满意的水平和原因可能是完全不同的，其中有些顾客会对产品产生高度的满意，如惊喜的感受，并重复购买，从而表现出忠诚行为，而大部分顾客所经历的满意程度，则不足以产生这种效果，只是一种满足。因此，顾客满意先于顾客忠诚并且有可能直接引起忠诚，但是并不必然如此。

## 1.3.2 顾客满意战略

顾客满意营销战略，即 CS（Customer Satisfaction）营销战略，最重要的就是要站在顾客的立场上考虑和解决问题，要把顾客的需要和满意放到一切考虑因素之首。

### 1. 开发顾客满意的产品

CS 营销战略要求企业的全部经营活动都要以满足顾客的需要为出发点，所以，企业必须熟悉顾客，了解用户，即要调查他们现实和潜在的要求，分析他们购买的动机和行为、能力和水平，研究他们的消费传统和习惯、兴趣和爱好。只有这样，企业才能科学地确定产品的开发方向和生产数量，准确地选择服务的具体内容和重点对象。把顾客需求作为企业开发产品的源头是 CS 营销战略中较重要的一环。例如，有人总结出吸引老人的商品主要有以下特征：舒适、安全、便于操作、利于交际以及体现传统价值观。

### 2. 提供顾客满意的服务

提供顾客满意的服务是指不断完善服务系统，最大限度地使顾客感到安心和便利。例如，价格设定方面，既要符合顾客的价值认知，又能够让企业有所盈利；便利性方面，为顾客提供最大的购物和使用便利，通过好的售前、售中和售后服务来让顾客在购物的同时也享受到便利。

### 3. 进行顾客满意观念教育

企业必须对全体员工进行顾客满意观念教育，使"顾客第一"的观念深入人心，使全体员工能真正了解和认识 CS 行动的重要性，并形成与此相适应的企业文化，树立对顾客充满爱心的观念。

# 1.4　市场营销原理

市场营销的基本任务就是在动态的管理过程中（市场调查—市场定位—生产—销售—目标顾客），以优质的产品、合理的价格、全方位的服务，实现顾客满意的利益和需求。因此，市场营销原理主要指营销环境、STP 营销战略、市场营销组合策略及其相互之间的联系和作用。

## 1.4.1　市场营销环境

企业的营销环境主要指市场营销微观环境和市场营销宏观环境。市场营销微观环境是指与企业紧密相连、直接影响和制约企业营销活动的各种因素，包括企业、供应商、营销中介、顾客、竞争者和社会公众。市场营销宏观环境是指对企业营销活动提供市场机会或带来环境威胁的主要社会力量，包括自然、经济、政治法律、人口、社会文化和科学技术等，如图 1-1 所示。

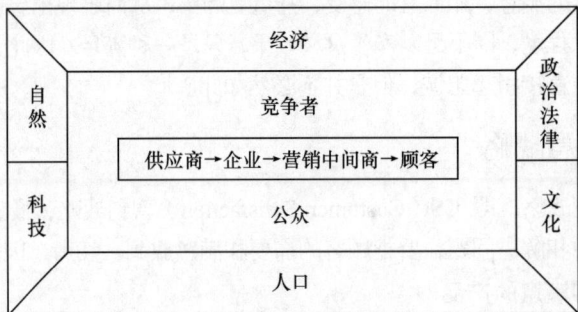

图 1-1　市场营销环境

市场营销环境是企业营销活动的资源基础。企业营销活动所需的各种资源，如资金、信息、人才等都由环境提供，企业必须分析研究营销环境因素，以获取最优的营销资源，满足企业经营的需要，实现营销目标。

企业营销活动受到客观环境因素的约束。为此，企业应采取积极、主动的态度适应营销环境，加强对环境的分析，善于捕捉和把握环境机会，以求得企业的发展；预见环境威胁，及时采取相应措施，规避风险，将危机减少到最低程度。

## 1.4.2　STP营销战略

在市场上，由于受许多因素影响，不同的消费者通常有不同的欲望和需要，因而有不同的购买习惯和购买行为。顾客需求的差别性使得任何企业都无法满足所有顾客的需求。企业经营必须确定最有吸引力的和企业可以提供最有效服务的细分市场作为自己的目标市场，在目标市场上确立自己的经营优势。

有效的营销战略要能回答三个问题：第一，顾客在哪里；第二，如何参与竞争？第三，企业的资源能力是否允许以这种方式为顾客提供价值。探寻这三个问题答案的过程，就是企业通过市场细分寻找、确定目标市场，在目标市场中通过市场定位迎合目标顾客需求的过程。市场细分（Subdivides Market）、目标市场（Target Market）与市场定位（Positing Market）都是公司营销战略的要素，被称为营销战略的 STP，如图 1-2 所示。

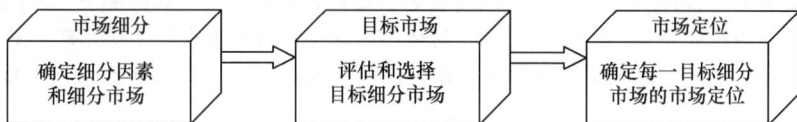

```
┌─────────────┐      ┌─────────────┐      ┌─────────────┐
│  市场细分    │      │  目标市场    │      │  市场定位    │
│ 确定细分因素 │ ───▶ │ 评估和选择   │ ───▶ │确定每一目标细分│
│ 和细分市场   │      │ 目标细分市场 │      │ 市场的市场定位│
└─────────────┘      └─────────────┘      └─────────────┘
```

图 1-2　STP 营销战略

## 1.4.3　市场营销组合策略

市场营销组合是指企业针对目标市场综合运用各种可能的市场营销策略和手段，组合成一个系统化的整体策略，以达到企业的经营目标，并取得最佳的经济效益。

影响企业市场营销活动的因素很多，概括起来可以归纳为四个变量：产品（Product）、价格（Price）、渠道（Place）、促销（Promotion），简称为"4P"。企业就是通过千方百计地控制这些变量，使自身的营销活动与外部不可控因素快速适应，以实现企业的经营目标。

### 1. 产品策略（Product Strategy）

企业以向目标市场提供各种适合消费者需求的有形产品和无形产品的方式来实现其营销目标。其中包括对与产品有关的品种、规格、式样、质量、包装、特色、商标、品牌以及各种服务措施等可控因素的组合和运用。

### 2. 定价策略（Price Strategy）

企业以按照市场规律制定价格和变动价格等方式来实现其营销目标。其中包括对与定价有关的基本价格、折扣价格、津贴、付款期限、商业信用以及各种定价方法和定价技巧等可控因素的组合和运用。

### 3. 渠道策略（Place Strategy）

企业以合理地选择分销渠道和组织商品实体流通的方式来实现其营销目标。其中包括对与分销有关的渠道覆盖面、商品流转环节、中间商、网点设置以及储存运输等可控因素的组合和运用。

### 4. 促销策略（Promotion Strategy）

企业利用各种信息传播手段刺激消费者的购买欲望、促进产品销售的方式来实现其营销目标。其中包括对与促销有关的广告、人员推销、营业推广、公共关系等可控因素的组合和运用。

在动态的市场营销环境中，上述四个基本因素相互依存，处于同等地位。企业应依据其营销战略、市场营销环境、目标市场等约束条件，扬长避短，实现营销组合的最优化。

## 案例分析

**【案例 1】   沃尔沃的营销理念**

一份来自有关权威机构的汽车安全报告表明,在对 12 个强劲汽车品牌所做的新车撞击鉴定测试中,奔驰、宝马等名车只获得两颗星,唯一获得四颗星的是来自瑞典的沃尔沃(Volvo)。"车是给人驾驶的,无论做任何事情,保障安全都是沃尔沃始终坚持的基本原则。"沃尔沃公司创始人的这句话清晰地表达了沃尔沃品牌注重安全的品牌理念,追求安全成为沃尔沃公司不断前进和沃尔沃品牌日益壮大的不竭动力。

数据显示,每年全世界有高达 120 万人死于道路交通事故,其危害性堪比一次重大的传染病。沃尔沃一边致力于生产安全性能很高的汽车产品,一边和消费者、媒体甚至同行分享自己的品牌安全理念,因为注重汽车质量和交通安全始终是"多赢"的社会问题。沃尔沃希望通过安全理念的输出,逐渐深化对品牌的推广和塑造。

另外,沃尔沃也意识到汽车污染是人类一大公害,随着社会的发展,这一危害将越来越严重。早在 1972 年瑞典斯德哥尔摩召开的第一届联合国环境会议上,沃尔沃公司就率先提出了自己的环保计划,并于 1988 年创立了"沃尔沃环境奖",奖金高达 150 万瑞典克朗,旨在奖励那些在经济学和其他学科领域为环保作出贡献的人士。

问题:结合案例,分析社会市场营销观念与单纯的市场营销观念相比有哪些变化?

**【案例 2】   劳力士表**

自从 20 世纪初英国人汉斯·威尔斯多标新立异地把表挂在手腕上成为世界上第一个把手表挂在手上的人以后,世界手表行业逐渐蓬勃发展,款式新颖而精致的手表琳琅满目,竞争激烈。而在激烈竞争的旋涡中,劳力士表一直处于优势地位。1926 年,劳力士发售了世界上第一枚防水手表,这种手表采用高质量的防水装置在不锈钢的表壳上使用白金或黄金镶嵌而成,其密封度使灰尘不能渗入,而且该手表使用年限达 10 年之久,其计时精确度达到一级水平。同时,劳力士公司不惜财力,采用"名人推荐"的方法,借名人赞名表,大做广告。在这种表发售的第二年,一位英国妙龄女郎戴着劳力士防水表横渡巴多海峡,这一举动立刻使劳力士表成为世界上最时髦的新潮手表。接下来,劳力士相继发明了自动上发条的装置以及在玻璃小孔中显示日期等,一系列的发明创造,使它登上了手表王国霸主的宝座。

问题:劳力士表成功的因素有哪些?

**【案例 3】   "Levi's"牛仔裤的故事**

第一个发明牛仔裤的人李维·施特劳斯,创立了著名品牌"Levi's"。1979 年,李维公司在美国国内总销售额达 13.39 亿美元,国外销售盈利超过 20 亿美元,雄居世界十大企业之列,李维由此成为最富有的牛仔裤大王。

1829 年,李维出生于一个德国的小职员家庭,作为德籍犹太人,李维从小就很聪明，顺利地完成中学、大学的学生，当上了一名文员。1850 年，美国西部发现了大片金矿，无数想一夜致富的人们如潮水一般涌向那曾经是人迹罕至、荒凉萧条的西部不毛之地。李维渴望冒险，想通过自己的劳动、赌一把运气，于是他加入到浩浩荡荡的淘金人流中。

曾经荒凉的西部现在到处都是淘金的人群，到处都是帐篷，这么多的人蜗居在一个个帐篷里，能实现发财梦吗？李维陷入深深的思考之中。这里离市中心很远，买东西十分不方便，一次偶然的机会，李维看到那些淘金者为了买一点日用品不得不跑很远的路，自己也深有体会，于是他决定不再做那个遥不可及的金子梦，还是踏踏实实开一家日用品小店，从淘金人身上开始自己新的梦想。这家小店的生意很不错，来光顾的人络绎不绝，很快，李维的成本就赚回来了，还有了不少的利润。

有一天，李维又乘船外出采购了许多日用百货和一大批搭帐篷、马车篷用的帆布。由于船上旅客很多，那些日用百货没等下船就被人们抢购一空，但帆布却没人理会。忽然他见一位淘金工人迎面走来，并注视着帆布，连忙高兴地迎上前去，热情地问道："您是不是想买些帆布搭帐篷？"那工人摇摇头："我不需要再搭一个帐篷，我需要的是像帐篷一样坚硬耐磨的裤子，你有吗？"那工人告诉他，淘金的工作很艰苦，衣裤经常要与石头、沙土摩擦，棉布做的裤子不耐穿，几天就磨破了。听到这些，李维灵机一动，用带来的厚帆布特制了式样新奇而又特别结实耐用的棕色工作裤，向矿工们出售。就这样，第一条日后被称为"牛仔裤"的帆布工装裤在李维手中诞生了，当时它被工人们叫做"李维氏工装裤"。

牛仔裤以其坚固、耐久、穿着合适获得了当时西部牛仔和淘金者的喜爱。大量的订单纷至沓来。李维不再开自己的那家日用品店。1853 年，他正式成立了自己的牛仔裤公司，开始了经营这个著名品牌的漫漫长路。

当时淘金工人在劳动时，常常要把沉甸甸的矿石样品放进裤袋，沉重的矿石经常会使裤袋线崩断开裂。当地一位名叫雅各布·戴维斯的裁缝经常为淘金工人修补这种被撑破的裤袋。他用黄铜铆钉钉在裤袋上方的两只角上，这样就可以固定住裤袋。同时，他还在裤袋周围镶上了皮革边，这样既美观、又实用，有的工人裤子没有磨破，为了美观都去镶边。雅各布就此向李维提出了建议，李维把尚未出厂的工装裤全部加上黄铜铆钉，申请了专利，由此传统的牛仔裤就此定型。

作为一个优秀的商人，李维在注意改进工装裤面料和式样的同时，也非常注重用广告的方式宣传产品。

1890 年，李维推出了最经典的李维 501 系列，他用了一个很特别的方式表达出 501 的特性，直到今天，这个广告依然是出色的。没有多余的介绍，画面上只有一个吊在空中的练习拳击用的硕大的沙袋，初看，真不知它和牛仔裤之间会有什么"瓜葛"，但细细一想，拳击沙袋是一个挨打的对象，它一定要经得起千锤百炼的考验才能傲然屹立。但这个沙袋是特殊的，它右边加了一个红色的标签，而这个标签最初是被镶在李维牛仔裤臀部的口袋边上用来做其品牌标志的，最后一句铿锵有力的广告语揭开了谜底："李维 501，天生抗打磨。"

今天，牛仔裤已经成为既可以表现各个年龄层性感的服装，同时也是在任何场合穿着它都不会有落伍感觉的"时装"。在全世界所有的牛仔裤品牌当中，李维是最老的百年长青之树。

问题：读了"Levi's"牛仔裤的故事，你有哪些体会？

# 思考与练习

1. 什么是市场营销？如何理解其含义？
2. 市场营销与推销有什么不同？
3. 市场营销组合策略的内容是什么？
4. 市场营销观念的演变、发展过程是怎样的？
5. 市场营销发展的新趋势如何？
6. 分析海尔的市场营销理念。
（1）只有淡季思想，没有淡季市场。
（2）只有疲软的思想，没有疲软的市场。
（3）紧盯市场创美誉。
（4）绝不对市场说"不"。
（5）用户的抱怨是最好的礼物。
（6）以变制变，变中求变。
（7）海尔集团总裁张瑞敏曾讲："促销只是一种手段，但营销却是一种真正的战略。"营销意味着企业要"先开市场，后开工厂"。

## 第2章

# 市场营销环境

### 学习目标

- 了解市场营销环境的特征和分析营销环境的意义。
- 理解市场营销的宏观环境和微观环境。
- 掌握市场营销环境分析的基本方法。

### 实践项目

**认识营销环境**

任务一　各模拟公司根据自己选择的产品，收集相关的法律、技术、社会文化、竞争对手、供应商、目标顾客等影响营销活动的信息。

任务二　分析这些信息哪些对企业有利，哪些对企业不利？

### 案例导入

长虹：适时而动

20世纪80年代初，面临"军转民"大潮的国营长虹机器厂，洞悉我国人民对电视机的强烈需求，毅然与日本松下合作，引进了一条生产线，从此，长虹电视开始进入中国家庭。随着收入水平的提高，长虹又开发出彩色电视机，并通过规模化降低了成本。此后，长虹首度大幅度降低彩电价格，市场份额急剧增长，到20世纪90年代中期，长虹的主导产品彩电在国内市场的占有率达到 20% 以上。不久，国内彩电市场进入成熟期，企业竞争日趋激烈，价格战越演越烈。正当国内企业在价格战中杀得难分伯仲时，一度由于价格高而黯然消退的国外电视品牌异军突起，其尖端技术、大屏幕、良好的视听效果及优美的外观博得了那些高端消费者的青睐，市场前景一片光明。有人曾做过统计，索尼销售 50 万台彩电盈利就超过了长虹的 500 万台。可喜的是，长虹公司再次抓住居民彩电更新换代的契机，推出国内独一无二的技术先进、性能优越的"精显王"背投系列彩电。至此，长虹以"还原本色，更加出色"引领国内背投品牌，掀起了一场"精显背投风暴"，又一次与众多国际知名品牌同场竞技。

# 2.1 市场营销环境概述

作为社会经济组织或社会细胞的企业总是在一定的外界环境条件下开展市场营销活动，它的生存和发展与其所面临的内外环境休戚相关。内外环境一方面为企业的发展带来了机遇，另一方面也为企业的发展带来风险与威胁。企业营销活动成败的关键在于，能否深刻地认识市场营销环境；能否准确把握各种环境力量的变动，继而使营销战略与不断变化的环境相适应、相协调。

## 2.1.1 市场营销环境的特征

市场营销环境是一个多因素、多层次并不断变化的综合体。要更好地研究市场营销环境，必须了解和掌握市场营销环境的特征。其主要特征表现在以下五个方面。

### 1. 客观性

客观性是营销环境的主要特征。只要企业进行营销活动，就不得不面对外部的各种环境，这些环境是客观存在的，影响和制约着企业的发展。企业决策者必须清醒地认识到企业要随时面临的各种环境的挑战，主动适应和利用客观环境，但不能改变或违背客观环境。

### 2. 差异性

市场营销环境的差异性表现在两个方面：一方面，不同的国家或地区之间，宏观环境存在着广泛的差异，因而不同的企业会受到不同环境的影响；另一方面，同样一种环境因素的变化对不同企业的影响也不尽相同。因此，必须采用各种有特点和针对性的营销策略，以适应不同的环境及其变化。例如，中国的"家电下乡"政策，对于中标参与家电下乡的企业而言是一个很好的营销机会，而对于没有中标的企业而言则意味着在农村市场将面临更大的挑战。

### 3. 相关性

市场营销环境是一个有机系统，各种环境因素并不是孤立的，而是相互依存、相互作用和相互制约的。某种社会经济现象的出现，往往不是由某种单一的因素所能决定的，而是受到一系列相关因素影响的结果，这种结果就是新的营销环境。例如，企业的产品开发，

16

不仅要考虑消费者的需求特点、竞争者的产品、替代品等多种因素，还要考虑国家的环保政策、技术标准等因素。否则，生产出来的产品将有可能无法进入市场。

### 4. 动态性

作为企业营销活动的基础和条件，市场营销环境并不是静止的、一成不变的，而是动态的、不断变化着的。一种环境因素的变化会导致另一种环境因素随之变化，而每个环境内部因素（如人口环境中的年龄结构）的变化也会导致整个环境的变化。因此，企业的营销活动必须适应环境的变化，在不断变化的环境中努力寻找市场机会。

### 5. 不可控性

市场营销环境作为一个复杂多变的整体，有时表现出企业的不可控性。例如，一个国家的政治法律制度、人口增长以及社会文化习俗等，企业不可能随意改变，但企业可以通过本身能动性的发挥（如调整营销策略，进行科学预测等）获得成功。

## 2.1.2　分析市场营销环境的意义

市场营销环境分析是企业市场营销活动的立足点和根本前提，成功的企业无一不是十分重视市场营销环境分析的。

### 1. 分析市场营销环境，准确把握消费者需求

只有深入细致地对企业市场营销环境进行调查研究和分析，才能准确而及时地把握消费者需求，向社会提供合适的产品或服务，更好地满足社会需求，从而创造出良好的经济效益和社会效益。

### 2. 分析市场营销环境，帮助企业寻求营销机会和避免环境威胁

市场营销环境是企业经营活动的约束条件，企业的一切活动必须和市场营销环境相适应，这是企业经营成败的关键。机会和威胁往往是并存的，企业分析市场营销环境，收集市场信息，就可以不失时机地抓住机会，避免或克服威胁，采取对策，迎接市场的挑战。

### 3. 分析市场营销环境，能动地适应环境

企业对环境的适应不是被动的、消极的，而是一种主动的、能动的活动。分析市场营销环境，企业就可以不同的方式增加适应环境的能力，并在一定的条件下改变营销环境，变被动为主动。

## 2.2　市场营销宏观环境

宏观营销环境又称为间接营销环境，主要包括政治、经济、人口、法律、科学技术、社会文化及自然地理等多方面的因素。这些因素既对微观环境施加影响，从而间接对企业营销产生影响，也可能对市场营销活动直接产生影响。

## 2.2.1　政治环境

政治环境指企业所在国的政权、政局、政府的有关政策以及对营销活动有直接影响的

各种政治因素。一个国家的政局稳定与否会给企业营销活动带来重大的影响。

各国政府都会运用政府权力，采取某种措施限制和约束外来企业，如进口限制、外汇控制、税收政策、劳工限制、国有化政策等。另外，各种政治冲突也会对企业的市场营销活动带来影响，这种影响可能是机会，也可能是威胁。

企业在从事市场营销活动时，应了解所在国政府在经济发展中的基本作用。同时，随着经济的全球化发展，我国企业对国际政治环境的研究将越来越重要。

## 2.2.2 经济环境

经济环境指企业营销活动所面临的外部社会经济条件，其运行状况及发展趋势会直接或间接地对企业市场营销活动产生影响。经济环境一般从以下几个方面来分析。

### 1. 经济发展阶段

企业的市场营销活动要受到整个国家或地区的经济发展阶段的制约。由于经济发展阶段不同，居民的收入也不同，顾客对产品的需求也就不一样，从而会在一定程度上影响企业的营销。如在经济发展水平较高的地区，消费者更注重产品款式、性能和特色，品质竞争多于价格竞争；而在经济发展水平比较低的地区，消费者往往更注重产品功能及实用性，价格因素显得比产品品质更为重要。因此，对处于不同经济发展阶段地区的消费者，企业应采取不同的营销策略。

### 2. 消费者收入

消费者收入包括工资、红利、租金、退休金、馈赠等，是影响社会购买力、市场规模大小以及消费支出数额和支出模式的重要因素，也是影响企业营销活动的直接经济因素。从整体来看，影响消费者收入的是国民生产总值和人均国民收入。一般来说，如果国民生产总值和人均国民收入增加，特别是人均国民收入增加，消费者的收入就会增加。同时，消费者的收入并不一定完全可以自由支配，因此又可分为个人可支配收入和个人可任意支配收入。研究消费者收入尤其需要注意这些概念。

国民生产总值：是衡量一国经济实力与购买力的一个指标。从国民生产总值的增长幅度，可以了解一个国家经济发展的状况和速度。国民生产总值增长越快，对商品的需求和购买力就越大；反之，就越小。

人均国民收入是用国民收入总量除以总人口的比值。这个指标能够非常客观地反映一个国家人民生活水平的高低，在很大程度上决定商品需求的构成。一般来说，人均国民收入增长，对商品的需求和购买力就大；反之，就小。

个人可支配收入指扣除消费者个人交纳的各种税款和交给政府的非商业性开支后，可用于个人消费和储蓄的那部分个人收入。它是个人收入中可以用于消费支出或储蓄的部分，是影响消费者购买力和消费者支出的决定性因素。

个人可任意支配收入指在个人可支配收入中减去用于维持个人与家庭生存不可缺少的费用（如房租、水电、食物、衣着等开支）后剩余的部分。这部分收入是消费变化中最活跃的因素，也是企业开展营销活动时所要考虑的主要对象。因为这部分收入主要用于满足人们基本生活需要之外的开支，它是影响奢侈品（如汽车）、旅游等非生活必需品和服务销售的主要因素。

在进行经济环境分析时，还要区别货币收入和实际收入，因为实际收入会影响实际购买力。

### 3. 消费者支出

消费者支出主要受消费者收入的影响。随着消费者收入的变化，消费者支出模式也会发生相应的变化，进而影响到消费结构。

恩格尔定律指出：当家庭收入增加时，多种消费的比例也会相应增加，但用于购买食物支出的比例将会下降，而用于服装、交通、保健、文娱、教育的开支及储蓄的比例将上升。恩格尔系数就是食品支出在总收入中的百分比，恩格尔系数越大，生活水平越低；恩格尔系数越小，生活水平越高。恩格尔系数反映人们收入增加时支出变化的一般趋势，已成为衡量家庭、地区以及国家富裕程度的重要参数。消费结构是指消费过程中人们所消耗的各种消费品及服务的构成，即消费支出在各类商品上的比例分配。

目前，我国人民的消费重心不再是食品，而更多地表现为住房、劳务及其他高档商品。对消费者支出的分析，有助于企业了解目标市场的需求特点，把握市场机会，确定市场营销策略。

### 4. 消费者储蓄和信贷

在一定时期内，消费者的购买力还会受储蓄和信贷的直接影响。当收入一定时，储蓄越多，现实消费越少，而潜在的消费量就越大；反之，储蓄越少，现实消费量越大，而潜在消费量就越小。此外，储蓄的目的不同，也往往会影响到潜在需求量、消费模式、消费内容和消费发展的方向。因此，这就要求企业营销人员不仅要了解影响居民储蓄的诸多因素，还应了解消费者储蓄目的的差异，以便准确地预测消费需求发展趋势和发展水平，寻求新的市场机会。

## 2.2.3　人口环境

市场营销是围绕市场展开的，而市场又是由具有购买欲望和购买力的人组成的，因此，人口环境就成为企业营销首要分析评估的宏观环境因素。人口环境包括人口规模、人口增长、人口结构、人口的地理分布密度等因素。

### 1. 人口规模

一般来说，在经济发展和收入水平相等的条件下，人口规模是决定市场规模和潜在市场容量的基本要素。如果收入水平不变，人口越多，对食物、衣物、日用品的需要量就越多，市场也就越大。企业应充分关注人口数量的变化，人口总量的变化会影响对某些生活必需品的需求，如衣着、食物、住房、交通等。随着我国人口规模的扩大，我国市场规模也会不断扩大。特定年龄段人口数量的变化也会影响到某些行业的发展，如计划生育政策导致儿童数量减少，一些农村的学校生源大量减少，对农村教育消费产生了重大的影响。

### 2. 人口增长速度

人口增长速度直接影响未来市场需求增长或变化方向。目前，发展中国家或地区人口增长率平均达 2.1%，而发达国家则为 0.6%，这意味着发展中国家或地区的消费需求会不断增长，市场潜力很大；相反，发达国家人口出生率下降，则可能会造成这些国家儿童用品消费需求总量的相对减少，对营销儿童用品的企业则是一种"环境威胁"。

### 3. 人口结构

不同的人口结构对商品有着不同的需求，分析不同的人口结构，可为企业寻找目标市场提供依据。人口结构主要包括人口的年龄结构、性别结构、家庭结构、民族结构、社会结构和职业结构等。

（1）年龄结构：不同年龄阶段的消费者对商品和服务的需求是不一样的，不同年龄的消费者就形成了具有年龄特色的市场。例如，我国已经转变为老龄社会，这就意味着我国的"银发市场"，诸如保健用品、营养品、老年医疗卫生等行业在一定条件下将会迅速发展。企业了解不同年龄结构所具有的需求特点，就可以决定企业产品的投向，寻找目标市场。

（2）性别结构：不同性别的人口会给市场需求带来性别上的差异，反映到市场上就会出现男性用品市场和女性用品市场，而且男性和女性对商品的关注点也大不相同。例如，女性对采购日用品、化妆品、女性服装等感兴趣，而男性则在购买大件物品方面表现出积极性。企业可以针对不同性别的不同需求，生产适销对路的产品，制定有效的营销策略，顺利实现营销目标。

（3）家庭结构：家庭是社会的细胞，也是商品采购和消费的基本单位。不同的家庭结构类型会有不同的购买行为，从而影响企业的市场营销行为。不同类型的家庭往往有不同的消费需求，从而直接影响到某些消费品的需求数量。在我国，"独生子女"的小家庭已经逐步由城市向乡镇普及发展，家庭结构的核心型必然引起家庭数量的剧增，这大大促进了对住房、家具、家用电器等产品的需求。

（4）民族结构：不同民族在饮食、服饰、居住、婚丧、节日等物质和文化生活等方面各有特点。因此，企业营销要注意民族市场的营销，重视开发适合各民族特性、受其欢迎的商品。

（5）社会结构：我国绝大部分人口为农业人口，约占总人口的80%。这样的社会结构决定了农村市场潜力巨大，企业营销应充分考虑到农村这个大市场。例如，海尔集团就针对农村市场推出了"喜"系列和"福"系列两种类型的产品，分别针对农村喜庆需要和小康家庭生活需要。

（6）职业结构：人的职业不同，对市场需求也会表现出不同的倾向。一般来说，不同职业的人群对商品的需求会有所差异。例如，农民更关注商品的价格和实用性，白领阶层更关注商品的品牌等因素。

## 2.2.4 法律环境

法律环境指国家或地方政府颁布的各项法规、法令和条例等，主要涉及人口政策、就业政策、能源政策、物价政策、财政金融与货币政策等方面，对市场消费需求的形成和实现，具有一定的调节作用。

不同的国家或同一国家在不同的时期都会根据国情来制定不同的法律，这些法律无一例外都体现统治阶级意志和维护本国利益。因此，企业研究并熟悉本国法律环境，既可以保证自身严格依法管理和经营，也可运用法律手段保障自身的权益。如果从事国际市场营销活动，还要认真研究相关国家法律制度、国际法规和国际惯例。

## 2.2.5 科学技术环境

科学技术是第一生产力。科学技术的进步对国民经济各部门将产生重大的影响，伴随而来的是新兴产业的出现、传统产业的改造和落后产业的淘汰，从而使企业的市场营销面临新的机会和威胁。

科学技术的进步不仅可以使企业开发出更多实用的、消费者买得起的产品，更好地满足消费者需求，而且可以刺激消费者产生新的需求。同时，科学技术的进步又可以大大缩短产品的生命周期，缩短产品的成熟期，因此，企业必须谨慎地把握产品进入和推出市场的时机，及时调整营销策略。此外，科学技术的进步也为市场营销提供了更加丰富的手段，如网络营销的出现，大大降低了企业的营销成本。

## 2.2.6 社会文化环境

社会文化环境一般指在一种社会形态下已经形成的价值观念、宗教信仰、道德规范、审美观念以及风俗习惯等的总和。人类在某种社会中生活，必然会形成某种特定的文化，不同的社会文化，代表着不同的生活模式。不同国家（或地区）的人民具有不同的社会文化。市场营销者在产品和商标的设计、广告和服务的形式等方面，要充分考虑当地的社会文化，研究不同社会阶层和相关群体的需求特点和购买者行为。因此，对于市场营销人员来说，社会文化环境是又一个不可忽视的重要因素。社会文化环境主要包括以下几个方面。

### 1. 教育状况

人口的受教育程度不仅影响劳动者的收入水平，而且影响消费者对商品的鉴赏力和文化需求。受教育程度越高，收入水平也越高，对报刊、书籍、电脑等文化商品的需求会越大；反之，越小。文化素质高的国家或地区的消费者通常要求商品包装典雅华贵，而且对附加功能也有一定要求。因此，人口的教育状况也会影响企业营销策略的制定和实施。

### 2. 宗教信仰

不同的宗教信仰会有不同的文化倾向和戒律，从而影响人们的价值观和行为方式，包括人们的消费行为。对市场营销者而言，产品在进入一个国家或地区之前，必须认真研究当地的宗教信仰，否则产品一旦与当地宗教信仰相冲突，企业将受到巨大的损失。

### 3. 生活方式和风俗习惯

生活方式和风俗习惯是人们在一定的社会物质生产条件下长期形成、世代相袭并巩固下来变成需要的行动方式的总称，渗透到饮食、服饰、居住、婚丧、信仰、节日、人际关系等方面。不同的国家、不同的民族，有着不同的生活方式和风俗习惯，尤其是我国很早就有"十里不同风，百里不同俗"的说法。企业进入目标市场之前必须认真研究当地的生活方式和风俗习惯，"入乡随俗"是企业做好市场营销的重要条件，如果不重视各个国家、各个民族之间的文化和风俗习惯的差异，就可能造成难以挽回的损失。

### 4．价值观念

价值观念是指人们对社会生活中各种事情的态度和看法。不同民族、国家和地区的人们的价值观念各不相同，甚至同一国家或民族的不同群体之间，人们的价值观念也可能存在很大的差异。价值观念的不同对人们的消费行为、消费方式也会产生重大影响。例如，健康意识的普遍增强，大大刺激了人们对各种低脂肪、低糖、低人工成分和无添加剂产品的需求，这类产品的市场迅速增长。企业在制定营销策略时应把产品与目标市场的社会文化联系起来，针对不同价值观念的人群，市场营销人员应该采取不同的策略。

### 5．消费流行

由于社会文化多方面的影响，消费者产生共同的审美观念、生活方式和情趣爱好，从而导致社会需求的一致性，这就是消费流行。在服饰、家电以及某些保健品方面，消费流行表现最为突出。消费流行在时间上有一定的稳定性，在空间上有一定的地域性。同一时间内，不同地区流行的商品品种、款式、型号、颜色可能不尽相同。

## 2.2.7 自然地理环境

自然环境方面的主要关注动向：某些自然资源短缺或即将短缺，环境污染日益严重，政府对自然资源管理的干预日益增强等。例如，政府对自然资源管理的干预日益增强是为了实现经济发展和人口、资源环境相协调，走可持续发展道路，一方面可能会使企业面临生产成本持续上升的不利环境威胁；另一方面又迫使企业努力寻找替代品或降低资源的消耗，减轻或避免某些自然资源短缺对企业生产经营带来的不利影响，甚至还可能发现新的发展机会。

此外，一个国家或地区的地形地貌和气候等地理特征也会对市场营销有一系列影响：不仅直接影响企业的经营、运输、通信、分销等活动，还会影响到一个地区的经济、文化、人口分布状况。因此，企业开展营销活动，必须考虑当地的气候与地形地貌，使营销策略能适应当地的地理环境。

## 2.3　市场营销微观环境

市场营销的微观环境直接制约和影响着企业为目标市场服务的能力。它主要包括供应商、营销中介、顾客、竞争者、社会公众以及企业内部参与营销决策的各部门，如图 2-1 所示。

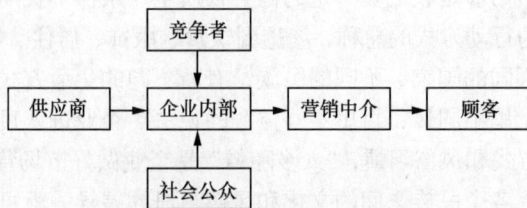

图 2-1　市场营销微观环境

## 2.3.1　供应商

供应商就是向企业供应原材料、辅助材料、设备、能源、劳动力和资金等资源的组织或个人。它是对企业的经营活动产生巨大影响的力量之一，企业维持正常运转，实现预计目标，必须要具备各种资源，供应商提供各种资源的价格、质量、供货的及时性等都直接影响企业产品的质量、价格、销量、利润和信誉。因此，企业应选择资源质优价廉、交货期稳定及时的供应商，并且不要对某一供应商过分依赖，避免受该供应商突然提价或限制供应的控制。

按照企业和供应商的对抗程度，可以分为作为竞争对手的供应商和作为合作伙伴的供应商。传统上，企业将供应商视为竞争对手，企业最重视的是输入成本的最优化，往往采取各种对策维持与供应商的关系，以保证获得有效供应。现在，越来越多的企业开始把供应商视为合作伙伴，企业和供应商之间是一种共生关系，企业对供应商的管理更多采用谈判的形式，更注重长期的互惠关系。

## 2.3.2　营销中介

营销中介是指协助企业推广、销售和配送产品给最终消费者的企业和个人，一般包括四类：中间商、实体分配机构、营销服务机构和金融机构。

### 1.　中间商

中间商是协助企业寻找顾客或直接与顾客进行交易的商业企业或个人，主要有代理中间商和经销中间商。代理中间商即代理人、经纪人、制造商代表，是协助买卖成交，推销产品，但对所经营的产品没有所有权的中间商；经销中间商即批发商、零售商和其他再售商，是从事商品购销活动，并对所经营的商品拥有所有权的中间商。中间商是企业产品从生产领域流向消费领域的重要桥梁。随着社会分工越来越细密，中间商的作用越来越大，企业必须慎重选择合适的中间商，并重视与中间商保持良好的关系。

### 2.　实体分配机构

实体分配机构主要指仓储公司、运输公司等帮助企业进行保管、储存、运输产品，但不直接经营商品的企业或机构。实体分配机构的主要任务是协助企业将产品实体运往销售目的地，完成产品空间位置的移动，并在产品到达目的地之后的待售期间，协助保管和储存。这些物流机构是否安全、便利、经济将直接影响企业营销效果。

### 3.　营销服务机构

营销服务机构是协助企业开拓产品市场与销售推广的机构，如广告公司、市场调查机构、营销咨询公司等。这些机构的主要任务是协助企业确立市场定位，进行市场推广，为企业组织活动提供服务。企业需要关注、分析这些服务机构，选择最能为本企业提供有效服务的机构，它们对企业的营销活动会产生直接的影响。

### 4.　金融机构

金融机构主要指银行、信托公司、保险公司、证券公司等为企业营销活动提供融资及保险服务的机构。金融机构业务活动的变化会影响企业的营销活动。比如，银行贷款利率的变化，会使企业成本增加或减少；信贷资金来源受到限制，会使企业经营陷入困境。为此，企业与金融机构建立良好的关系将有助于企业获得周转资金的支持。

### 2.3.3　顾客

顾客是企业营销的对象，是企业产品的直接购买者或使用者，确定和满足顾客需求是市场营销的本质特征。顾客的变化意味着公司市场的获得或丧失，因此，顾客的需求特点是企业营销活动的起点和核心。顾客市场可划分为消费者市场、企业市场、中间商市场、政府市场和国际市场五种类型。

**1. 消费者市场**

消费者市场是由个人和家庭组成，他们仅为自身消费而购买商品和服务。

**2. 企业市场**

企业市场指为了生产其他产品及劳务以赚取利润，由购买产品与服务的个人和企业所构成的市场。企业市场购买产品和服务是为了进一步深加工或在生产过程中使用。

**3. 中间商市场**

中间商市场指购买产品和服务是为了再次销售以获取利润，由批发商和零售商所构成的市场。

**4. 政府市场**

政府市场指购买产品和服务用以服务公众或作为救济转移支付，为了履行政府职责而购买的由政府机构所构成的市场。

**5. 国际市场**

国际市场指由其他国家的购买者构成的市场，包括消费者、生产商、经销商和政府等。

### 2.3.4　竞争者

企业要想取得市场营销活动的成功，就必须比对手更有效地满足顾客需求。因此，企业必须要认清现有竞争者和潜在竞争者，通过有效的竞争赢得顾客，获取竞争优势。从消费需求的角度划分，公司的竞争者可以分为四种类型。

**1. 产品竞争者**

产品竞争者指生产同种产品但不同规格、型号、款式的竞争者。例如，近视镜的基本功能是使近视患者"恢复" 正常视力，但满足这一需求的产品多种多样，有普通眼镜、高档眼镜、隐形眼镜、特殊材质眼镜等。这些不同产品的生产商，就构成了产品竞争者。

**2. 品牌竞争者**

品牌竞争者指产品的规格、型号等相同，但品牌不同的竞争者。例如，在汽车行业，生产同一档次的汽车制造商视对手为品牌竞争者。

**3. 平行竞争者**

平行竞争者指能够满足同一种需求的不同产品的竞争者。例如，消费者对交通这种需要，可以通过自行车、摩托车、汽车、火车、飞机等工具来实现。

**4. 需求竞争者**

需求竞争者指提供不同产品，以满足不同需求的竞争者。例如，同一消费者可以把钱用于旅行、购置房产、购买汽车或其他。

　　由于不同的竞争者与企业构成了不同的竞争关系，企业在制定营销策略前必须先弄清有哪些竞争对手。前两类竞争者都是同行业的竞争者，是营销企业必须认真了解、研究、对待的竞争者。

## 2.3.5　社会公众

　　社会公众指对企业完成其营销目标的能力有着实际或潜在利益关系和影响力的群体或个人。企业所面临的公众包括以下七类。

### 1. 金融公众

　　金融公众指影响企业取得资金能力的任何集团，如银行、投资公司、证券交易所、保险公司等。

### 2. 媒体公众

　　媒体公众即报纸、杂志、广播、电视等具有广泛影响的大众媒体。

### 3. 政府公众

　　政府公众即对企业生产经营活动负有服务、监管等功能的有关政府机构。

### 4. 社团公众

　　社团公众指与企业营销活动有关的社会组织，如消费者权益保护组织、环境保护组织，以及其他群众团体。社团公众的意见、建议，对企业营销决策有着十分重要的影响。

### 5. 地方公众

　　地方公众即企业所在地附近的居民和社区团体。如果企业保持和社区公众建立良好关系，受到社区居民的好评，他们的口碑将能帮助企业树立形象。

### 6. 一般公众

　　在一般公众心目中的形象，即企业的"公众形象"。良好的企业形象对企业的经营和发展大有裨益。

### 7. 内部公众

　　内部公众指企业内部的公众，包括董事会、经理、白领工人、蓝领工人等。企业的营销活动同样离不开内部公众的支持。

## 2.3.6　企业内部

　　企业内部环境包括市场营销管理部门和其他职能部门（如制造、采购、研发、财务及会计部门和最高管理层等），如图 2-2 所示。营销部门在制订计划时，要以最高管理层制订的企业任务、目标战略和政策等为依据，还应兼顾公司的其他职能部门，如制造、财务、研发、采购及会计等部门。

图 2-2　市场营销管理与各部门的关系

营销部门必须与企业的其他部门密切合作。所有相关部门必须各司其职，以营销作为前哨，所有为顾客提供服务的职能要素必须紧密配合、通力合作，协调一致地提供顾客满意的服务，营造良好的微观环境，更好地实现营销目标。

# 2.4　市场营销环境分析

现代企业处在复杂多变的营销环境中，必须时刻关注和预测市场营销环境的发展变化趋势，以采取适当的对策。

## 2.4.1　SWOT分析法

市场营销环境分析最常见的方法是 SWOT 分析法。SWOT 分析法是把所有的内部因素集中在一起，然后用外部的力量来对这些因素进行评估，分析出与企业营销活动相关的优势、劣势、机会和威胁。

### 1. 优势（Strength）

优势即企业较之竞争对手在哪些方面具有不可匹敌、不可模仿的独特能力。

### 2. 劣势（Weakness）

劣势即企业较之竞争对手在哪些方面具有缺点与不足。

### 3. 机会（Opportunity）

机会即外部环境变化趋势中对本企业营销有吸引力的、积极的、正向的方面。

### 4. 威胁（Threat）

威胁即外部环境变化趋势中对本企业营销不利的方面。

企业进行 SWOT 分析时，应先把优势、劣势和机会、威胁逐一列出，将优势、劣势与机会、威胁相组合，形成 SO、ST、WO、WT 策略，然后对 SO、ST、WO、WT 策略进行甄别和选择，确定企业目前应该采取的具体战略与策略。

## 2.4.2　环境威胁和市场机会分析

市场营销的发展变化趋势基本上可以分为两大类：一类是环境威胁；另一类是市场营销机会。

所谓环境威胁，是指市场营销环境中限制企业发展，对企业发展的各种不利因素及由此形成的挑战。如果不采取果断的市场营销行为，这种不利趋势将损害企业的市场地位。

所谓市场营销机会，是指市场环境中出现的对企业营销管理富有吸引力的领域，即有利于实现各种经营目标的机遇，在该领域内企业将拥有竞争优势。

任何企业往往都面临着若干环境威胁和市场机会。然而，并不是所有的环境威胁都具有相同的严重性，也不是所有的市场机会都同样的吸引力。企业必须对环境中存在的机会和威胁进行详细分析，常用的方法是"环境威胁矩阵"（见图 2-3）和"市场机会矩阵"（见图 2-4）。

出现威胁的可能性

图 2-3　环境威胁矩阵图

成功的可能性

图 2-4　市场机会矩阵图

环境威胁矩阵的纵列代表"潜在的严重性";横列代表"出现威胁的可能性"。

市场机会矩阵的纵列代表"潜在的吸引力";横列代表"成功的可能性"。

例如,中国某烟草公司通过市场营销信息系统和市场营销研究,了解到足以影响其业务经营方向的市场机会和威胁如下。

(1)一些国家政府颁布了法令,规定所有的香烟包装、广告上都必须印上关于吸烟危害健康的严重警告。

(2)有些国家的某些地方政府禁止在公共场所吸烟。

(3)许多发达国家吸烟人数下降。

(4)这家烟草公司的研究实验室即将发明出用莴苣叶制造无害烟叶的方法。

(5)发展中国家的吸烟人数迅速增加。

(6)据统计,中国目前有 3 亿多人吸烟,占总人口的 1/4,青年人中吸烟者所占比例最高。

显然,上述(1)～(3)条的动向给这家烟草公司造成了环境威胁,其中(2)、(3)条为主要威胁;(4)～(6)条使公司可能享有"差别利益"的市场机会,其中(5)条是最好的市场机会。

用上述方法来分析和评价企业所经营的业务,可能会出现以下四种结果。

(1)理想业务,即高机会和低威胁的业务。

(2)冒险业务,即高机会和高威胁的业务。

(3)成熟业务,即低机会和低威胁的业务。

(4)困难业务,即低机会和高威胁的业务。

上例中的企业是冒险型企业。

对企业所面临的主要威胁和最好的机会,最高管理层应当采取何种对策呢?

应对环境威胁的营销对策主要有以下三种。

(1)反抗,即试图限制或扭转不利因素的发展。例如,企业联合起来,要求取消不利于企业发展的某项政策、举措等。

(2)减轻,即通过调整市场营销组合等来改善环境,以减轻环境威胁的严重性。例如,造纸厂适应政府环保的法律和政策,采用新的污水处理技术和设备,使排污达到排放标准要求。

(3)转移,即转移到其他盈利更多的行业或市场。例如,上述烟草公司可以扩大香烟对发展中国家的出口，同时增加食品和饮料等业务，实行多元化经营。

应对市场机会的营销对策主要有以下三类。

（1）及时利用策略。当市场机会与企业的营销目标一致，企业又具备利用市场机会的资源条件，并享有竞争中的差别利益时，可采用此种策略。

（2）待机利用策略。当市场机会相对稳定，在短时间内不会发生变化，而企业暂时又不具备利用市场机会的必要条件，可以积极准备，创造条件，等待时机成熟时再加以利用。

（3）果断放弃策略。虽然市场机会十分具有吸引力，但企业由于资源限制无法加以利用，此时，企业应做出决策果断放弃。

## 案例分析

### 【案例1】 中国卷烟企业的转型

2004年7月1日，国家烟草专卖局的一道"降焦令"正式宣告了焦油含量超过15毫克/支的卷烟"寿终正寝"。根据2003年中国政府加入WHO《烟草控制框架公约》的郑重承诺，2005年，中国生产的卷烟平均焦油含量还要降低到12毫克/支。一向以高焦油含量为特色的中国卷烟企业在此大限之前不得不被迫转型。

在中国国内市场上，高焦油含量的卷烟当时仍占绝对优势，甚至一系列国产顶级香烟产品长期以来都维持较高的焦油含量。此外，中国3.6亿烟民基本上都是高焦油卷烟的消费者，尤其是一些忠诚度较高的烟民，已经认同和习惯了吸食高焦油含量的香烟。

中国部分烟草企业开始就"中国卷烟品牌战略"进行"降焦减害"技术开发研究。上海烟草集团公司生产的11个品牌中有6个品牌属低焦油系列；厦门卷烟厂开发的"石狮"牌卷烟、北京卷烟厂生产的"中南海"系列卷烟也都低于国际标准；一直以来致力于"降焦减害"工程的长沙卷烟厂运用了一些高科技技术，如纳米技术、催化剂技术和活性炭技术等。2002年，长沙卷烟厂推出低焦、低CO的"和"牌烟，焦油含量和CO含量更是降至10毫克/支，达到了欧盟标准，获得国家烟草局科技进步一等奖。尤为可喜的是，"珍品白沙"、"黑和"、"精品二代"三类高档卷烟，焦油含量均低于15毫克/支，同时保持了高档香烟的香气和良好口味。

问题：结合案例分析，是哪些因素促使烟草企业转型？

### 【案例2】 西区商函局的"眼光"

2004年，中国银行开始实行股份制经营，这是当年国家实行银行改革的第一步。3月中旬，中国银行改制的时间日趋紧迫，其中一项工作就是要将全国各分行的信用卡全部收回至北京总行统一管理。信用卡、申请资料、账单等的投递将是一个具有开发潜力的巨大市场。

北京西区商函局得知这一消息后，于2003年年底开始与中国银行总行接触，经过近半年的努力，中国银行终于正式决定双方可以谈判。

为了满足客户的需求，西区商函局做了大量准备工作。第一，多次与相关部门进行协调，为中国银行申请到了国家局特批的、全国唯一一个可以跨年度使用的信箱——"北京808信箱"。第二，西区商函局邀请国家邮政局的专家做业务培训，全面了解客户的操作系统，制订详细的合作方案（实物流方案和信息流方案），并具体到每一实施环节，得到了中国银行总行的认可。为精确掌握邮寄时间，西区商函局进行了试信，确定各省市的退信时间及收到时间，为商务谈判准备附录资料。第三，双方对价格等细节内容进行了进一步谈判，最终签订了合同。中国银行总部开始正式在西区邮电局以挂号信的方式发寄奥运信用卡。

以后几年，中国银行奥运卡发寄量逐年提高，从开始时的每月几十件发展到了每月 6 万件，商函局取得了很大的收益。随着双方合作的不断深入，西区商函局还与中国银行合作，参与其向广大终端客户寄发账单业务。

问题：西区商函局成功的启示是什么？

【案例 3】　默多克新闻集团进入中国市场

默多克新闻集团是当今世界上规模最大、国际化程度最高的综合性传媒公司之一，净资产超过 470 亿美元。在西方国家，默多克新闻集团几乎已经触及每一个普通人的生活。

1999 年 3 月，默多克新闻集团北京代表处成立，同年 12 月，默多克新闻集团亚洲全资子公司星空传媒在上海设立了代表处。尽管在 20 世纪 80 年代中期默多克已开始了与中国的正面接触，但真正拓展中国业务还是从 90 年代才开始的。

默多克在中国的营销是很注重环境的，其中最重要的一点就是针对中国市场的政治环境，坚持互信互利的原则，寻找与中国政府的共同点，力求在长期的合作中建立良好的信任关系。"与中国政府合作，关键是要互信和互利"，或者说默多克的成功秘诀就是"寻找双方的共同点，在长期的合作中建立良好的信任关系"。默多克新闻集团一位人士如是说。事实证明，这种方式是有效的。星空传媒及其所属频道与中国 30 多个省市的有线台合作播放音乐、体育和人文地理节目。

如今，针对技术环境的快速变化，默多克密切关注中国"数字化"动向，关注数字电视的推广，以寻找更大的商机。到 2015 年停止播出模拟广播电视，对星空传媒来说，将是难得的发展机遇。

众所周知，传媒行业壁垒是个难题，但是随着中国市场化程度的不断提高，市场机遇还是很大的。

2004 年，文化部出台关于鼓励、支持和引导非公有制经济发展文化产业的意见，指出演出业、影视业、音像业、文化娱乐业、文化旅游业、网络文化业、图书报刊业、文物和艺术品业以及艺术培训业等，在已逐步放宽准入的基础上，将进一步降低门槛，鼓励支持非公有制经济以独资、合资、合作、联营、参股、特许经营等多种方式进入。

"主动、正面地与中国政策对接，以国际化的视野做地地道道的本土化节目。"这是默多克针对巨大的中国市场以及严格的管制制定的中国攻略，成功与否还需要时间的检验。

问题：结合本案例，你认为外国企业进入中国哪些产业或市场时更应关注政治、政策环境的分析？原因是什么？

# 思考与练习

1. 什么是市场营销环境？分析市场营销环境的意义有哪些？
2. 宏观营销环境的构成要素有哪些？
3. 微观营销环境的构成要素有哪些？
4. 市场营销环境分析有哪几种具体的方法？

# 第3章

# 购买行为分析

## 学习目标

- 了解消费市场和组织市场的特点。
- 理解影响消费者和组织购买行为的因素。
- 理解消费者购买中参与的角色。
- 掌握消费者购买的决策过程。

## 实践项目

**分析自己的购买行为**

任务一　各模拟公司成员每人分析自己的一次购物经历。

任务二　公司内部讨论是如何做出购买决策的。

## 案例导入

### 妈妈的购买行为

　　婴儿食品营销人员在决定其营销策略之前必须特别注意消费者的行为模式。调查显示，消费者有很强的品牌忠诚度，甚至有时高达 85%的消费者总是购买同一品牌。在进入商店之前，消费者对于所需要的东西有着明确的想法，因此不会有太过的购买冲动，如果货架上缺货，他们会到其他地方购买或推迟采购，而不会购买其他的品牌。调查显示，消费者平均拿取的包数是 3.3 包，而平均购买的数量则是 3 包，这意味着消费者对于备选的品牌不会进行太多的检查和评估。

妈妈决定哪个品牌更适合她的孩子的过程是很复杂的。它通常建立在对可获得信息的仔细评估基础上，或者采纳来自朋友、家人和健康专家的建议，而最不可能的是检查标签上的信息。随着孩子的发育，所需的品牌和产品也会有所改变。为了帮助妈妈们更容易地进行这种转变，供应商必须确保店内展示是有意义的，这样，不同的品种可以清楚地与之沟通，借助内容清晰而丰富的包装标签，品牌忠诚度会随着孩子的成长而发展、保持。为了强化这一点，企业必须做各方面的努力，确保货架的供应并对品牌忠诚者进行奖励。

# 3.1　消费者市场与消费行为模式

市场营销人员必须了解目标消费者的欲望、观念、喜好和购买行为，并进行有效的沟通，才能满足目标消费者的需求。

## 3.1.1　消费者市场的概念

消费者是指在不同时空范围内参与消费活动的人或组织，通常是指购买和使用各种消费品的人或群体，即企业的顾客。消费者根据购买主体的不同可以分为个人消费者和组织消费者。在此仅涉及个人消费者。

消费者市场（Consumer Market）是指为了满足生活消费需要而购买货物和劳务的一切个人和家庭。任何一个企业都必须研究消费者市场，因为只有消费者市场是商品的最终归宿，即最终市场；中间商市场最终服务对象还是消费者，仍然要以最终消费者的需要和偏好为转移。在这个意义上，可以说消费者市场是一切市场的基础，是最终起决定作用的市场。

## 3.1.2　消费者市场的特点

由于多种主客观因素的影响，消费者需求和个人消费状况纷繁复杂。总体来讲，消费市场具有以下特点。

### 1. 广泛性和分散性

随着社会的进步和发展，消费资料种类繁多，几乎无所不包，而且由于消费者人数众多、各具特色，消费者市场必然表现出广泛性的特点。同时，由于众多消费者的每次购买量较少而购买频率很高，从而形成消费者市场分散性的特点。针对这一特点，营销者应采取灵活多样的服务方式，不断提高对消费者的服务质量。

### 2. 复杂性和差异性

人数众多的消费者由于在年龄、职业、收入、教育程度、个性特征等因素上千差万别，对不同商品或同类商品的不同品种、规格、性能、式样、服务、价格等方面会有多种多样的需求，从而导致了消费者市场的复杂性和差异性。

### 3. 发展性和多变性

消费者的需求是由低到高渐进发展的，因此，消费者市场也呈现出由低级到高级的发展性。而且，随着生产的发展、消费水平的提高和社会习俗的变化，消费者需求在总量、结构和层次上也将不断变化。消费者需求的这种多变性特征，要求企业在细分消费者市场的基础上，根据自身条件准确地选择目标市场，不断调整营销策略。

### 4. 可诱导性

消费者需求的产生，除了有些是本能的、生而有之的之外，大部分与外界的刺激诱导有关。经济政策的变动，生产、流通、服务部门营销活动的影响，社会交际的启示，广告宣传的诱导等，都会使消费者的需求发生变化或转移，例如，使消费者潜在的需求变为现实的需求，微弱的购买欲望变成强烈的购买欲望。可见，消费者需求可以通过人为地、有意识地给予外部诱因或改变环境状况，诱使或引导其按照预期的目标产生或转移。

### 5. 联系性和可替代性

某些商品之间有一定的联系性，它们一起使用才能满足消费者的需求，如 DVD 和光盘等。此外，某些商品的功能作用还具有相似性，相互之间可以替代，如洗衣粉和肥皂等。

## 3.1.3 消费者行为模式

消费者的购买行为是一个非常复杂的过程，我们可以简要地从以下几个方面进行分析。

（1）Who：哪些人在购买。

（2）What：他们购买什么商品。

（3）Why：他们为什么购买这些商品。

（4）Who else：还有谁参与了购买过程。

（5）How：他们以什么方式购买商品。

（6）When：他们什么时候购买该商品。

（7）Where：他们在哪里购买该商品。

研究消费者市场的核心是研究消费者购买行为，即消费者购买商品的活动以及与这种活动有关的决策过程。上述 6W1H 是消费者购买决策的具体内容，那么，消费者究竟是怎样做出决策的呢？消费者购买决策的产生是多种因素共同作用的结果。刺激—反应模式（见图 3-1）是一种常见的消费者购买行为分析理论。

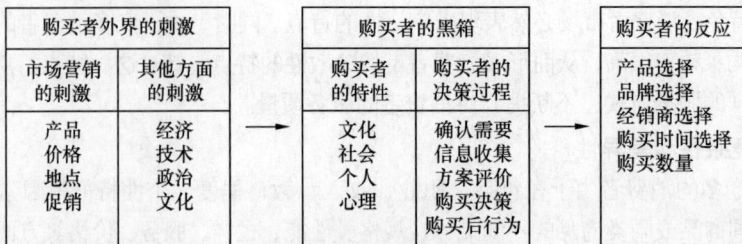

| 购买者外界的刺激 | | 购买者的黑箱 | | 购买者的反应 |
|---|---|---|---|---|
| 市场营销的刺激 | 其他方面的刺激 | 购买者的特性 | 购买者的决策过程 | 产品选择<br>品牌选择<br>经销商选择<br>购买时间选择<br>购买数量 |
| 产品<br>价格<br>地点<br>促销 | 经济<br>技术<br>政治<br>文化 | 文化<br>社会<br>个人<br>心理 | 确认需要<br>信息收集<br>方案评价<br>购买决策<br>购买后行为 | |

图 3-1　刺激—反应模式

从图中可以看出，购买者外界的刺激有两类：一类是企业的市场营销刺激，包括"4P"，即产品、价格、渠道和促销；另一类是其他刺激，包括经济、技术、政治和文化等。刺激作用于消费者意识的部分称为购买者的黑箱（Buyer's Black Box），即购买者的心理过程，由两个部分组成：一是购买者的特性，包括购买者的社会、文化、个人和心理特性，主要影响购买者对刺激的反应；二是购买者的决策过程，这一过程将影响购买者的最终决定。经过购买者一定的心理过程，就产生了一系列看得见的购买者反应，如产品选择、品牌选择、经销商选择、购买时间选择和购买者的行为模式等。

企业的市场营销人员必须认真研究"购买者的黑箱"中的各项因素，因为这些因素直接导致消费者购买行为的发生，并最终影响企业的营销策略。

## 3.2　消费者购买行为的影响因素

消费者的需要和欲望以至消费习惯和行为会受到很多因素的影响，这些因素可分为文化因素、社会因素、个人因素和心理因素四大类，如表 3-1 所示。这四类因素属于不同的层次，对消费者行为的影响程度是不同的，影响最深远的是民族传统文化，它影响到社会的各个阶层和家庭，进而影响到每个人的购买行为及心理活动。影响消费者行为最直接的、起决定性作用的因素是个人心理因素。

表 3-1　　　　　　　　　　　　影响消费者购买行为的因素

| 文 化 因 素 | 社 会 因 素 | 个 人 因 素 | 心 理 因 素 |
| --- | --- | --- | --- |
| 文化<br>亚文化<br>社会阶层 | 参考群体<br>家庭<br>社会角色与地位 | 年龄和性别<br>职业<br>受教育程度<br>经济能力<br>生活方式<br>个性以及自我概念 | 动机<br>感觉和知觉<br>学习<br>信念和态度 |

### 3.2.1　文化因素

社会文化因素主要包括文化、亚文化、社会阶层等。

#### 1．文化

文化是一个复杂的整体，包括知识、信仰、艺术、道德、法律、风俗以及其他作为社会一分子所习得的任何才能与习惯，是人类为使自己适应环境和改善生活方式努力的总成绩，具有复杂性和多样性的特点。文化属于宏观环境因素，是决定人类欲望和行为的基本要素，服饰、饮食、起居、建筑风格、节日、礼仪等物质文化生活各个方面都受文化的制约，不同文化的差异引起消费行为的差异。例如，在我国市场上常有一些产品注明是为老年人专用的，很受老年人欢迎；但在美国等西方国家，这样的商品肯定要受冷落，因为人们忌言年老。像"老先生，老太太"这样的称呼，在我国表示对老年人的尊重，在西方则要引起对方反感。

### 2. 亚文化

每一种文化群体内部又包含若干亚文化群。所谓亚文化，是指某一文化群体所属次级群体的成员共有的独特信念、价值观和生活习惯，主要有民族亚文化、宗教亚文化、种族亚文化、地理区域亚文化等。例如，我国地广人多，各地区有不同的习俗与爱好，菜肴风味有川、鲁、粤、苏等各种菜系，各具特色，春节北方人有吃饺子的习俗，而南方的一些省份则没有。亚文化为其成员带来更明显的认同感。

### 3. 社会阶层

社会阶层是社会中按层次排列的、具有同质性和持久性的群个体，是社会学家根据职业、收入来源、教育水平、财产数量、价值观等对人们进行的一种社会分类。同一阶层的成员具有类似的价值观、兴趣和行为；而处于不同阶层的人，他们在消费取向、品牌偏好、产品选择等购买行为上有较大的区别。在服装、家具、休闲活动和汽车领域等，同一阶层的消费者表现出明显的产品和品牌偏好。

## 3.2.2 社会因素

相关群体、家庭、社会角色与地位等社会因素，同样会对消费者的购买行为产生影响。

### 1. 相关群体

所谓相关群体，就是对个人的态度、意见和偏好有直接或间接影响的群体。对消费者的生活方式和偏好有影响的各种社会关系群体，就称为消费相关群体。消费相关群体主要有两类，一类是个人具有成员资格并因而受到直接影响的群体，这其中又分为主要群体和次要群体，主要群体如家庭、朋友、同事、邻居，彼此接触频繁并相互影响；次要群体是个人参加的职业协会、俱乐部、学生会等各种社会团体，对消费者而言影响更为正式，但相互影响较小。

消费者至少在以下三方面受其相关群体的重要影响。

（1）相关群体使一个人受到新的行为和生活方式的影响。

（2）相关群体还影响个人的态度和自我概念，因为人们通常希望能迎合群体。

（3）相关群体还产生某种趋于一致的压力，它会影响个人的实际产品选择和品牌选择。

另一类，如社会名流、影视明星、体育明星等对消费行为的影响也非常显著，这些被称为崇拜性群体。崇拜性群体的一举一动常会成为人们模仿的样板，因此，很多企业经常会邀请明星做广告，如周杰伦为中国移动的"动感地带"业务所做的广告。营销人员需要识别目标顾客的相关群体，并针对他们实施相应的营销策略。

### 2. 家庭

家庭对人的影响最深刻而持久，人们的价值观、审美观、偏好和习惯多数是在家庭的影响下形成的。家庭是在社会上最重要的消费者购买组织。在做购买决策时，购买者的家庭成员对其影响最大。不同类型的家庭对购买决策影响的大小是不同的。营销人员需要对夫妻及子女在商品和劳务采购中所起的作用和相互之间的影响作深入的分析和研究。我国典型的产品支配形式有丈夫支配型、妻子支配型和共同支配型：丈夫支配型的产品有人身保险、汽车、电视机等；妻子支配型的产品有洗衣机、地毯、家具、厨房用品等；共同支配型的产品有度假、住宅、户外娱乐等。随着社会的进步，这些支配类型的产品也在不断地变化，例如，传统上妻子是家庭的主要采购员，尤其是对食品、日用品和服装等的采购，但随着职业女性人数的增加，丈夫渐渐也承担起家庭用品的采购。

### 3. 角色与地位

角色是指一个人在各种不同场合中应起的作用，是周围人对一个人的要求。每一种角色都伴随着一种地位。一个人在其一生中会参加许多群体，其在各群体中的角色和地位将在某种程度上影响购买行为。例如，在职场中担任领导职务的一位男性，在家庭中的角色则是丈夫或父亲。消费者做出购买决策时，往往会考虑自己的身份与地位。

## 3.2.3　个人因素

影响消费者购买行为的个人因素，主要有年龄与人生阶段、职业、经济状况、个性及自我观念、生活方式等。

### 1. 年龄与家庭生命周期阶段

年龄不仅影响个人的消费行为，还关系到婚姻家庭状况，如是否有子女以及子女的年龄等。随着一个人年龄的变化，其家庭生命周期就会处于不同阶段，这对消费者的消费行为有重大影响。有学者把家庭生命周期划分为七个阶段，如表 3-2 所示。

表 3-2　　　　　　　　　　家庭生命周期中不同阶段的典型消费支出

| 家庭生命周期阶段 | 典型消费支出 |
| --- | --- |
| 单身阶段 | 社交、娱乐、个人衣着打扮 |
| 新婚阶段 | 住房、家具、电器等耐用品 |
| 满巢阶段一 | 幼小子女生活和教育、托儿服务、保姆 |
| 满巢阶段二 | 学龄子女的衣食、教育、户外娱乐 |
| 满巢阶段三 | 子女教育、娱乐、置换家具、旅游 |
| 空巢阶段 | 健康、自我充实和提高、医药、保健品、读书、旅游 |
| 鳏寡阶段 | 医疗保健服务、户外活动、读书 |

不同生命周期阶段的家庭需求有不同的特点。例如，新婚阶段的需求和消费行为与空巢阶段有很大的差异。家庭生命周期的研究目的在于，要注意到不同家庭生命周期阶段有着不同的购买重点。营销者只有明确企业的目标市场处于家庭生命周期的哪一阶段并据以发展适销的产品和拟订适当的营销计划，才能取得成功。

### 2. 职业

职业的差异能够体现一个人所扮演的社会角色的不同，人的社会性决定了不同职业的人会形成不同的消费特征。例如，蓝领工人和公司总裁、大学教授和打字员，在消费行为上就会有明显的不同。另外，社会对不同职业的社会要求也不同。例如，公司对职员在言谈举止、服装等方面有要求，而对农民很少有这方面的约束。一般说来，营销者应当分析出从事哪种职业的人会对自己的商品或服务感兴趣，并依此采取相应的营销策略。例如，营销者将休闲俱乐部称为"老板俱乐部"，以吸引经理人士加盟。

### 3. 经济状况

消费者的经济状况包括消费者的可支配收入、储蓄与个人资产、举债能力及对消费的态度。消费者的消费行为会受到经济状况的制约，消费者经济状况的变化必然会在消费商品或服务的数量、质量、结构及方式等方面体现出来。例如，高收入的家庭一般不会选择去批发市场购买普通商品；低收入的家庭一般只能购买生活必需品，在选择商品时更加注意低价与实惠，以尽可能少的支出获取尽可能大的商品效用。消费者个人收入、储蓄及存款利率的变化趋势都会对消费行为产生影响。另外，对消费者的购买行为产生影响的不仅是现实的收入水平，也包括未来的预期收入。如果未来预期收入稳定增长，消费者就会增加消费支出甚至举债消费；反之，则会减少消费。

### 4. 个性及自我观念

个性指个人独特的心理特征。这种心理特征使个人与其环境保持相对一致和持久的反应。个性可以直接或间接地影响其购买行为，通常用自信心、控制欲、自主、顺从、保守等特征术语来描述。例如，喜欢冒险的消费者容易受广告的影响，成为新产品的早期使用者；自信的或急躁的人购买决策过程较短；控制欲强的人往往在决策中居于支配地位等。

自我观念或自我感觉指消费者如何看待自己，包括态度、感觉、信念和自我评价。一般认为，人们总希望保持或增强自我形象，并把购买行为作为表现自我形象的重要方式。消费者在购买决策时，会考虑使用商品后是否会降低其自我形象。例如，某公司计算机的推销目标是那些对质量要求较高的人，那么，营销人员应尽力开发符合目标市场自我形象的形象品牌，使其同顾客的自我形象匹配。

### 5. 生活方式

生活方式是个人生活的形式，表现为一个人在生活中表现出来的行为、兴趣和看法。生活方式是个性和自我观念的直接反映。不同生活方式的人对产品和服务的见解及对营销策略的反应有很大的不同，直接影响其购买行为。从某种意义上说，市场营销是向消费者提供所有可能的生活方式的过程，使消费者有可能按照自己的爱好，选择适当的生活方式。

## 3.2.4 心理因素

消费者的购买行为往往会受很多心理因素的影响，主要有需要、动机、感觉、学习、信念与态度等。这些因素不仅在某种程度上影响和决定消费者的决策行为，而且对外部环境的影响与营销刺激起放大或抑制作用。

### 1. 需要

需要是人们由于缺少某种东西而导致的一种不平衡状态。当需要达到一定程度时，就会成为一种驱动力，当这种驱动力被指向一种可以减弱或消除的刺激物时，便成为一种动机。消费者内在需要与外界刺激相结合便会使主体产生动机，动机是行为的直接原因。需要和动机最常见的理论就是美国心理学家亚伯拉罕·马斯洛（A.H.Marslow）的"需要层次理论"。

需要层次理论把人的需要分为五种基本层次：生理需要、安全需要、社会需要、尊重需要和自我实现的需要，按其重要性从低到高呈阶梯状排列（见图3-2）。

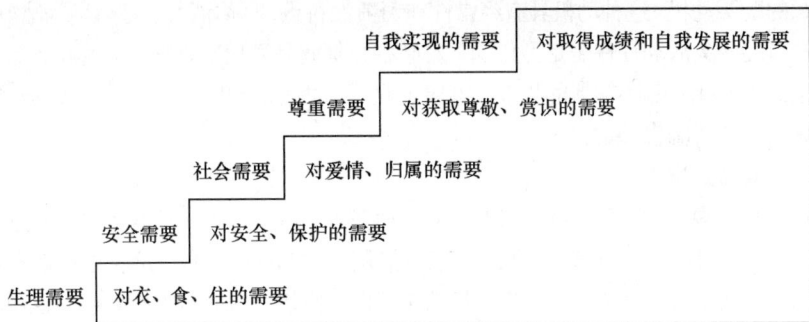

图 3-2　需要层次理论

由此看出，消费者的需要表现为阶梯性、差异性和交叉性的特点。

（1）阶梯性：人的需要是一个由低级向高级发展的阶梯。当低级需要被满足后，人们便开始追求较高层次的需要。

（2）差异性：不同消费者由于环境、时代等不同会产生不同的需要，由于外部环境不同，不同消费者在同一需要层次上需要的内容也会有所不同。

（3）交叉性：各个层次之间不是完全排斥的，没有任何一种需要能被完全满足，所以，需要之间存在交叉的现象。

马斯洛的需要层次理论，具体地分析了各个不同层次的需要，指出人们各种需要之间的有机联系，对于分析消费者的购买心理具有重要的意义。

**2．消费者购买动机**

人的行为是由动机支配的，而动机是由需要引起的。消费者购买动机指消费者为了满足某种需要，产生购买商品的欲望和意念。消费者的动机主要有生理性动机和心理性动机两类。生理性动机是引起购买行为的重要因素，比较明显与稳定，具有普遍性与主导性；心理性动机较生理动机更为复杂，当社会经济发展到一定水平时，心理性动机通常在消费者行为中占重要地位。

（1）生理性购买动机指人们因生理需要而产生的购买动机，如"饥思食"、"渴思饮"、"寒思衣"，所以又称本能动机。这些都属于生理需要，企业只能去适应它，一般不是营销研究的对象。

（2）心理性购买动机指人们由于心理需要而产生的购买动机。心理动机可以分为感情动机、理智动机和信任动机等。

① 感情动机指由于个人的情绪和情感心理方面的因素而引起的购买动机。情绪有喜、怒、哀、乐；情感有美感、道德感、时代感、集体感等。消费者的情绪和情感是千差万别的，从而表现出不同的购买动机。这类购买动机具有较大的稳定性和深刻性，往往可以从购买行为中反映出购买者的精神面貌。

② 理智动机指建立在对商品的客观认识基础上，经过分析比较后产生的购买动机。它具有客观性、周密性和可控性的特点，在理智动机驱使下的购买，比较注重商品质量，讲

求实用，对价格和售后服务更加关心。

③ 惠顾动机指消费者由于对特定的商品或商店产生特殊的信任或偏好而形成的习惯重复光顾的购买动机。这种动机具有经常性和习惯性特点，具体消费心理表现为嗜好心理，这类消费者的购买活动往往是定型化的，对某种品牌商品表现出青睐、偏爱和忠实，有的消费者达到了非此商品不消费的程度。零售企业促销活动的目的，就在于创造良好的企业形象，激发消费者的惠顾动机。

### 3．感觉和知觉

消费者有了购买动机后，就要采取行动，消费者的行动取决于消费者的认知过程。所谓认知过程，是指消费者对商品、服务、店貌等刺激物的反应过程。这一过程是由感性认识和理性认识两个阶段组成的。知觉是指消费者感官直接接触刺激物所获得的直观的、形象的反应，属于感性认识。任何消费者购买商品，都要根据自己的感官所感觉到的印象来决定是否购买。消费者对同种刺激物和情景产生的不同知觉，导致认知过程的差异。

（1）选择性注意。消费者面临着大量的消费信息，不可能都注意，他们总是有选择地注意其中一部分信息，通常是那些与当时需求有关的、独特的或反复出现的信息，即选择性注意。例如，正要购买电视机的人就对电视机的广告特别注意；降价50%比降价5%的广告，更能引起人们的注意。

（2）选择性曲解。虽消费者注意到刺激物，但未必能如实反映客观事物，往往会有选择地曲解某些信息，使其符合自己的意向。对所接收信息在加工处理过程中不自觉地加进了个人的看法，即选择性曲解。

（3）选择性记忆。消费者所接触的信息，绝大多数一闪即逝，留不下什么印象，而主要记住的是那些符合自己态度和信念的信息，即选择性记忆。据统计，平均每人每天要接触到1 500个以上商业性广告，但人们感兴趣的只有少数几个广告。选择性记忆意味着营销人员需要向目标市场重复性地投放广告。

分析感觉和知觉对消费者购买行为的影响，可以发现，广告创作、产品设计、包装设计、促销活动等必须利用上述心理过程，给消费者留下深刻印象，才能突破其牢固的知觉壁垒。

### 4．学习

学习是消费者在购买和使用商品的实践中逐步获得和积累经验，并根据经验调整购买行为的过程。消费者的学习是通过驱策力、刺激物、提示物、反应和强化的相互影响、相互作用而进行的。"刺激—反应（S-R）"理论认为，人的学习过程包含下列五种连续作用的因素：驱策力、刺激物、提示物（诱因）、反应和强化（见图3-3）。

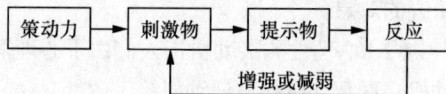

图 3-3　刺激—反应（S-R）

驱策力是一种内在的心理推动力，是诱发人们行动的内在刺激力量；刺激物是客观存在的能满足人们购买需要的商品或劳务；提示物是加深对"刺激物"印象的次刺激物，如广告宣传、商品的外观形态、陈列展示等；反应是对刺激采取的行动；强化是具体行动后进一步加深对刺激物的印象，包括正强化和负强化。正强化会使消费者形成积极的购买经验，在将来需要的情况下形成习惯性地重复购买。负强化使消费者形成消极的购买经验，今后将不再购买或忠诚度下降。

### 5. 信念和态度

外界事物的刺激，使消费者在购买和使用商品的过程中形成了信念和态度。这些信念和态度又反过来影响人们的购买行为。

信念是指一个人对某种事物所持的看法。消费者对商品的信念可以建立在不同的基础上：有的建立在科学的基础上；有的建立在某种见解的基础上；有的建立在信任的基础上（例如，海尔冰箱有较强的制冷与省电的功能）。企业应及时了解自己的产品与劳务在人们头脑中的信念，因为这些信念可以形成产品与品牌的形象；有的则可能基于偏见或讹传，如果消费者的信念是错误的，以致影响了产品的销售，制造商就应进行宣传与沟通，改变人们的信念，有效开展促销活动。

态度是指一个人对某些事物或观念长期持有的认识上的评价、情感上的感受和行动倾向。不同的信念可导致人们具有不同的态度、不同的行动倾向。例如，消费者对名牌商品争相选购，而对不熟悉的新产品则犹豫和疑虑，迟迟不做购买决策。消费者态度一旦形成往往不易改变，当消费者形成了对某种产品或品牌良好的态度以后，就很有可能做出重复购买的决策；反之，就不会购买。不要勉强去改变消费者的态度，企业应设法适应消费者持有的态度，改变产品的营销组合，进行新的营销策划，使消费者重新审视，形成新的态度。

## 3.3　消费者的购买决策过程

分析了影响消费者购买行为的主要因素后，我们还需要研究消费者是如何做出购买决策的。事实上，消费者的购买决策是一个极为复杂的过程，存在众多的可变因素和随机因素。在此主要研究参与决策的角色、购买决策的类型和购买决策的过程。

### 3.3.1　参与决策的角色

同一个消费者在不同的购买行为中会以不同的角色参与购买。界定消费者角色是有效地制定营销策略的基础，无论是商品研制者、生产者，还是销售者，必须具体地、有针对性地为不同消费角色制定产品与服务方案，区分消费者角色是一项重要的营销活动。

一般来说，识别购买者是相当容易的。例如，烟草制品通常为男士购买，化妆品通常为女士购买。然而，很多产品购买决策往往由多人参与。以选购液晶电视为例，购买新电视是孩子的提议，邻居推荐某个品牌，妻子提出了购买的类型、颜色和式样，丈夫决定在哪里购买，然后丈夫在周末买了回来，全家共同使用。在此购买决策过程中，孩子扮演了发起者的角色；邻居扮演了影响者的角色；丈夫与妻子共同扮演了决策者的角色；丈夫扮演了购买者的角色；全家扮演了使用者的角色。

#### 1. 发起者

发起者指首先提出或有意向购买某一产品或服务的人。发起者倡导别人进行这种形式的消费。

#### 2. 影响者

影响者指其看法或建议对最终决策具有一定影响的人，包括家庭成员、邻居与同事、购物场所的售货员、广告模特、消费者所崇拜的名人明星，甚至素昧平生、萍水相逢的路人等。

3. 决策者

决策者指在是否买、如何买、哪里买等购买决策中做出完全或部分最后决定的人。

4. 购买者

购买者指具体执行购买角色的人。

5. 使用者

使用者指最终使用、消费该商品并得到商品使用价值的人。

### 3.3.2 购买决策的类型

消费者在购买不同商品时，其购买行为的复杂程度差异很大。有的购买行为很简单，但有的购买行为极其复杂，参与人员多、决策过程长，消费者的购买决策随其购买行为类型不同而变化。因此，在考察购买决策过程之前，需要对消费者的购买类型进行划分。

阿萨尔根据购买者在购买过程中的介入程度和品牌间的差异程度，区分了消费者购买行为的四种类型（见图 3-4）：复杂的购买行为、减少失调感的购买行为、习惯性的购买行为和寻求多样化的购买行为。

| 品牌差异程度 \ 购买者的介入程度 | 高 | 低 |
|---|---|---|
| 大 | 复杂的购买行为 | 寻求多样化的购买行为 |
| 小 | 减少失调感的购买行为 | 习惯性的购买行为 |

图 3-4 消费者购买行为的四种类型

1. 复杂的购买行为

当消费者专门仔细地进行购买，并注意现有各品牌间的重要差别时，他们就是在进行复杂的购买行为。消费者一般对花钱多的产品、偶尔购买的产品、风险产品以及注目的产品等的购买非常专心仔细。消费者首先产生对产品的信念，然后形成对该产品的态度，最后慎重地做出购买决策。

2. 减少失调感的购买行为

对于各种看起来没有什么差别的品牌，而且不经常购买并有一定风险的产品，消费者购买的一般持慎重态度。消费者购买后也许会感到不协调或不满意，在使用过程中会了解更多情况，寻找种种理由来化解、减少这种不协调，以证明自己购买决策的正确性。对于这类消费者，营销沟通的主要作用在于增强购买者的信念，使购买者在购买之后对该品牌有一种满意的感觉。

3. 习惯性的购买行为

消费者对大多数价格低廉、经常购买的产品的购买行为往往很简单，消费者只是被动接收信息，其购买行为并没有经过通常的形成信念、态度、行为等一系列过程。此类消费者并没有对品牌信息进行广泛研究，也没有对品牌特点进行评价，对决定购买什么品牌也不重视；相反，他们只是在看电视或阅读印刷品广告时被动地接收信息，是出于熟悉而购买，也不一定进行购买后评价。例如，日常消费品往往就是靠大量的广告活动来吸引顾客，因为这一活动可以触发与一个人的价值观念和自我防御有关的强烈情感，广告的重复出现使消费者熟悉该企业或品牌。

#### 4．寻求多样化的购买行为

有些产品品牌差异明显，消费者并不愿意花费时间来进行选择和评价，而是不断更换品牌进行购买。品牌的选择变化常起因于产品的多品种，而不是起因于对产品不满意。例如，消费者在购买饼干时，不先作充分评价，就挑选某一品牌的小甜饼，待到入口时，再对它进行评价；但在下一次购买时，消费者也许想尝新或想体验一下其他口味转而购买另外一种品牌。

### 3.3.3　购买决策的过程

消费者的购买行为表现为一个非常复杂、动态的过程。这个过程可分为以下五个阶段，如图 3-5 所示。

确认需求 → 寻找信息 → 方案评估 → 购买决策 → 购后评价

图 3-5　消费者的购买决策过程

#### 1．确认需求

引起需要是购买者购买行为的起点。由于有了某种需要，而这种需要又未得到满足，人们才会通过购买行为来使之满足。所以，消费者首先要确认自己哪些需求没有得到满足。营销人员需要识别引起消费者某种需要和兴趣的环境；还应该研究消费者不同需求或问题的类型，这些需求或问题是怎样造成的，它们是怎样引导到这种特定商品的；同时，弄清楚消费者对某些商品感兴趣的刺激因素，从而制定适宜的营销策略。

#### 2．寻找信息

消费者一旦确认了自己没有满足的需要，就会收集相关信息，以便做出购买的决策。通常，消费者会从以下四种来源收集相关信息。

（1）商业来源：消费者从广告、经销商、推销人员、商品说明书、商品陈列、商品包装等途径得来的信息。消费者的大多数信息来自于商业来源。

（2）个人来源：消费者从家庭、亲友、邻居、熟人等处得到的信息。

（3）公众来源：消费者从报刊、杂志、电视、广播、网络等大众传播以及消费者团体和机构等处获得的信息。

（4）经验来源：消费者通过自身操作、检查、比较和使用产品而得到的信息。

营销人员要针对消费者寻找信息的渠道，与消费者进行沟通，设计信息传播策略，注意整合信息传播的渠道，多渠道、多方式向消费者输送信息，使消费者形成对商品的良好经验和态度，促使其选购该商品。

#### 3．方案评估

方案评估是消费者购买过程的第三个阶段。消费者经过信息搜集逐步缩小了可供选择的品牌范围，接下来就是对可选品牌进行评价。进行方案评估的目的是能够识别哪一种品牌、类型的商品最适合自己的需要。消费者对商品的比较评价，是对商品属性、品牌信念、

41

效用要求等方面进行综合评价，以做出购买选择。

营销人员需要采取一些措施来提高自己产品被选中的几率。首先，修正产品的某些属性，使之接近消费者理想的产品；其次，改变消费者心目中的品牌信念，通过广告和宣传报道努力消除其不符合实际的偏见；再次，改变消费者对竞争品牌的信念；最后，通过广告宣传，改变消费者对产品各种性能的重视程度。营销人员对其产品的广告宣传必须实事求是，符合实际，以便使购买者感到满意。

### 4. 购买决策

这是购买者决策过程的中心一环。消费者通过对可供选择的商品进行评价并做出选择后，就会形成购买意图。理论上，消费者通常会购买他们最喜欢的品牌，但现实中，消费者并不一定全部实现购买行为，即使购买也不一定是最初选定的品牌。造成上述情形的主要原因：一是他人态度，如果消费者的亲朋好友强烈反对，消费者可能会放弃购买；二是意料之外的变故，消费者如果遭遇意外，如经济状况变化、计划购买的品牌出现负面消息，消费者极有可能暂缓购买；三是预期风险大小，在购买复杂、价格昂贵的商品时，消费者为了避免或减少风险，暂缓购买是常见的方法。

### 5. 购后行为

消费者购买商品后经历三个环节：购买后的使用和处置、购买后的评价及购买后行为。通过自己的使用和他人的评价，消费者会对购买的商品与购买前对商品的期望进行比较，如果商品符合期望甚至超出期望，消费者对商品的满意度会很高；反之，如果与期望不符，消费者对商品就会产生抱怨。消费者满意与否会导致截然不同的购买后行为，满意度高的商品，消费者在以后的购买中，重复购买的可能性就高，并积极向其他人说明使用该商品的实际感受和好处；反之，消费者就不会再购买该品牌商品，而且消费者也会积极向其他人说明使用该商品的实际感受和不满，要求退换、投诉甚至诉诸法律。

对企业而言，必须重视消费者购买后的感觉和行为，采取相应的策略提高消费者的满意度，并通过加强售后服务，保持与顾客联系，提供使他们从积极方面认识产品特性的方式，以增强消费者的满意感。

研究和了解消费者的需要和购买过程，是市场营销成功的基石。市场营销人员通过了解消费者购买决策的全过程，可以获得很多有助于满足消费者需要的有用信息，同时还可以了解购买过程的参与者及其对购买行为的影响，以帮助企业制定行之有效的营销策略。

## 3.4 组织市场购买行为

同消费市场相对应的是组织市场。企业的营销对象，不仅包括广大的消费者，还包括生产企业、商业企业、政府机构等各种组织机构。

### 3.4.1 组织市场的构成

所谓组织市场，是指各类组织机构所形成的对企业产品和劳务需求的总和。组织市场和消费者市场的主要区别在于：购买者主要是企业或社会团体，而不是个人或家庭消费者；目的是为了用于生产或转卖以获取利润以及其他非生活性消费，而不是为了满足个人或家庭的生活需要。组织市场主要包括产业市场、中间商市场、非营利性组织市场与政府市场。

### 1. 产业市场

产业市场，又叫生产者市场或企业市场，是指一切购买产品和服务并将之用于生产其他产品或服务，以供销售、出租或供应给他人的个人和组织。其采购商品和劳务的目的是为了加工生产出其他产品以供出售、出租，以从中谋利，而不是为了个人消费。

### 2. 中间商市场

中间商市场是指那些通过购买商品和劳务以转售或出租给他人，以获取利润为目的的个人和组织。中间商市场和生产者市场有许多相似之处，如双方的购买行为的中间市场主要包括零售市场和批发市场。

### 3. 非营利性组织市场

非营利性组织市场，也称机构市场，主要是指一些由学校、医院、疗养院、监狱和其他为公众提供商品和服务的部门所组成的市场。其往往是以低预算和受到一定的控制为特征的，而且一般都是非营利性的。

### 4. 政府市场

政府市场指各级政府及下属各部门为了执行政府职能而购买产品、项目和服务所组成的市场。由于政府的采购决策要受到公众的监督，因此，其经常会要求供应商准备大量的书面材料。此外，政府市场还具有诸如以竞价投标为主、喜欢向国内供应商采购等特点。

## 3.4.2　组织市场的特点

组织市场中规模最大的是产业市场，对市场影响最大的也是产业市场。因此，以下介绍以产业市场为主。组织市场具有如下特点。

### 1. 购买者少，购买规模大

组织市场上的购买者比消费者市场上的购买者要少得多。购买行为受生产周期及购买者少的制约，购买次数不会太多，但每次购买数量大，有时一个企业一次购买的金额可达到数千万元甚至超过亿元。例如，美国固特异轮胎公司的订单主要来自通用、福特、克莱斯勒三大汽车制造商，但当固特异公司出售更新的轮胎给消费者时，它就要面对由全美1.71亿汽车用户组成的巨大市场了。

### 2. 购买者在地域上相对集中

由于资源和区位条件等原因，各种产业在地理位置的分布上都具有相对的集聚性，所以，组织市场的购买者在地域上也是相对集中的。例如，广东和福建沿海地区已经成为世界轻工业产品的加工基地。

### 3. 派生需求

派生需求，是指产业市场需求的是由消费品市场需求引申出来的需求。企业之所以需要购买生产资料，归根结底是为了用来作为劳动对象和劳动资料以生产出消费资料。例如，消费者需要购买电视机，电视机制造商就需要购买制造电视机的机器设备，如果消费者对电视机的需求增加，那么，生产电视机的所有产业市场的需求也随之增加；反之，电视机需求减少，制造电视机的产业市场的需求也随之减少。因此，消费者市场需求的变化将直接影响组织市场的需求。

### 4. 需求弹性小

组织市场的需求受价格变化的影响不大。皮鞋制造商在皮革价格下降时，一般不会打算采购大量皮革；同样，皮革价格上升时，他们也不会因此而大量减少对皮革的采购，除非他们发现了某些稳定的皮革替代品。需求在短期内特别无弹性，因为厂商不能对其生产方式作许多变动。

### 5. 专业化购买

组织机构通常比个人消费者更加系统地购买所需要的商品，其采购过程往往是由具有专门知识的专业人员负责。组织营销人员必须具有完备的技术知识，并能提供大量的有关自身及竞争者的数据。

### 6. 互惠购买

在组织营销过程中常见的是互惠现象，也就是"你买我的产品，那么，我也就买你的产品"。更通俗地讲，叫互相帮忙。由于生产资料的购买者本身总是某种产品的出售者，因此，企业在采购时就会考虑为其自身产品的销售创造条件。例如，造纸公司从化学公司大量购买造纸用的化学物品，化学公司也从造纸公司大量购买办公与绘图用的纸张，因而双方在购买中采取互惠互利的做法。

### 7. 直接采购

消费品的销售通常都经过中间商，但组织材料的购买者大多直接向生产者购买。这是因为购买者数量有限，而且大多属于大规模购买，直接购买的成本显然低得多；其次，组织市场的购买活动在售前售后都需要由生产者提供技术服务。因此，直接采购是组织市场常见的销售方式。

## 3.4.3 组织市场购买行为的类型

组织购买者行为的复杂程度和采购决策项目的多少，取决于采购业务的类型。我们把其分为三种类型：直接再采购、修正再采购和新购。

### 1. 直接再采购

直接再采购指采购方按既定方案不作任何修订直接进行的采购业务。这是一种重复性的采购活动，属于最简单的购买类型，不需要经过复杂的购买程序，基本上不用作新的决策。

### 2. 修正再购买

修正再购买指组织购买者对以前已采购过的产品，通过修订其规格、价格、交货条件或其他事项之后的购买。购买者向原供应商提出新的供货条件，同时向新供应商提出购买意向。这类购买较直接再采购要复杂，购销双方需要重新谈判，因而双方会有更多的人参与决策。这既给原供应商增加了压力，又给新的供应商提供了机遇。

### 3. 新购

新购指组织购买者第一次购买货品的购买行为。新购产品大多数是不经常购买的产品项目或服务。新购的成本费用越高，风险越大，参加决策的人数就越多，所需信息量也越多，制定决策的时间也就越长，是最复杂的购买类型。新购对一切供货方来说都是很好的机会。

## 3.4.4　组织购买的影响因素

正如个人消费者一样，组织消费者在做出购买决策之前，也经历几个步骤，心理过程在其中也充当了一个重要的角色。与消费者购买不同的是，组织购买更正规化、专业化、系统化。组织市场购买者在做出购买决策时的影响因素，可以概括为以下四大类，如图 3-6 所示。

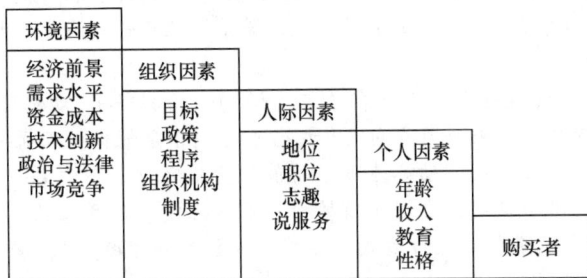

图 3-6　影响组织市场购买的主要因素

### 1. 环境因素

目前和预期的经济环境，如需求水平、经济前景、价格或资金成本等因素对企业的发展影响甚大，也必然影响到其采购计划。同时，采购者也受到技术因素、政治因素以及经济环境中各种发展因素的影响。营销人员应密切注意所有这些环境的作用力，测定这些力量将如何影响采购的有效性和经济性，并设法采取相应的对策。

### 2. 组织因素

每一个采购组织都有其具体目标、政策、程序、组织结构及系统，这些对购买行为有很大影响。比如，以追求总成本降低为目标的采购企业，会对符合本企业要求的尽可能低价的产品感兴趣；以追求市场领先为目标的采购企业，会对技术先进、优质、高效运行的产品更感兴趣。同时，组织内部采购制度的变化也会对采购决策带来很大影响。供应商必须了解与研究购买者内部这些组织因素的改变，有针对性地做好营销工作，不断拓展销售市场。

### 3. 人际因素

内部参与购买决策的各个角色，即使用者、影响者、采购者、决策者、信息控制者的个人职务、地位、态度及相互关系对购买行为有很大影响。一些决策行为会在这些参与者中产生不同的反应，意见是否容易取得一致，参与者之间的关系是否融洽，是否会在某些决策中形成对抗，这些人际因素会对组织市场的营销活动产生很大影响，营销人员若能掌握这些情况并有的放矢地施加影响，将有助于消除各种不利因素，最终获得订单。

### 4. 个人因素

购买企业内部参与购买决策的有关人员的个人年龄、文化层次、个性偏好、风险意识等因素对购买行为的影响也不可忽视。不同的购买者会展示不同的购买风格与个性特征，因此，供应商应深入了解与分析采购人员不同的个性特征，并处理好个人之间的关系，这将有利于营销业务的开展。

营销人员必须了解自己的顾客，使自己的营销策略适合特定的组织购买行为中的环境、组织、人际以及个人因素的影响。

## ➡ 案例分析

### ▌【案例 1】 动感地带 ▌

中国移动的"动感地带"（M-Zone）业务以客户需求为导向，目标直指 15～25 岁的年轻时尚一族，倾力营造"时尚、好玩、探索"的品牌魅力空间，推出仅 15 个月时间就"感动"了 2 000 万目标人群，也就是说，平均每 3 秒钟就有一个动感地带新用户诞生。"动感地带"业务的成功，与其紧紧抓住年轻人消费心理特征的消费策略密不可分。

"动感地带"最吸引人之处就在于其灵活的定价措施。"动感地带"设置了不同的短信套餐标准。如果每月支付 20 元就可发 300 条短信，而每月支付 30 元就可发 500 条短信，这样，"动感地带"的最低资费额度可以达到每条短信息 0.06 元。由于目前国内手机用户发送短信的资费基本上没有低于每条 0.1 元这个价位的，因此，"动感地带"的定价方式一经推出，就受到了收发短信的主体人群——年轻人的欢迎。

在品牌传播方面，"动感地带"邀请在 15～25 岁年轻人中极具号召力的周杰伦作为代言人，不仅有效提升了"动感地带"在年轻人中的知名度，而且使得年轻人感觉到加盟"动感地带"不再是简单的打打电话、发发短信、玩玩游戏，而是获得属于自己的"年轻人的通信自治区"，体味"我的地盘，我做主"的良好感觉。此外，频频出现在报纸、杂志、电视、广播、网站上的"动感地带"广告无不惟妙惟肖地传达了该品牌的核心价值与定位。触动目标用户内心世界的品牌定位和以此为核心的一系列推广活动，引起了广大动感地带用户的共鸣，"动感地带"得到了越来越多年轻人的认可。

问题：

1. 分析"动感地带"业务成功的原因。
2. 结合案例，分析影响消费者购买的因素。

### ▌【案例 2】 "宝洁"也有教训 ▌

世界各地的人们的基本消费的需求，如牙齿防蛀等，很少会有不同。但是消费者认知的独特性与当地市场的特殊性，将会左右不同的营销策略。"宝洁"在美国以外的市场推销其产品失败的一些教训便是很好的说明。

第二次世界大战之后，"宝洁"不顾各地消费者的习惯和口味，采取直接引进产品的做法，迅速地向国际市场扩张。例如，"宝洁"在英国引进一种香料油味道的牙膏，但并不受欢迎，因为英国人很讨厌香料油味道，香料油在当地被用作药膏，而不是被用于食物或牙膏。"宝洁"在英国推出"杜恩"洗发精后的冬天，使用者开始接连不断地抱怨在洗发精瓶中发现有结晶的情形，这是因为"宝洁"忽略了英国家庭的浴室温度通常低于结晶温度。

数年后，"宝洁"进入日本市场时将过去的教训抛在脑后。"起儿"洗衣剂是"宝洁"打入日本市场的第一个产品。这个产品直接从美国进口，它拥有一项产品优势，即可依据各种洗涤温度来清洗衣物。但是日本妇女一向用自来水洗涤衣服，多种温度的洗衣方法对于她们来说毫无意义。因此，产品销售量不佳。

问题：分析"宝洁"在英国和日本营销失败的原因。

┤【案例 3】 Smart 小车 ├

1998 年，戴姆勒—克莱斯勒公司在欧盟九国引入一种新品牌、新外形的轿车。它有着非常独特的外观，被命名为"Smart"。

Smart 轿车长 2.5 米，宽 1.51 米，高 1.53 米，可容纳两个成人或一个成人加两个小孩。该车重 720 千克，油箱容积 22 升，每 100 千米油耗 4.8 升。外表由框架和可移动面板组合而成。可移动面板使 Smart 在一小时之间变换如大红、黄色、黑色、橘黄、蓝色等多种颜色。皮椅是番木瓜色。斯沃琪手表是开发该轿车的最初灵感。在戴姆勒—奔驰集团和 SMH（斯沃琪手表的制造商）合作成立合资公司的早期工程阶段，该轿车叫做"斯沃琪汽车"。斯沃琪手表是 SMH 集团成功开发的低端手表品牌，目标人群锁定于追求时尚、前卫的年轻人（12～24 岁）。斯沃琪彻底改变了人们对手表的看法：它不仅作为指示时间的工具，更是时髦的装饰品，与服装一样成为时尚潮流的风向标。

该轿车的概念是基于 SMH 总裁尼古拉斯·哈耶克的想法：消费者的情绪和轿车的紧密相连就像他们和手表一样。他对轿车的期望是高度的安全、环保而且有着消费者坐进去感觉很友好的环境。像斯沃琪一样，这款汽车是耐用的、时髦的且大众可以买得起的。他注意到安全是销售最重要的一点，"轿车有着梅赛德斯的防碰撞装置"，而且该款轿车几乎不排出污染物。他预计世界市场的销售将达到 100 万辆，其中美国就要占到 1/2。

不久，戴姆勒收购了 SMH 的股份，合资企业结束。由戴姆勒一方完全负责 Smart 的开发销售。至于价格，它原来卖 10 500 美元一辆，经过一段在意大利和法国不理想的销售之后，价格降到 9 300 美元。虽然 Smart 轿车买主通常有高收入或者已经拥有两辆轿车，但是他们仍然关心价格与价值的关系。

问题：分析消费者购买 Smart 轿车的动机是什么？

# 思考与练习

·◊·◊·◊·◊·◊·◊·

1. 简述影响消费者购买行为的内在因素的主要内容。
2. 描述消费者购买行为的特征和类型。
3. 消费者购买决策信息的来源有哪几个？
4. 生产者购买行为的特征有哪些？
5. 比较消费者与生产者购买过程的不同点。

# 第 4 章

# 市 场 调 研

## 学习目标

- 了解营销信息系统的含义和构成。
- 理解市场调研的基本内容和市场预测的基本方法。
- 理解市场调研的分类和程序。
- 掌握市场调研的基本方法。

## 实践项目

**认识市场调研的重要性**

任务一　模拟公司设计一个调研项目。

任务二　对设计的调研项目进行一次市场调研。

## 案例导入

### 柯达公司的反复市场调查

以彩色感光技术先驱著称的美国柯达公司，目前产品有 3 万多种，年销售额 100 多亿美元，纯利在 12 亿美元以上，市场遍布全球各地。柯达公司成功的关键是重视新产品研制，而其新产品研制能取得成功取决于该公司采取的反复市场调查方式。以蝶式相机问世为例，这种相机投产前，经过反复调查。首先由市场开拓部提出新产品的设想，该设想来自市场调查，如大多数用户认为最理想的照相机是怎样的？重量和尺码多大最适合？什么样的胶卷最便于安装使用？等等。根据调查结果，设计出理想的相机模型，提交生产部门对照设备能力、零件配套、生产成本和技术力量等因素进行考量，决定是否投产，如果不行，就要退回重新修改。如此反复，直到造出样机。样机出来后进行第 2 次市场调查，检查样机与消费者的期望是否还有差距。然后，根据消费者的意见再加以改进，之后再进入第 3 次市场调查。将改进的样机交消费者使用，在得到大多数消费者的肯定和欢迎之后，交工厂试产。试产品出来后，再交市场开拓部门进一步调查，新产品有何优缺点？适合哪些人用？市场潜在销售量有多大？如何定价才能符合多数家庭的购买力？待此类问题调查清楚后，才会正式投产。正是经过这样反复的调查，柯达蝶式相机一经推向市场便大受欢迎。

问题：从柯达公司的做法中能获得哪些启示？

# 4.1　营销信息系统

充分掌握市场信息，有效地利用市场信息，是市场营销决策的理性要求。而市场调查则是获取丰富的市场信息的重要手段，也是建立有效的现代营销信息系统的基础。

## 4.1.1　营销信息的含义

营销信息是营销活动的依据。市场调研是收集市场信息的重要手段。

所谓市场营销信息是指经过加工整理，反映市场客观状态及其运动表征方面的消息、情报、资料、数据等。

## 4.1.2　营销信息的特征

信息是系统化的资料，而营销信息不但是一种系统化的资料，更是市场营销决策的基础。营销信息具有以下特征。

### 1. 时效性

瞬息万变的市场要求企业要迅速对市场变化做出反应，如果企业采取对策慢了一步，就可能丧失市场机会。企业应加强信息的收集能力，提高信息的加工效率，尽可能缩短从收集到投入使用的时间，最大限度地发挥营销信息的作用；否则，信息就失去了利用的价值。

### 2. 更新性

市场营销信息随市场的变化与发展而不断变化，企业营销部门必须不断、及时地收集、分析各种新信息，完善企业营销信息系统，为营销决策提供准确、及时的信息。

### 3. 双向性

营销信息是双向传递的信息流，既有信息的传递，又有信息的反馈。

**4. 系统性**

企业必须连续、大量、多方面地收集、加工有关信息，分析它们之间的内在联系，提高它们的有序化程度。只有这样，企业才能得到有效的信息。

## 4.1.3 市场营销信息系统的含义

为了对企业营销活动进行有效的管理，企业需要各种有价值的信息，而市场营销信息系统则承担了提供信息的任务。

营销信息系统是由人、机器和程序组成的相互作用的复合系统，为营销决策者收集、挑选、分析、评估和分配需要的、及时的和准确的信息，为市场营销决策者制定、改进、执行和控制营销计划提供依据。

市场营销信息系统处于环境与市场营销决策者（即信息使用者）之间，各种营销数据由环境流向企业营销信息系统，经过市场营销信息系统的加工处理，最终转化成有用的营销信息，并通过市场营销信息系统传递给营销管理人员，营销管理人员根据这些信息制定营销方案，营销方案中的各种数据经过市场营销信息系统又回到市场环境中，如图 4-1 所示。

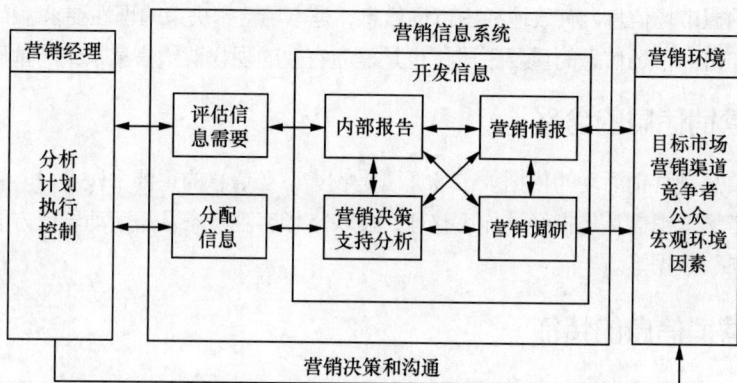

图 4-1 营销信息系统示意图

## 4.1.4 市场营销信息系统的构成

市场营销信息系统由内部报告系统、营销情报系统、营销调研系统、营销决策和分析系统四个子系统组成。

**1. 内部报告系统**

内部报告系统是以内部会计系统为主，辅之以销售信息系统而组成。营销管理人员使用的最基本的信息系统就是内部报告系统。其主要任务就是向营销管理人员提供有关订货数量、销售额、产品成本、存货水平、现金余额、应收账款、应付账款等各种反映企业经营状况的信息。通过分析信息，营销管理人员能够发现重要的机会和问题。该系统由"订单—发货—账单"的循环和销售报告系统组成，核心是"订单—发货—账单"的循环。

### 2. 营销情报系统

营销情报系统指市场营销经理用以了解有关外部环境发展趋势的信息的各种来源与程序。营销情报系统是使企业营销管理人员获得日常的关于营销环境发展的恰当信息的一整套程序和来源。营销情报系统与内部报告系统的主要区别在于：后者为营销人员提供事件发生以后的结果数据，而前者为营销人员提供正在发生和变化中的数据。

### 3. 营销调研系统

营销调研是指系统地设计、收集、分析和提出数据资料以及提出与企业所面临的特定的营销状况有关的调查研究结果，是直接针对特定的营销问题而从事信息的收集、整理和分析。企业在营销决策过程中，经常需要对某个特定问题或机会进行重点研究。市场需求调查、销售研究、广告评估等活动都属于营销调研系统的范畴。

大多数大公司都有自己的营销研究部门，小公司可能没有独立的营销调研部门，不过也可以采取其他方法获取调研资料。

### 4. 营销决策和分析系统

所谓营销决策和分析系统就是帮助营销管理人员决策的一系列的系统模型。其主要任务是从改善经营或取得最佳经济效益的目的出发，通过分析各种模型，如新产品销售猜测模型、广告预算模型、厂址选择模型、竞争策略模型、产品定价模型以及最佳营销组合模型等，从信息中发掘出更精确的结果，帮助营销管理人员分析复杂的市场营销问题，作出最佳的市场营销决策。

## 4.2　市场调研

营销调研是营销信息系统的主体部分，目的是为营销决策提供及时可靠的信息，减少不确定性。营销调研已经成为很多企业的常态性工作，甚至一些非营利组织、政府机构也开始运用市场调研的原理和方法为自己服务，由此也出现了很多专门为组织提供调研服务的各种调查机构。

### 4.2.1　市场调研的含义

市场调研是指围绕着企业营销中的问题，运用科学的方法和客观的态度，有效地收集、整理和分析各种信息，为预测和决策提供丰富的基础资料的过程。这个定义包含以下要点。

（1）市场调研是围绕企业经营活动中存在的问题而展开的，具有明确的目的性。

（2）市场调研的目的是发现市场营销中的问题，以明确所需调查的信息范围。

（3）市场调研要选择最为合适的调查方法和分析方法，以适应调查对象并满足调查要求。

（4）市场调研是一种认识市场的手段，它本身不是目的，它最终是为企业的经营决策服务的。

## 4.2.2　市场调研的内容

企业面临的市场环境非常复杂，因此，市场调研的内容也是广泛而复杂的。不同的企业或同一企业的不同时期，由于市场调查的对象和目的不同，每项具体的市场调查活动的内容和侧重点也有所不同，一项调查只能围绕一个或少数几个问题进行，不可能面面俱到。企业中常见的一些调研内容包括宏观环境、市场需求、市场供给、市场营销活动等方面。

### 1.　宏观环境调研

宏观环境包括政治法律环境、经济环境、人口环境、科技环境、自然环境和社会环境等。这些因素企业很难改变，因此，企业必须对所在地区的政治、法律、经济、社会文化、人口、科技、自然、地理等因素进行调查。只有在了解的基础上去适应它，企业才有可能获得成功。

### 2.　市场需求调研

对企业来说，市场就是具有一定支付能力的需求。市场需求决定企业的生产和经营规模，所以，针对消费者需求所进行的调研是市场调研内容中最基本的部分。市场需求调研包括消费需求量调研、消费结构调研和消费者行为调研。消费需求量调研主要是指现有和潜在的人口变化、收入水平、生活水平、本企业的市场占有率、购买力投向。消费结构调研包括人口构成、家庭规模和构成、收入增长状况、商品供应状况以及价格变化等。消费者行为调研的内容主要有消费者心理需要和购买行为类型，消费者行为受多方面因素影响，如消费者心理、性格、宗教信仰、文化程度、消费习惯、个人偏好和周围环境等，这些因素都可以在一定程度上促成消费者的购买行为，因此，消费者行为调研是市场调研中较难把握的。

### 3.　市场供给调研

市场供给是指全社会在一定时期内对市场提供的可交换商品和服务的总量。它与购买力相对应，由居民供应量、社会集团供应量和生产资料供应量几部分组成，是市场需求得以实现的物质保证。市场供给调研的主要内容包括商品供给来源及影响因素调研、商品供应能力调研、商品供应范围调研。

### 4.　市场营销活动调研

现代市场营销活动是包括产品、价格、分销渠道和促销在内的营销组合行动。因此，市场营销调查也应围绕这些营销组合要素展开。

（1）产品调研：主要包括产品生产能力的调研、产品实体的调研、产品包装的调研、产品生命周期的调研、产品价格的调研等。除实体产品外，消费者或供应对象还希望得到产品服务。产品服务的调研内容包括消费者公认的服务好的同类产品有哪些、竞争者提供的服务有哪些、竞争者的产品服务有哪些欠缺和不足等。

（2）竞争对手的调研：只有了解竞争对手，才能明确企业在市场竞争中所处的地位。调研的主要方面包括竞争者产品的优势有哪些、竞争者所占的市场份额有多大、竞争者的生产能力和市场计划、竞争者对分销渠道的控制程度、竞争是直接竞争还是间接竞争、在竞争中主要竞争者有哪些、主要竞争者对市场的控制力有多大、消费者对主要竞争者的产品的认可程度、竞争者产品的缺陷、消费者还有哪些要求未在竞争产品中体现出来等。

（3）分销渠道调研主要包括产品销售渠道的数量、分布和营销业绩；现有销售渠道是否畅通，市场上是否存在经销此类产品的权威性机构；市场上主要的中间商销售渠道情况及其对本企业产品的要求和条件等。

（4）产品价格调研包括产品的定价是否合理、消费者的价格心态如何、产品价格的需求弹性和供给弹性、各种同类产品的差价和优惠价格是否合理、开发新产品如何定价等。

（5）促销活动调研：促销调研应着重调研促销对象、促销方法、促销投入、促销效果等方面。需要注意的是，在产品的不同生命周期或不同季节的情况下，采用哪一种或哪几种方式更利于促销，需要依据调研资料来进行决策。

## 4.2.3　市场调研的类型

按照不同的标准，市场调研可以分为以下不同的类型。

### 1．按调研的分析方法分类

（1）定量调研：是指用数量分析方法对市场总规划、细分市场的规划、产品市场占有率、购买频率、品牌知名度、分销水平等市场信息进行一定精确度的数据分析。

（2）定性调研：是指用观察、小组讨论、深度访谈等方法来收集、整理和分析人们对某一问题的看法，从而可为决策者提供对该问题的理解和解释。

### 2．按调研的目的和作用分类

（1）探测性调研：企业对市场情况很不清楚或者感到对调查的问题不知从何处着手时所采用的方法。其目的主要是发现问题和提出问题，以便确定调研的重点。探测性调研通常是一种非正式的、在利用二手资料基础上的小范围的调研，往往为正式调研中初步调研或明确问题阶段所采用。

（2）描述性调研：对已经找出的问题作如实的反映和具体的回答。描述性调研比探测性调研细致、具体，但也只是描述出问题的实际状况，若需深刻地揭示出其因果关系，还要进一步进行因果关系调研。描述性调研注重对实际资料的记录，因此多采用询问法和观察法。

（3）因果关系调研：在描述性调研的基础上进一步分析问题的因果关系，并弄清原因和结果之间的数量关系。因果关系调研最理想的方法是采用实验法收集数据，再运用统计方法或其他数学模型进行分析，这样得出的结果最为可靠。

（4）预测性调研：对未来市场的需求变化进行估计，即预测性调研。预测性调研对企业制定有效的经营计划，使企业避免较大风险和损失有特殊的重要作用。

### 3．按调研登记时间的连续性不同分类

（1）一次性调研：为了研究某一特殊问题而进行的一次性的市场调研。

（2）定期性调研：对市场情况或业务经营情况每隔一定时期所进行的调研。

（3）经常性调研：在选定调研的课题和内容之后，组织长时间的不间断的调研，以搜

集具有时间序列化的信息资料。

### 4. 根据购买目的分类

市场调研可以分为消费市场调研和组织市场调研。

## 4.2.4 市场调研的程序

调研活动一般需要多人来协同完成，而且要具有一定的时效性。因此，企业对调查活动要精心组织，并按照预定的工作程序进行。市场调研的程序一般分为三个阶段：调研准备阶段、正式调研阶段和结果处理阶段，如图 4-2 所示。

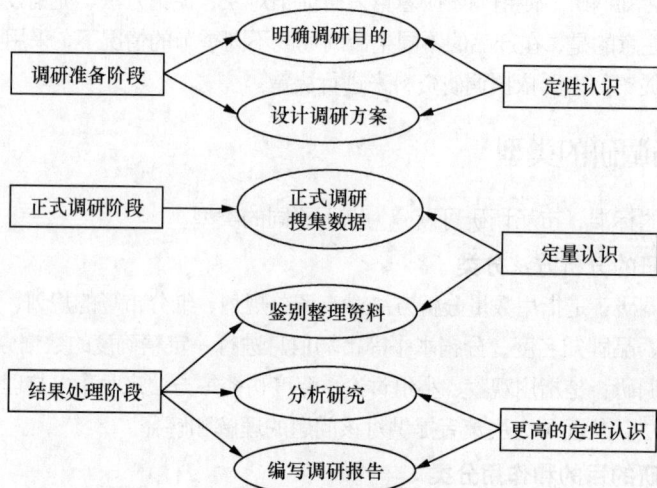

图 4-2 市场调研的程序

### 1. 调研准备阶段

调研准备阶段主要包括明确调研目的，设计调查方案，还要确定调研方法并设计调查问卷。

（1）明确调研目的。

调研目的是调查所要达到的具体目标，说明为什么进行调查、要解决什么样的问题、取得什么样的信息、取得这些信息有什么用途等问题。确定调研目的是一个复杂的过程。问题提出得越明确，越容易确定调研目的，但是在很多情况下，问题是一个大致的调查范围或意图，就需要企业召集有关人员进行充分的交流和讨论，以明确问题的性质，使问题更明确和具体化，直到确定调研目标。

在确定调研目标时，容易犯两类错误：一类错误是目标定义得太宽，太宽的定义无法为调查的后续工作提供明确的方向，如把目标定为改善企业的竞争位置、改进企业的形象等；另一类错误正好相反，将目标定义得太窄了，这就会使营销管理人员依据调查结果作决策时缺乏对事物的全盘把握，甚至导致决策的失败。

（2）设计调研方案。

凡事预则立，不预则废。进行市场调研必须事前编制详细、周密的调研方案。设计市场调研总体方案是对调查工作各个方面和全部过程的通盘考虑，涉及整个调查工作过程的方方面面，是对整个调查活动的策划。调研方案设计是否科学、可行，是市场调研活动能否成功的关键。调研方案的主要内容有：调研的目标、调研的内容、调研的对象、调研的时间和地点、调研方法、人员的组织安排、资料的处理计划及提交调查报告等。

调研的内容要紧密围绕调研的目标而设计，调研内容的设计是为了达到调查的目标，即调查内容要为调查目标服务。明确了调研目的和内容之后，就要确定调研对象，这主要是为了解决向谁去调研的问题。调研对象就是根据调查目的、任务，确定调研的总体范围以及要调研的总体，它是由某些性质上相同的许多调查单位组成的。接下来，企业还要确定市场调研的方法（在后文单独叙述）。

（3）根据调研内容设计调研问卷。

调研问卷是把调研内容按照逻辑顺序转化成被调研者愿意回答的问题，是为了完成调研目的、收集必要数据而设计好的一系列问题，是收集来自于被访者信息的正式的一览表，也是在市场调研中应用最广泛的一种调查手段。问卷主要包括开头、主体和附录。

开头部分一般包括问候语、问卷说明。主体部分是问卷的主要部分，以提出问题的形式将问题呈现给调研对象，由调研对象选择或回答。主体部分要与调研方案中的调查内容一致。附录一般是调研人员的情况，有时调研对象的基本情况也放在附录部分。

问卷设计一般要经过以下几个步骤：一是确定问卷调查的主题和调查项目；二是实际设计问卷，包括问卷结构的确定、所提问题设计、备选答案设计、提问顺序设计以及问卷的版面格式等；三是小范围的试答和修改；四是定稿和付印。

### 2. 正式调研阶段

制定好调研方案以后，就可以组织人员开始信息的收集工作了。这个阶段是整个市场调研过程中的关键阶段，因此，调研工作人员的工作就显得尤为重要。首先，必须对调研人员进行适当的技术和理论训练；其次，还应该加强对调研活动的规划和监控，针对调研中出现的问题及时调整和补救。同时，注意总结和交流调研工作的经验，及时发现和解决工作中出现的新情况和新问题，特别是要采取得力的措施，保证整个调研工作按计划进行。在调研阶段的后期，要对调研资料进行严格的质量检查和初步整理工作，以便及时发现问题，就地补充调研。

### 3. 结果处理阶段

调研资料收集完整以后，就进入了调研资料的处理阶段，这也是市场调研的最后阶段。

（1）鉴别、整理资料。鉴别资料就是对调研的文字资料和数字资料等进行全面审核，以保证资料的真实、准确与完整。整理资料则是对鉴别后的资料进行初步加工，使之条理化、系统化，并以集中、简明的方式反映对象的总体情况。

（2）分析研究。对调查资料的分析需要定性分析与定量分析方法的结合。一方面进行统计分析，就是运用统计分析方法对大量数据和资料进行系统的分析与综合，借以揭示调研对象的情况与问题，掌握事物发展变化的特征与规律性，为进一步开展理论研究提供准确系统的数据资料；另一方面开展理论研究，就是运用逻辑方法和与调研项目有关的各专门学科的科学理论，对鉴别、整理后的事实材料和统计、分析后的数据进行思维加工，解释事物的内在本质，说明事物的前因后果，预测事物的发展趋势，做出自己的理论说明，并在此基础上提出对实际工作的具体建议。通过分析得出的结论将直接影响到营销决策，因此，资料分析工作对调查人员提出了更高的要求。

（3）编写调研报告。调查报告是市场调查工作的最终成果，是市场调研工作最重要的总结，调查者必须花费足够的时间和精力，认真编写调研报告。一般来说，市场调研都要撰写调研报告，并尽可能使调研报告在理论研究或实际工作中发挥应有的决策作用。市场调研报告一般由引言、正文、结论、附件四个部分组成。其基本内容包括开展调研的目的、被调研单位的基本情况、所调研问题的事实材料、调研分析过程的说明、调研的结论和建议，附件部分一般包括问卷、图表、技术细节说明、实施细节说明等。

## 4.2.5　市场调研的方法

市场信息资料根据来源可以分为一手资料和二手资料。一手资料又称原始资料，是为当前某种特定目的直接从调研对象那里获取的信息；二手资料则是已由别人收集、整理且通常是已经发表过的信息，如各种公开出版物，各类咨询单位、信息公司和网上数据库服务商提供的信息，企业营销信息系统内储存的各种数据等。市场调研方法主要有文案调查和实地调查方法。收集二手资料的调查方法就是文案调研。文案调研往往是实地调研的基础和前奏。下面主要介绍实地调查的常用方法。

### 1. 观察法

观察法是指调研者在现场对被观察对象的情况直接进行观察、记录，以取得市场信息资料的方法。观察法不适合需判断调研对象内心想法的情况，故更适合描述型调研，也不适合因果型调研。例如，观察营业场所的环境、营业员的工作态度、工作流程、暗访竞争对手等。从不同的角度看，观察法有以下几种具体的形式。

（1）参与观察和非参与观察。参与观察指观察者参与到被观察者的活动或团体之内，作为被观察者中的一员来进行观察，又称局内观察。非参与观察是指观察者置身于被观察活动或团体之外，以局外人身份进行观察，客观地记录事件的发生和发展，又称局外观察。

（2）结构性观察和非结构性观察。前者是按照事先确定的调查内容、步骤和要求进行观察；后者是只规定调查的任务和目标，至于如何观察、观察什么由调查者自己决定。

（3）人工观察和设备观察。前者是调查者到现场观察，如到销售现场、使用现场去实地观察、记录；后者是借助于设备，连续记录被调查者的行为。

观察法的优点：直观、可靠，可以直接记录所观察的事实和被调查者在现场的行为；不受被观察者主观影响；简便易行，可随时随地进行调查。观察法的不足之处：只能取得表面性资料，无法深入探究其原因、态度和动机等问题；需要大量的观察员到现场做长时间的观察，费用高。

### 2. 实验法

实验法是调研人员在对某些市场因素（如商品品质、包装、设计、价格、广告、陈列方法等）进行人为控制的条件下，研究实验因素的变化对市场研究对象的影响。例如，要预测某商品的价格变化对销售量的影响，可使其他条件不变，只调整商品的价格，观察消费者的反应和消费量的变化，根据实验结果判断价格调整的可行性。这是最科学的方法，最适合因果型调研。

实验法的特点是将实地实验与正常的市场活动结合起来，因此，取得数据具有客观性和实用性。同时，主动控制市场因素的变化，可以借此研究市场现象之间的因果关系和相互影响程度。其不足之处是市场中随机的、不可控的因素较多，完全相同的实验条件是不存在的，造成实验结果不宜相互比较；调研时间较长、费用高，有时会失去市场机会。

### 3．询问法

询问法是调查人员将事先拟好的调查事项，以直接或间接的方式向被调查者提出询问，以获得所需资料的方法。询问法具体有面谈法、电话询问法、邮寄调查法、留置问卷法和网上调查法等。询问法介于观察法的探索性和实验法的严密性之间，是最常见的方法，更适合于描述性调研。

（1）面访：由调查者面对面地询问和观察被调查者。其优点是：可由调查者控制问题的次序；被调查者能够充分发表意见；由于信息沟通直接，问题回答率较高，所获信息也比较准确。缺点是：调查费用高，时间长；调查结果的可靠性受被调研者素质的影响较大；有的被调查者不愿配合。

（2）电话询问法：是调研人员利用电话同受访者进行语言交流，从而获得信息的一种调查方式。这是为解决带有普遍性的急需问题而采用的一种调查方法。电话询问法快速、经济，适宜访问不易接触到的被调研者；但由于时间的原因，调研问题不能深入，同时拒访率比较高。

（3）邮寄询问法：由调查人员将设计好的调查表邮寄给已选定的调查者，再由被调查者按要求填写并按时寄回。这种方法的优点是询问面广，被调研者有充分的时间回答问题；缺点是时间周期长，问卷回收率低。

（4）留置问卷法：将问卷当面交给被调查者，说明填写要求并留下问卷，由被调查者自行填写，调查人员定期收回。这种方法综合了面访和邮寄询问法的优点；但是调查范围有限，成本费用高。

（5）网络询问法：是将问卷的设计、样本的抽取、数据的调查和处理整个过程都在互联网上完成的一种调查方法。这种方法经济、快速、省时，视觉效果好；但调研对象仅限于网民。

### 4．专题讨论法

专题讨论法是指专门邀请一部分人员，在一个有经验的主持人引导下，讨论一种产品、一项服务、一个组织或其他市场营销话题的一种调研方法。这种方法形式灵活，集思广益产生"群体动力"；但是对主持人要求较高，要能够控制现场气氛和议题，同时，得到的资料比较复杂，难以整理和量化。

## 4.3　市场营销预测

市场预测是在对影响市场供求变化的诸因素进行调查研究的基础上，运用科学的方法，对未来市场商品供应和需求的发展趋势以及有关的各种因素的变化，进行分析、估计和判断。预测是科学，也是艺术。其目的在于最大限度地减少不确定性对预测对象的影响，为科学决策提供依据。越来越多的企业、公司认识到了市场预测对企业生存与发展的重要性。

市场预测方法很多，但可以归纳为定性预测和定量预测两大类。目前的预测实践中，可靠的、有实用价值的预测，不只是利用历史数据和计算公式去估计未来，关键在于要把本能的直觉和明智的判断与科学的预测方法进行有机结合。

### 4.3.1 定性预测

定性预测，也称判断预测、经验预测等，是指依靠预测者的专门知识和经验，来分析判断事物未来发展的趋势。它在市场预测中具有广泛的适用性，有其独特的作用。定性预测方法简便、易于掌握，而且时间快、省费用，因此得到广泛采用。特别是进行多因素综合分析时，采用定性预测方法，效果更加显著。但是定性预测的质量，主要取决于预测者的业务水平、分析判断能力和资料掌握的丰富程度，预测结果差异很大。因此，在采用定性预测方法时，应尽可能结合定量分析方法，使预测过程更科学、预测结果更准确。集体预测能集中多数人的智慧，也是克服个人的主观片面性、提高预测质量的方法。

常用的定性预测方法主要有专家会议法，经常采用的方法有德尔菲法、主观概率法、经验判断法等。

**1. 专家会议法**

专家会议法是指挑选一组各方面的专家，通过会议的形式，让专家们发表意见，在综合专家们分析判断意见的基础上，对市场趋势做出量的判断，即所谓"面对面"的调查。专家会议法的优点是专家集体占有和参考的资料一般要多于个人，通过讨论可以相互启发、取长补短。其不足是有权威的和能言善辩的专家可能会左右会场，使非权威的、不善言辞的专家的正确意见不受重视。

**2. 德尔菲法**

德尔菲法，又称专家意见法，是由美国兰德公司在 20 世纪 50 年代初创造的一种预测方法。这种方法采用函询的方式征求专家们对预测问题的答案。各专家互不见面，用书面形式独立回答预测组织者提出的问题，经过几轮征询和反馈，最后由预测组织者进行综合，确定市场预测值。

这种方法克服了专家会议法的缺点，一切活动都由工作人员与专家单独打交道来进行，从而使预测具有很强的独立性和较高的准确性。运用德尔菲法一般要经过下面的步骤。

（1）确定预测题目，选定专家小组。确定预测题目即明确预测的目的和对象，选定专家小组则是决定向谁做有关的调查。这两点是有机地联系在一起的，即被选定的专家，必须选择那些在本专业领域有丰富的实际工作经验，或者有较深的理论修养，或对预测对象有关的领域很熟悉、有研究并对该预测有热心，愿意参加并能胜任的人。专家人数一般为10～20 人。

（2）制定征询表，准备有关材料。预测组织者要将预测对象的调查项目按次序排列绘制成征询表。制定意见征询表时应当注意以下几个要点：征询的问题要简单明确，使人容易回答；问题数量不宜过多；问题的回答要尽量接近专家熟悉的领域，以便充分利用专家的经验；意见征询表中还要提供较详细的背景材料，供专家进行判断时参考；同时，还要设计好填写要求、说明，一并向有关专家发送。

（3）采用匿名方式逐轮征询。第一轮征询，往往采用开放式问卷，让专家们提出个人的初步预测结果。第二轮征询表在对第一轮专家反馈意见进行整理的基础上形成，一般只说明有几种意见，不具体说明是谁的意见，专家既可以修改自己原有的意见，也可以仍然坚持第一轮的意见，并将第二轮预测意见按期寄给预测组织者。预测组织者将第二轮汇总整理的意见、补充材料和预测组的要求，反馈给各位专家进行第三轮征询意见，要求每位专家根据收到的资料再发表第三轮的预测意见。专家们将第三轮意见（修改的或不修改的）再次按期寄回。这样，经过几次反馈后，各位专家对预测问题的意见会逐步趋于一致。

（4）运用数学统计分析方法对专家最后一轮预测意见加以处理，做出最后的预测结论。用数学统计分析方法处理专家们的预测数据，得出最终预测值，一般采用平均数法和中位数法。

在许多情况下，经过三至四轮的意见征询，专家们都能达到合理的一致意见，从而做出相应的决策。

### 3. 主观概率法

主观概率是人们根据自己的经验和知识对某一事件可能发生程度的主观估计数。由于每个人的认识能力不同，对同一事件在同一条件下出现的概率，不同的人可能提出不同的主观概率，并且主观概率是否正确也无法核对。例如，某营业员估计某商品有80%积压滞销的可能，某管理人员估计明年利润上升的概率为90%。这些都是个人主观的估计判断，反映个人对某事件的信念程度，因而是一种主观概率。

因为存在着不同个人的主观概率且无法核对主观概率的准确程度，就有必要寻求合理的或最佳的估计概率。因此，在预测中，常要调查较多人的主观估计判断，并了解他们提出的主观概率的依据。

主观概率法是一种适用性很强的预测方法，可用于人类活动的各个领域。但是它要求被调查者了解历史资料并懂得概率，熟悉累积概率的意义，这样才能做出准确的估计和判断。

### 4. 经验判断法

经验判断法是以企业领导层和基层业务人员的经验和判断为基础，经过分析综合，以判断未来的市场情况的市场预测方法。由于经营管理人员处于企业经营管理的第一线，不仅了解企业自身的状况，而且熟悉市场需求情况及其变化动向，他们的判断较能反映市场需求的客观实际，因而是近、短期市场预测的常用方法。判断预测法一般有以下两种形式。

（1）个人判断法：就是由企业决策人或基层业务人员根据对客观情况的分析和自己的经验，对市场需求的情况做出主观判断，预测未来的情况。参加判断的人员，可以是企业中主管经营业务的经理和有关部门主管干部，也可以是企业基层的营业员、推销员及有关的业务人员。主管人员在预测时，应充分利用企业现有资料，熟悉市场情况，掌握商情动态，对于不同的预测结果，应在相互讨论、相互比较的基础上，修正原始意见，做出较可靠的估计。基层业务人员在第一线工作，直接接触消费者，预测判断结果较具体，贴近实际，但由于接触面窄，容易出现以偏概全的情况，在实际预测过程中应注意纠正。

（2）综合判断法：是由综合主管人员、基层业务人员及其他有关方面的判断来确定预测结果。它首先由企业负责人召集销售、计划、生产、财务等部门的负责人或销售人员广泛交换意见，预测产品销售量；然后将不同人员的预测值进行综合，得出预测结果。因为各类人员所处的工作环境不同，判断各有优缺点，如能全面综合，则预测效果会更好。

## 4.3.2　定量预测

定量预测是在分析影响市场供求变动因素的基础上，找出相关变量之间的因果关系，建立起数学模型，通过运算来得到预测结果。定量预测方法有两个明显的特点：一是依靠实际观察数据，重视数据的作用和定量分析；二是建立数学模型作为定量预测的工具。随着统计方法、数学模型和计算机技术日益为更多的人所掌握，定量预测的运用会越来越多。

市场预测中常用的定量预测方法基本上有以下两种类型：一是时间序列预测，即利用经济变量的历史资料进行外推预测；二是回归分析预测，即利用具有相关关系的变量之间的对应资料建立回归模型，来描述解释变量与被解释变量之间的依存关系并据此进行预测。

### 1. 时间序列预测

时间序列预测就是收集与整理预测事物的过去资料，从中找寻过去该事物随时间而演变的趋势，把它用数学模型表示出来，然后用此模型从事预测。此法可对市场商品供给、需求和销售进行不同时期的预测，是市场预测的重要方法。经常使用的时间序列预测法有简单平均法、加权平均法、指数平滑法、移动平均法和季节指数法等。

（1）简单平均法：如果产品的需求形态近似于平均形态或产品处于成熟期，可用这种方法进行预测，将过去的实际销售量的时间序列数据进行简单平均，把平均值作为下一期的预测值。

（2）加权平均法：如果过去的实际销售量有明显的增长（或下降）趋势，则使用此法，即逐步加大近期实际销售量在平均值中的权数，然后予以平均，确定下一期的预测值。

（3）指数平滑法：是在移动平均法的基础上发展起来的一种方法，所起的作用与加权移动平均法是一样的，但它不是用加权的办法，而是采用一个平滑系数 $\alpha$ 来调整实际的数字。采用这种方法的目的在于按照一定的比例（平滑系数 $\alpha$）由远到近逐期缩小远期资料的影响，加强近期资料的影响。$\alpha$ 值的选择取决于预测值与实际发生值之间的差额，如果差额较大，说明紧前期的预测值偏差额较大，$\alpha$ 值可适当大一些；差额较小，说明紧前期的预测值较为准确，因此，$\alpha$ 值可适当小一些。它一般也用于短期预测，比较适合于有长期趋势和季节变动的情况。

（4）移动平均法：是根据时间数列的各期数值做出非直线长期趋势线的一种比较简单的方法，连续地求其平均值，再计算相邻两期平均值的变动趋势，然后计算平均发展趋势，进行预测。这种方法较上述几种方法准确度高、实用性强。

（5）季节指数预测法：在市场经济活动中，一些商品的供求状况随着季节变化的影响而呈现出季节性的变动规律。季节指数法就是根据预测目标各年按季度（或月、周）编制的时间序列，以统计方法测定出反映季节变动规律的季节指数，并以此为依据来预测未来市场商品的供应量、需求量及价格变动趋势。

利用季节指数预测法的关键是计算时间数列的季节指数，常用的计算季节指数的方法有两种：按月（季）平均法和连环比率平均法。

### 2. 回归分析预测

回归分析预测是一种常见的定量预测方法。这种方法是依据事物内部因素变化的因果关系来预测事物未来的发展趋势，因此也叫因果分析预测法。在因果关系的预测中，不仅要确定前因与后果的一般依赖关系，而且要确定前因对后果的影响程度，并做出量的估计。

回归分析预测研究的内容：从一组数据出发，确定变量间的定量关系，对这些关系式的可信程度进行统计检验；从影响某个量的许多变量中，判断哪些变量的影响是显著的，哪些是不显著的；利用所得的关系式对设计、生产和市场需求进行预测。

运用回归法进行定量预测，必须有以下三个条件。

（1）预测对象与影响因素之间必须存在因果关系，而且数据点在 20 个以上为好。

（2）过去和现在的数据规律能够反映未来。

（3）数据的分布确有线性趋势，可采用线性解；如不是线性趋势，则可用非线性解。

研究两个变量之间的回归关系，称为一元回归分析；研究多个变量和一个变量之间的回归关系，称为多元回归。

## 案例分析

**【案例1】 丰田的眼光**

1958 年，丰田车首次进入美国市场，年销量仅为 288 辆。丰田进入美国的第一种试验型客车，是一场灾难，这种车存在着严重的缺陷：引擎的轰鸣像载重卡车，车内装饰粗糙又不舒服，车灯太暗不符合标准，块状的外形极为难看；并且与其竞争对手"大众牌甲壳虫"车 1 600 美元的价格相比，该车 2 300 美元的定价吸引不了顾客。结果，只有 5 位代理商愿意经销其产品，而且在第一个销售年度只售出 288 辆。1960 年，美国汽车中心底特律推出了新型小汽车 Falcom、Valiant、Corvair 与"甲壳虫"竞争，尽管丰田公司并非底特律的竞争对手，但由于美国方面停止进口汽车，迫使丰田公司进行紧缩。

面对困境，丰田公司不得不重新考虑怎样才能成功地打进美国市场。他们制定了一系列的营销战略，其中最重要的一步就是进行大规模的市场调研工作，以把握美国的市场机会。

调研工作在两条战线上展开：一是丰田公司对美国的代理商及顾客需要什么以及他们无法得到的是什么等问题进行彻底的研究；二是研究外国汽车制造商在美国的业务活动，以便找到缺口，从而制定出更好的销售和服务战略。

丰田公司通过多种渠道来搜集信息。除了日本政府提供的信息外，丰田公司还利用商社、外国人及本公司职员来收集信息。丰田公司委托一家美国的调研公司去访问"大众"汽车的拥有者，以了解顾客对"大众"车的不满之处。这家调研公司调查了美国轿车风格的特性、道路条件和顾客对物质生活用品的兴趣等几个方面问题。从调查中，丰田公司发现了美国市场由于需求趋势变化而出现的产销差距。

调查表明，美国人对汽车的观念已由地位象征变为交通工具。美国人喜欢有伸脚空间、易于驾驶和行驶平稳的美国汽车，但希望在购车、节能、耐用性和易保养等方面能使拥有一辆汽车所花的代价大大降低。丰田公司还发现顾客对日益严重的交通堵塞状况的反感，以及对便于停放和比较灵活的小型汽车的需求。

调查还表明，"大众甲壳车"的成功归因于它所建立的提供优良服务的机构。由于向购车者提供了可以信赖的维修服务，大众汽车公司得以消除了顾客对购买外国车花费大且一旦需要经常买不到零配件的忧虑。

根据调查结果，丰田公司的工程师开发了一种新产品——皇冠牌（Coronn）汽车，一种小型、驾驶和维修更经济实惠的美国式汽车。

经过不懈努力，到1980年，丰田汽车在美国的销售量已达到58 000辆，两倍于1975年的销售量，丰田汽车占美国所进口的汽车总额的25%。

问题：结合案例，分析丰田公司的市场调研包括哪些内容？

## 【案例 2】 陈阿姨的馄饨店

陈阿姨退休以后，在一所大学附近开设了一家餐馆。长期以来，陈阿姨一直秉持这样的理念，"如果你提供美味可口且价格适中的菜肴，顾客就会来就餐"。刚开张的前几年，由于陈阿姨尽心尽力地奉行其理念，餐馆开得红红火火。但因市政动迁，陈阿姨的餐馆被迫关闭了。重新选择地方开业时，考虑到普通餐馆缺乏竞争力，且附近同类型的小饭馆星罗棋布，陈阿姨在精心准备了一年以后改弦更张开设了馄饨店。陈阿姨馄饨店的品种不下数十种，如虾仁、蛋黄、干菜等特色馄饨。陈阿姨选择最新鲜的蔬菜、虾仁与精肉等制成馄饨馅；到专门的面制品工厂加工馄饨皮，并对厚度与韧性都规定了专门标准。陈阿姨的馄饨汤料也很有特色，这是她精心研制了两年后方才定下的配方。为了使自己的馄饨店更有特色，陈阿姨还做了两件事：一是经常到竞争者大张馄饨店去品尝他们的馄饨，回店后马上改进与创新；二是经常与品尝馄饨的顾客一起聊天，请他们提建议与要求，尤其重视顾客的抱怨与不满。陈阿姨说："顾客对我抱怨，说明他们对我有信心，他们对我的期望值高，我必须马上改善，一旦我有所改善了，不仅消除了顾客的不满，而且与竞争者拉开了距离。"由于陈阿姨的馄饨确实有特色，吃过其馄饨的顾客往往不仅自己经常光顾馄饨店品尝，还会带来亲朋好友共同享用，或者带回家给家人品尝。一年后，陈阿姨又在一些大学与居民新村开设了8家特色馄饨连锁店。

问题：陈阿姨是如何进行市场调查的？

## 【案例 3】 葡萄糖酸钙口服液的成功推出

从1994年开始，在计划经济向市场经济转轨的过程中，三精制药与许多老国有企业一样，许多问题逐渐暴露出来：产品老化、单一；思想僵化、管理体制落后；渠道短缺、销路不畅等。现任哈药集团股份有限公司总经理兼哈药集团三精制药有限公司总经理姜林奎就是在这种情况下走马上任的。随之，一系列的改革措施相继出台了。

一、锁定儿童补钙市场

1998年，三精制药拥有147个品种、206个规格的产品，分水针剂、口服液等七大剂型。产品线很长，但知名品牌很少。于是，三精制药确立了主推新产品的营销策略，并在众多产品中选出了SZ、SK和葡萄糖酸钙口服液三个新产品。

同时推出三个新产品，势必要在人力和物力上进行较大的投入，但此时的企业一无资金，二无人力，这种做法显然是不明智的。

经过分析发现，葡萄糖酸钙口服液在这三个产品中不仅销量最高，而且是企业自20 世纪 50 年代成立以来第一个由自己的科研人员研制成功的国家级新药，1991 年 5 月正式投产以来，在没有固定销售计划的情况下，销售收入一直保持在每年 2 000 万元左右，已成为哈尔滨地区各大医院治疗儿童缺钙症的首选药品。另外，市场调查结果表明：消费者普遍认为葡萄糖酸钙口服液口感好，儿童可以接受，81.5%的消费者认为该产品定价尚可接受。经过反复论证，最终，葡萄糖酸钙口服液被定为主打产品。

二、儿童钙剂市场缺少领导品牌

1996～1997 年，苏州立达制药生产的钙尔奇-D，上海施贵宝生产的 21 金维他已把补钙及补充微量元素的观念传播给了中国的老百姓。

经过市场调查，三精制药惊奇地发现：大多数消费者认为补钙产品都是保健品；消费者普遍知道补钙对儿童尤为重要，但不知如何选择；家庭用药及保健品的主要消费者和购买者是 24～45 岁的妇女；药店店员和消费者认为缺少真正适合儿童的补钙药；大多数消费者认为孩子不愿吃补钙药主要是口感的问题；70%的药店店员认为他们可以影响购买者的选择；消费者能说出一些补钙药品的名字，但不能描述其特点。

可见，消费者已对补钙有了一定的认识；婴幼儿及儿童缺钙患者人群较大，但没有适合的补钙药物；消费者只知道缺钙对身体有害，但在用药上比较盲目。由于饮食结构的变化，儿童缺钙的普遍存在的确在困扰着视子如命的家长们。而葡萄糖酸钙口服液正是针对儿童补钙而研制的。另外，从消费者对钙产品的不熟悉可以看出，补钙产品缺少差异性。尤其是钙产品生产厂家，并没有重视自身产品和竞争产品存在的差异，一味跟风，使得钙剂市场产品需求线不够清晰。因此，三精制药认为葡萄糖酸钙口服液应打出产品的差异性，划定出适销对路的消费群体。

于是，三精制药成功推出了针对儿童的补钙药品——葡萄糖酸钙口服液。

问题：三精葡萄糖酸钙口服液的推出给我们哪些启示？

# 思考与练习

1. 市场营销信息系统由哪几个子系统构成？
2. 市场调研的内容有哪些？
3. 按调研的目的和作用分类，市场调研可以分为哪几类？
4. 简述市场调研的程序。
5. 市场调研常用的方法有哪些？
6. 市场预测常用的方法有哪些？

# 第 5 章

# 市场细分与定位

## 学习目标

- 掌握市场细分的主要变量和方法。
- 掌握目标市场选择的主要考虑因素。
- 掌握市场定位的依据和方法。

## 实践项目

**调查手机细分市场**

任务一　学生自由组合，组成 5～8 名成员的小组，调查学校附近的手机卖场和电器商场，统计主要手机品牌和各种手机品牌型号、外观、主要功能及主要面向的消费人群；对所在班级的同学进行手机持有率、持有者所持手机品牌的调查，了解同学们当初购买该款手机的原因和现在的感受。

任务二　尝试写调查报告。

## 案例导入

我国手机市场正处于快速成长期，发展趋势整体向好。早在 2001 年，虽然世界经济增长迟缓，但我国通信产业依然在快速发展。2001 年，我国移动用户总数达到了 1.45 亿户。2002 年 5 月份达到 1.72 亿户。2002 年 1～5 月份，手机销量已接近 2001 年全年销量的 50%。据信息产业部的数据，2002 年移动用户总数超过 2 亿户，新增用户达到 5 500 万户，新增消费达 1 000 亿元。

我国的移动通信市场 2001 年 7 月超过美国成为世界上最大的移动通信市场，但当时我国的移动电话普及率只有近 11%，与发达国家 40%的普及率相比还有很大差距。尽管市场的发展空间仍然很大，国产手机的市场份额在上升，但专家指出，手机市场正在面临供过于求的巨大压力。

目前，我国市场共有 30 多个手机品牌，生产厂商接近 40 家，其中 GSM 生产厂商 12 家，CDMA 生产厂商 19 家。国外品牌以摩托罗拉、诺基亚、爱立信、三星为主，国产品牌以波导、科健、TCL、康佳等为主。2001 年，销量位于前十名的品牌分别是摩托罗拉、诺基亚、三星、西门子、波导、TCL、爱立信、飞利浦、东方通信、阿尔卡特，它们占到了全部市场份额的 80%以上。

2001 年，国产品牌手机取得了较好的业绩，市场份额由 2000 年的 7%猛升到 15%，增长了一倍以上；2002 年 1～5 月份上升到了 16%，科健、TCL 和波导手机都进入了前 10 名，改变了过去洋品牌手机一统天下的局面。与此同时，国内手机市场的竞争也达到了白热化状态，各种款式、功能、价格的手机竞相面市，吸引了众多消费者的眼球，但由于一些手机制造商对消费者细分不明确，产品定位模糊，消费者想买到一款真正适合自己的手机还真是件不容易的事。实际上，消费者对自己的需求特点心知肚明，他们很清楚自己的消费需求、购买能力、消费心理，只是供需双方的信息沟通机制不太完善，消费者与手机制造商之间的信息不对称造成了市场上许多产品滞销。不同的消费者有不同的需求特点，需要不同的手机，只有根据消费者特征进行市场细分，在此基础上给产品以准确的市场定位，借助各种促销宣传手段以统一的声音持续不断地向目标消费群体传播一致的信息，有的放矢，才能取得手机营销战的成功，才能超越对手，提高自己的竞争能力。

赛诺（SINO）调查公司的数据显示：2010 年 5 月份，市场占有率前几位的手机品牌销量均有变化，其中诺基亚与三星相比，诺基亚在 GSM 市场上的市场份额下降明显，销售市场份额与 4 月份基本持平。与此同时，三星与诺基亚相比刚好相反。出现这种情况的原因主要是二者在低端市场的结构变化。2010 年以来，捆绑 700 元以下销售市场对诺基亚和三星各自市场销量的贡献率分别为 13.6%和 19.2%，该细分市场重点机型的市场销量直接影响了各自的市场份额。赛诺调查公司的数据同时显示：音乐、智能、女性三个细分市场已成为市场增长的强大推动力。2010 年 5 月，畅销手机价格主要集中在 1 000～2 000 元价位段，此价位段诺基亚智能手机销售量对整个此价位段销售量的贡献率达到了 22.3%，典型代表机型是诺基亚 5233 和 E66。受诺基亚对音乐手机销售宣传的影响，2010 年 5 月，整个音乐手机市场销售增长明显，5130XM、5320XM 和 5530XM 均有良好的市场表现，销量增长明显的音乐手机价位均集中在 1 000～2 000 元价位段。OPPO 手机中的 A520、U525 和 U529 的市场表现都明显较好。新智能操作系统手机进入市场将会成为智能手机趋势分化的导火索，多普达 F3188 的上市成为多普达进入中端市场的信号，中国移动定制的 Blackberry8310 和诺基亚 Symbian 将会引来更大的竞争。

（案例来源：赛诺调查公司）

本案例详细列举了我国手机消费市场的变化，依据赛诺调查公司的分析可知，只有对手机市场进行细分（案例中是对手机的功能进行了简单细分：音乐、智能和女性），才能

65

在激烈的市场竞争中站稳脚跟，提高市场占有率，增强市场竞争力。

## 5.1　市场细分

市场由消费者构成，消费者消费心理、消费习惯、消费水平和所处地理位置等不同，使得不同消费者对商品的需求类别和需求层次均有不同。面对复杂多变的市场，任何一家企业，无论它的资金多么雄厚，实力多么强大，都不可能满足市场上所有消费者的各种不同需要。企业只能依据自身的生产经营优势，选择一部分消费者作为自己特定的服务对象，即目标市场。企业如何分析自身的生产经营优势，把自己定义为一个什么样的企业以及如何选择目标市场的过程就是市场定位。

市场细分的概念是美国著名的市场营销学家温德尔·史密斯（Wendell R. Smith）于20 世纪 50 年代中期提出来的。他在总结了许多企业的市场营销经验之后于 1956 年提出了一个重要的选择目标市场的策略思想。所谓市场细分，就是指由于消费者的要求、爱好、购买力等不尽相同，必然会不同程度地影响消费者对产品的购买。企业基于这一分析，把一种产品整体市场分割为两个或两个以上的子市场，每个子市场都是由有着相同需要和欲望的消费群组成，企业从而确定目标市场的过程，也是一个以求大异存小同的原则把整体市场进行分片集合化的过程。

### 5.1.1　市场细分的依据

市场之所以可以细分是因为市场需求存在差异。从需求的角度考察，各种社会产品的市场可以分为两类：一类产品的市场是同质市场。消费者对商品的需求大致相同的市场，如消费者对生活必需品的需求差异很小，可以视为同质市场。这类市场基本不进行细分。另一类产品的市场是异质市场。在这种市场中，消费者对某类产品的质量、型号等方面的要求是有差异的，这类市场可以进行细分。

#### 1. 消费者需求的异质性是市场细分的内在依据

消费者需求千差万别和不断变化，使得消费者需要的满足呈现差异性，也就是说，不同消费者对同一产品可能有不同的属性偏好，这就为市场细分提供了内在依据。以电子市场曾经盛行的 DIY 组装机市场为例，消费者可细分为以下三种，即文字处理型——适合学校老师与大学生；图像处理型——适合美工、作图、广告等职业；网络游戏型——适合偏爱网络游戏的学生与家庭。这三种不同的用途决定了组件选择的不同，产品解说的不同，营销策略的不同。

需要注意的是，消费者的同质性需求和异质性需求是相互联系的。在一个消费群体中，既存在着需求的同质性，也存在着需求的异质性，同质性存在于异质性中。因为需求的异质性客观存在着，企业就必须有区别地对待消费者，尽可能把有着类似消费需求的消费者归在一起，依据企业自身的条件，选择其中一个或几个消费群为目标市场，从而最大限度地发挥自身的优势，使企业得到发展壮大。

### 2. 企业资源限制和有效的市场竞争是市场细分的外在强制条件

一个企业占有的资源毕竟是有限的，即使是像通用电气这样的巨型公司，也不可能占有人力、物力、信息等一切行业资源，不可能满足市场所有消费者的需求。几乎在每一个行业，市场挑战者、市场补缺者与市场领导者都同时并存。所以，受资源约束，企业有必要实行市场细分，选择目标市场，进行市场定位。同时，在激烈的市场竞争中，谁更准确地掌握了消费者需求，契合了消费者需求，谁就可能提高市场占有率。因此，由于有效的市场竞争的要求，市场细分也就成为公司的必然选择。

## 5.1.2　市场细分的作用

### 1. 有利于发现市场营销机会

市场机会是已经出现在市场上，但没有公司发现并加以满足的需求。运用市场细分的手段，就较容易发现这类需求，并从中寻找适合本公司开发的需求，从而抓住市场机会，使公司赢得市场主动权。

### 2. 能有效地制定最优营销策略

市场细分是市场营销组合策略运用的前提，即公司要想实施市场营销组合策略，首先必须对市场进行细分，确定目标市场。因为任何一个优化的市场营销组合策略的制定，都是针对所要进入的目标市场。离开了目标市场，制定市场营销组合策略就会无的放矢，这样的营销方案是不可行的，更谈不上优化。

### 3. 能有效地与竞争对手相抗衡

在公司之间竞争日益激烈的情况下，通过市场细分，有利于发现目标消费者群的需求特性，从而调整产品结构，增加产品特色，提高公司的市场竞争能力，有效地与竞争对手相抗衡。例如，日本有两家最大的糖果公司，以前生产的巧克力都是满足儿童消费市场的。森永公司为增强其竞争力，研制出一种"高王冠"牌大块巧克力，定价 70 日元，推向成人市场。明治公司也不甘示弱，通过市场细分，选择了三个子市场：初中学生市场、高中学生市场和成人市场。该公司生产出两种大块巧克力，一种每块定价 40 日元，用于满足十二三岁的初中学生；另一种每块定价 60 日元，用于满足十七八岁的高中学生；两块合包在一起，定价 100 日元，适宜于满足成人市场。明治公司的市场细分对策，比森永公司更高出一筹。

### 4. 能有效地拓展新市场，扩大市场占有率

公司对市场的占有，也不是一下子就拓展开来的，必须是从小至大，逐步拓展。通过市场细分，公司可以先选择最适合自己占领的某些子市场作为目标市场；当占领住这些子市场后，再逐渐向外推进、拓展，从而扩大市场占有率。

### 5. 有利于公司扬长避短，发挥优势

每一个公司的营销能力对于整体市场来说，都是有限的。所以，公司必须将整体市场细分，确定自己的目标市场，把自己的优势集中到目标市场上。否则，公司就会丧失优势，从而在激烈的市场竞争中遭受失败。特别是中小型公司，应该注意利用市场细分原理，选择自己的市场。

### 5.1.3　市场细分的原则

市场细分必须讲究细分的实用性和有效性。没有任何实际意义的市场细分会使企业劳民伤财，得不偿失。市场细分的结果是否成功、有效，是否科学合理，可从以下三个方面来进行评判，这三个方面也是进行有效市场细分时所应遵循的基本原则。

**1. 可衡量性**

细分标准是用来描述细分市场的特征的，这些标准应该可以明确细分出来，而且描述这些市场特征的资料应该能够获得。例如，消费者的年龄不但可以衡量，而且有相关资料可查，因此，它可以作为一个细分标准；相反，生态环保型产品可能是细分除草机市场的一个细分标准，但该标准不易衡量，资料也难以获得，因此不能算作一个好的细分标准，或者说细分出来的细分市场对营销的意义不大。

**2. 可进入性**

细分市场应该是可以进入的。在企业现有资源条件下，企业能够利用现有营销力量进入细分后的某个细分市场。例如，为了利用市场细分的好处，大多数全国性杂志以及大都市的报纸都在出版社出版，这样，广告商可以针对特定区域刊登广告，而不必把钱浪费在非目标市场上。

**3. 可盈利性**

细分市场应具备给企业带来盈利的潜力。每一个市场必须足够大，能够保证企业在其中经营可以盈利。例如，宝洁公司曾经细分出了一个低卡路里糖果的消费市场，不过该市场太小，不足以应付一条糖果生产线的投资成本。这说明细分市场必须要具备盈利性才可以。

### 5.1.4　市场细分的标准

市场细分的标准一定要能够表征消费者和生产者明显不同的特征。市场细分标准因为着眼点不同分为消费者市场细分标准和生产者市场细分标准。

**1. 消费者市场细分标准**

在研究消费者市场细分标准时，必须要考虑到下面几点。

（1）消费周期与消费空间是市场细分的前提。消费者的消费行为有一定的时间性，会随着季节、年代和消费品的使用寿命等因素的变化而变化。要预测一种产品的需求量，首先要辨别该产品的消费周期。由于消费者购买各类商品的频率不一样，产品的需求量受这种消费周期的影响。同时，产品消费周期的不同，会导致消费者可接受的消费空间不同。例如，对于耐久性消费品，消费者会慎重地选择本地区最信得过的商店，而不会太在乎距离上的远近、是否方便省力等，也就是说，可接受的消费空间大。

（2）消费者和消费需要是市场细分的关键。从消费者或用户的消费需要特征出发，对生活资料市场的消费者的消费层次、生活方式、购买动机以及消费者的性格、兴趣等，对生产资料市场用户的层次（简单再生产、扩大再生产、技术改进与发展应用新技术）、用户的需要类型（实用型、通用型、尖端型）等要充分考虑。

（3）消费者购买动机是市场细分的指南。购买动机是促使消费者实现购买行为的欲望和意念。消费者的购买动机是由消费需要引发的。消费者的购买动机主要有以下几种情形。

① 基于自身的需要、购买能力和产品功能而做出的购买决策。理智的成年消费者出于这种动机购买产品的居多。

② 由于商品形象、包装等引发消费者的购买欲望。在商品品质、功能趋于无差别时，形象、包装对所有消费者都会有很强的吸引力。

③ 出于消费者所处的社会阶层、文化背景等因素而引起的动机。比如，不同种类的书籍能够引起不同层次和从事不同行业的消费者的购买欲望。

④ 代表某组织的利益和要求进行购买，要完成购买任务是其动机。这主要是针对单位采购而言。

（4）收入与消费状态是市场细分的根本。市场上，商品的消费受社会各阶层的平均收入的制约。收入水平与消费水平在总量上呈正比例关系，但是，收入水平的增长又会引起消费结构的变化。就生活消费品而言，随着收入水平的提高，高档消费品、耐用消费品及保健娱乐用品和服务的社会需求会越来越大；反之，基本生活用品的需要就相对扩大。

（5）消费习惯和癖好是市场细分的脉搏。消费者消费习惯的变更是市场营销一个值得注意的关键因素。生活水平提高带来生活习惯的改变，消费习惯一定会随之改变。例如，20 世纪 80 年代年轻人结婚时，大多数家庭会购买一套组合音响，而现在已被家庭影院所代替。

（6）消费结构及层次是市场细分的重要研究课题。所谓消费结构，是指各种类型的消费品的支出费用所占的比例。一般来说，收入提高以后，非生活必需品的支出比例会明显提高，而生活必需品的需求向高档化发展。对于商家来说，确定产品的目标消费群，是市场营销的中心课题。如果有关于消费层次的准确资料，就不但能推断出目前消费层次的范围，而且能估算出未来目标消费群体的大小，以此来决定新产品有没有开发价值。

消费者市场的主要细分变量可以概括为四部分：地理细分、人文细分、心理细分和行为细分。各个方面又包括一系列的细分因素。

（1）地理细分。

以地理环境为标准细分市场就是按消费者所在的不同地理位置将市场加以划分，是大多数企业采取的主要标准之一。这是因为这一因素相对其他因素表现得更为稳定，也更容易分析。地理环境主要包括区域、地形、气候、城镇大小、交通条件等。由于不同地理环境、气候条件、社会风俗等因素影响，同一地区的消费者需求具有一定的相似性，不同地区的消费需求则具有明显的差异。应该指出的是，按照国家、地区、南方北方、城市农村、沿海内地、热带寒带等标准来细分市场是必需的，但是，地理环境是一种静态因素，处在同一地理位置的消费者仍然会存在很大的差异。因此，企业还必须采取其他因素进一步细分市场。

例如，在我国市场上，香烟、啤酒、牛奶等都有一定的地方性，人口的密度与各地消费环境的不同可能影响生产与营销的成本。一家公司要供应更大地理范围的市场，就需要考虑物流成本、管理成本的增加与可获得效益的比较，考虑各地消费环境的区别，不可将原有的成功模式想当然地强加给当地的消费者。又如，不同国家对汽车安全性能指标和尾气排放的要求标准不同，会相应地影响汽车厂家的生产成本。

地理细分变量的划分标准如表 5-1 所示。

表 5-1 地理细分变量的划分标准

| 细 分 变 量 | 划 分 标 准 |
|---|---|
| 地区 | 沿海、长江中上游、黄河中上游、西北、西南、东南 |
| 城市大小 | 超大城市、特大城市、大城市、中等城市、小城市 |
| 人口密度 | 都市区、城乡结合区域、乡村、山区 |
| 气候 | 亚热带、热带、亚温带、温带、亚寒带 |

（2）人口细分。

人口市场细分惯用和最主要的标准，与消费需求以及许多产品的销售有着密切联系，这些因素往往容易辨认和衡量。按人口状态细分市场的标准如表 5-2 所示。

表 5-2 按人口状态细分市场的标准

| 项 目 | 主 要 变 量 | 营 销 要 点 |
|---|---|---|
| 性别 | 男女构成 | 了解男女构成及消费需求特点 |
| 年龄 | 婴儿、儿童、少年、青年、成年、老年 | 掌握年龄结构、比重及各档次年龄的消费特征 |
| 收入 | 高收入、中高收入和低收入者 | 掌握不同收入层次的消费特征和购买行为 |
| 家庭生命周期 | 单身期、成长期、新婚期、育儿期、空巢期、鳏寡期 | 研究各家庭处在哪一阶段、不同阶段消费需求的数量和结构 |
| 职业 | 工人、农民、军人、学生、干部、教育工作者、文艺工作者 | 了解不同职业的消费差异 |
| 文化程度 | 文盲、小学、中学、大学等 | 了解不同文化层次人群的购买种类、行为、习惯及结构 |
| 民族 | 汉族、满族、回族、蒙古族等 | 了解不同民族的文化、宗教、风俗及不同的消费习惯 |

用人口状态细分市场，可以是单个变量细分，如仅仅以"性别"这个变量来细分化妆品市场，但许多情况下采用多变量细分。

（3）心理细分。

人们常常发现，在地理环境和人口状态相同的条件下，消费者之间存在着截然不同的消费习惯和特点，这往往是由消费者的消费心理差异所导致的。尤其是在比较富裕的社会中，顾客购物已不限于满足基本生活需要，因而消费心理对市场需求的影响更大。所以，消费心理也就成为市场细分的又一重要标准。

① 生活方式：是人们对消费、工作和娱乐的特定习惯。由于人们生活方式不同，消费倾向及需求的商品也就不一样。例如，美国一家服装公司把女性分为"朴素型"（喜欢大方、清淡、素雅的服装）、"时髦型"（追求时尚、新潮、前卫）、"有男子气质型"三种

类型，分别为她们设计制造出不同式样和颜色的服装。

② 性格：不同性格购买者在消费需求上有不同特点，如表 5-3 所示。

表 5-3　　　　　　　　　　　不同性格的消费者类型

| 性　格 | 消费需求特点 |
| --- | --- |
| 习惯型 | 偏爱、信任某些熟悉的品牌，购买时注意力集中，定向性强，反复购买 |
| 理智型 | 不易受广告等外来因素影响，购物时头脑冷静，注重对商品的了解和比较 |
| 冲动型 | 容易受商品外形、包装或促销的刺激而购买，对商品评价以直观为主，购买前并没有明确目标 |
| 想象型 | 感情丰富，善于联想，重视商品造型、包装及命名，以自己的丰富想象去联想产品的意义 |
| 时髦型 | 易受相关群体、流行时尚的影响，以标新立异、赶时髦为荣，购物注重引人注意，或显示身份和个性 |
| 节俭型 | 对商品价格敏感，力求以较少的钱买较多的商品，购物时精打细算、讨价还价 |

不少企业常常使用性格变量来细分市场，他们给自己的产品赋予品牌个性，以适合相应的消费者个性。

③ 品牌忠诚程度：消费者对企业和产品品牌的忠诚程度，也可以作为细分市场的依据，企业借助这一细分可采取不同的营销对策，如表 5-4 所示。

表 5-4　　　　　　　　　　　顾客忠诚程度细分

| 忠诚程度类型 | 购 买 特 征 | 销 售 对 策 |
| --- | --- | --- |
| 专一品牌忠诚者 | 始终购买同一品牌 | 用俱乐部制等办法保持老顾客 |
| 几种品牌忠诚者 | 同时喜欢几种品牌，交替购买 | 分析竞争者的分布、竞争者的营销策略 |
| 转移忠诚者 | 不固定忠于某一品牌，一段时间忠于 A，一段时间忠于 B | 了解营销工作的弱点 |
| 犹豫不定者 | 从来不忠于任何品牌 | 使用有力的促销手段吸引顾客 |

（4）行为细分。

行为因素是细分市场的重要标准，特别是在商品经济发达阶段和广大消费者的收入水平提高的条件下，这一细分标准越来越显示其重要地位。不过，这一标准比其他标准要复杂得多，而且也难掌握。

① 购买习惯。即使在地理环境、人口状态等条件相同的情况下，由于购买习惯不同，仍可以细分出不同的消费群体。例如，购买时间习惯标准，就是根据消费者产生需要购买或使用产品的时间来细分市场的，新学期开学前学习用品热销，春节前副食品销售达到高峰，重阳节前各类保健食品紧俏。又如，购买地点习惯，一般日用品人们愿意去超市、便利店购买，高档商品则去大店名店挑选，这就为各类零售企业市场定位提供了依据。

② 寻找利益。消费者购买商品所要寻找的利益往往是各有侧重的，据此可以对同一市场进行细分。一般的说，运用利益细分法，首先必须了解消费者购买某种产品所寻找的主要利益是什么；其次要了解寻求某种利益的消费者是哪些人；最后要调查市场上的竞争品牌各适合哪些利益，以及哪些利益还没有得到满足。通过上述分析，企业能更明确市场

竞争格局，挖掘新的市场机会。美国学者赫雷（Haley）曾运用利益细分法对牙膏市场进行细分而获得成功。他把牙膏需求者寻求的利益分为经济实惠、防治牙病、洁齿美容、口味清爽四类。牙膏公司可以根据自己所服务的目标市场特点，了解竞争者是什么品牌，市场上现有品牌缺少什么利益，从而改进自己现有的产品，或再推出新的产品，以满足未被满足的需要（见表 5-5）。

表 5-5　　　　　　　　　　　　　　　　牙膏需求者细分

| 利 益 细 分 | 人口统计特征 | 行 为 特 征 | 心 理 特 征 | 符合利益的品牌 |
|---|---|---|---|---|
| 经济实惠 | 男性 | 大量使用者 | 自主性强者 | 大减价的品牌 |
| 防治牙病 | 大家庭 | 大量使用者 | 忧虑保守者 | 品牌 A.F. |
| 洁齿美容 | 青少年 | 吸烟者 | 社交活动多者 | 品牌 B |
| 口味清爽 | 儿童 | 薄荷爱好者 | 喜好享乐者 | 品牌 C |

③ 使用数量和使用频率。调查表明，某商品大量使用者的人数虽然占消费者总数的比例不大，但他们所消费的商品数量却在消费总量中占很大比重，少量使用者却相反。同时，相同消费群体在购买心理、接受传媒习惯等方面又有相似的特征。例如，美国一家市场调研公司发现，大量喝啤酒者大多是体力劳动阶层，年龄在 25～50 岁，每天看电视 3～5 小时以上，喜欢观赏体育节目。这些宝贵资料有助于营销者制定产品价格、选择分销渠道、决定促销策略等。

**2. 生产者市场细分标准**

生产者市场细分的标准有：最终用户的要求、用户规模与购买力大小、用户的地理位置和用户的行业特点等。

（1）最终用户的要求。生产者市场的购买活动是为了不同的生产需要或为了再出售，最终用户往往有不同的要求，追求不同的利益，从而对产品提出不同的质量标准和使用要求。有时，用户的直接要求就是一个细分市场。

（2）用户规模与购买力大小。用户规模是生产者市场细分的重要标准。在生产者市场上，按用户规模可细分为大量用户、中量用户、少量用户、非用户。用户的经营规模决定了其购买力大小，一些大用户数量虽少，但其生产和经营规模大，购买的数量和金额就多。小的用户数量多，分散面广，购买数量和金额有限。企业应针对大、小用户的特点，分别采取不同的营销策略。生产者市场用户规模和购买力的大小，可以通过用户的财务支出或营业额来衡量，也可通过对用户内部情况进行相应的分析而得出。例如，可通过分析用户的职工人数、销售对象户数、销售规模、市场占有率等因素，得出用户的规模和购买力大小。在掌握用户规模的基础上，可对用户进行 A、B、C 分类。A 类为规模大、市场占有率高、销售面广的用户。这类用户购买力高，是企业销售商品的重要目标，必须采用相应的营销策略，以便建立和保持长期稳定的购销关系。B 类为规模中等的用户，企业要争取尽可能多的 B 类用户为自己的目标顾客，有必要派出销售人员访问联络、沟通信息和感情。C 类用户一般经营规模小、资金薄弱，对这类用户可通过加强促销策略，与之取得联系。

（3）用户的地理位置。每个国家或地区，大多根据资源、气候和历史传统形成若干产业集中地区。因此，生产者市场比消费者市场在地理位置上更加集中。按地理位置来细分市场，方法简便，易于细分，同时又会给企业带来经济效益的提高。

（4）用户的行业特点。某类行业市场往往具有同类性质的需求，因此可以作为生产者市场的细分标准。例如，我国零售药品销售结构与医院用药结构差异较大，大多数高价进口、合资药品主要通过医院药房消耗。按行业特点细分市场，使得目标市场更加集中，容易分析研究市场的变化，及时掌握市场动态，有助于节省企业的研制和开发支出以及节省促销宣传费用。

生产者市场细分标准具体如表 5-6 所示。

表 5-6　　　　　　　　　　生产者市场细分标准

| 人口变量 | 行业 | 不同行业对产品的要求不同，我们应把重点放在购买这种产品的哪个行业或哪些行业 |
| --- | --- | --- |
| | 用户规模 | 我们应把重点放在多大规模的公司 |
| | 地址 | 我们应把重点放在哪些地区 |
| 经营变量 | 技术： | 顾客重视哪些技术 |
| | 使用者情况 | 我们的重点是大量、中度还是少量使用者 |
| | 顾客能力 | 顾客对我公司技术等服务的需求很多还是较少 |
| 采购方法 | 采购职能组织 | 我们的目标市场是采购组织高度集中的公司，还是分散的公司 |
| | 权力结构 | 我们的目标市场是工程技术人员占据采购主导权还是财务人员占据采购主导权的公司 |
| | 现有关系的性质 | 我们应把重点放在现在与我们有牢固关系的公司，还是追求最理想的公司 |
| | 总采购政策 | 我们应把重点放在乐于采用租赁、服务合同、系统采购的公司，还是采用秘密投标等贸易方式的公司 |
| | 购买标准 | 我们应把重点放在追求质量、重视服务的公司，还是注重价格的公司 |
| 情境因素 | 重点 | 我们应把着力点放在那些要求迅速和突然交货的公司，还是提供服务的公司 |
| 个性特征 | 忠诚度 | 我们是否应把重点放在那些对供应商非常忠诚的公司 |

### 3. 市场细分标准应注意的问题

以上分析了市场细分的一般标准，企业在运用上述标准时，应该注意以下问题。

（1）不同类型企业在市场细分时应采取不同的标准。例如，消费品市场主要根据地理环境、人口状况等因素作为细分标准，但不同的消费品市场所使用的变量也有差异。如手表市场按性别、收入等变量细分，彩电则按家庭人口、收入等细分。

（2）市场细分的标准是随社会生产和消费需求的变化而不断变化的。由于消费者价值观念、购买行为和动机不断变化，企业细分市场采用的标准也会随之变化。例如，轿车原来只需用"收入"指标来细分，而今天消费者购车除了考虑经济承担力外，还追求轿车的性能等内容。

（3）企业在进行市场细分时，应注意各种标准的有机组合。在选择细分标准时，可以采取单一标准，更多情况下则采用多项标准的组合，这样可使整个市场更细、更具体，企业也更易把握细分市场的特征。

（4）市场细分是一项创造性的工作。由于消费者需求的特征和企业营销活动是多种多样的，市场细分标准的确定和选择不可能完全拘泥于理论知识。企业应在深刻理解市场细分原理的基础上，创造新的有效的标准。

## 5.1.5　市场细分的方法

市场细分的方法通常有以下三种。

**1. 单一因素法**

单一因素法即选用一个细分标准，对市场进行细分。例如，对儿童玩具市场就可以不同年龄段儿童对玩具的需求不同进行细分，依据年龄这一单一变量可以细分为1～3岁、4～6岁、7～9岁、10～12岁、13岁以上等。

**2. 综合因素法**

综合因素法即运用两个或两个以上的标准对市场进行细分。比如，将年龄（老、中、青）、家庭规模（二人、三人、三人以上）和收入（5 000元以下、5 001～10 000元、10 001～15 000元、15 001元以上）三个因素综合起来，可以把汽车市场细分为36（3×3×4）个市场，如图5-1所示。

**3. 系列因素法**

系列因素法也是运用两个或两个以上的标准来细分市场，但必须依据一定的顺序由粗到细依次细分，下一阶段的细分是在上一阶段选定的子市场中进行的，细分的过程也是一个比较、选择子市场的过程。例如，日本的黄樱酒酿造公司，依据以下思路进行市场细分：首先，依据地理标准对消费者进行分类，他们选中了日本关东地方。因为关西地方已有许多日本名酒，如"滩之名酒"、"伏见名酒"等品牌已有较大影响；而关东地方尚无名酒品牌，许多人在酒店买酒时，只以"一级酒"、"二级酒"的称呼代之，没有特别指定某种酒的习惯；同时，关东地方属于日本首都圈，人口比较集中，约3 000万人，同其他地方相比亦占有较大优势。其次，依据消费者的年龄分类，"黄樱"选择了中年人士——他们通常是酒的爱好者、消费的主力。虽然在日本市场，威士忌、葡萄酒、白兰地等大量流入，但是日本烧酒也甚为流行。他们认为这个年龄层今后仍然是"黄樱"的支持者。最后，"黄樱"又用心理标准对中年人士喝酒追求的利益再次进行细分，最终确定了自己的目标市场，如图5-2所示。

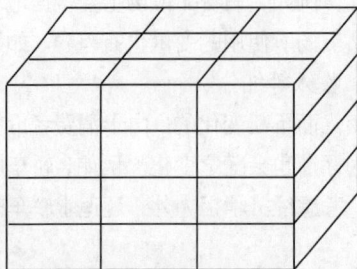

图 5-1　综合因素分类法

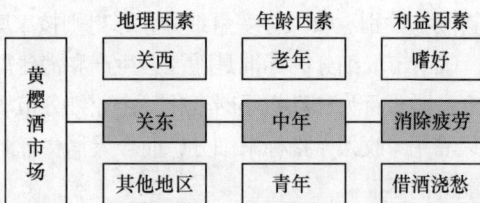

图 5-2　系列因素分类法

### 5.1.6　市场细分的步骤

美国市场学家麦卡锡提出细分市场的一整套程序，这一程序包括以下七个步骤。

（1）选定产品市场范围，即确定进入什么行业，生产什么产品。产品市场范围应以顾客的需求，而不是产品本身的特性来确定。例如，某房地产公司打算在乡间建造一幢简朴的住宅，若只考虑产品特征，该公司可能认为这幢住宅的出租对象是低收入顾客，但从市场需求角度看，高收入者也可能是这幢住宅的潜在顾客。因为高收入者在住腻了高楼大厦之后，恰恰可能向往乡间的清静，从而可能成为这种住宅的顾客。

（2）列举潜在顾客的基本需求。比如，某企业可以通过调查，了解潜在消费者对前述住宅的基本需求。这些需求可能包括安全、方便、宁静、设计合理、室内陈设完备、工程质量好等。

（3）了解不同潜在用户的不同要求。对于列举出来的基本需求，不同顾客强调的侧重点可能会存在差异。比如，经济、安全、遮风避雨是所有顾客共同强调的，但有的用户可能特别重视生活的方便，另外一类用户则对环境的安静、内部装修等有很高的要求。通过这种差异比较，不同的顾客群体即可被初步识别出来。

（4）抽掉潜在顾客的共同要求，而以特殊需求作为细分标准。上述所列购房的共同要求固然重要，但不能作为市场细分的基础。如遮风避雨、安全是每位用户的要求，就不能作为细分市场的标准，因而应该剔出。

（5）根据潜在顾客基本需求上的差异，将其划分为不同的群体或子市场，并赋予每一子市场一定的名称。例如，西方房地产公司常把购房的顾客分为好动者、老成者、新婚者、度假者等多个子市场，并据此采用不同的营销策略。

（6）进一步分析每一细分市场需求与购买行为特点，并分析其原因，以便在此基础上决定是否可以对这些细分出来的市场进行合并，或作进一步细分。

（7）估计每一细分市场的规模，即在调查的基础上估计每一细分市场的顾客数量、购买频率、平均每次的购买数量等，并对细分市场上产品竞争状况及发展趋势做出分析。

## 5.2　目标市场的选择

### 5.2.1　评估细分市场，确定目标市场

#### 1. 基本条件

企业进行市场细分时面临着选择市场的问题，这是因为并不是每个细分市场都值得企业进入，必须先对细分市场进行评估，从而了解这些市场是否存在潜在的需求、市场上的竞争状况与竞争趋势如何、市场能否实现长期盈利、企业本身的实力如何等问题。然后在判断分析的基础上决定进入对企业最有利的细分市场作为服务对象，这些被选作服务对象的小市场群就称为目标市场。所以，目标市场就是指在市场细分基础上所确定的最佳细分市场，即企业所确定的以相应的产品满足其需求、为其服务的那个消费者群。它是企业所确定的营销服务对象。目标市场战略要求，一旦公司确定了市场细分机会，他们就必须评

价各种细分市场和决定为多少个细分市场服务。

目标市场选择得是否恰当，直接关系着企业的营销成果以及市场占有率。在评估各种不同的细分市场时，公司必须考虑两个因素，即细分市场结构的吸引力和公司的目标以及资源。

（1）细分市场结构的吸引力。企业必须自问这些潜在的细分市场是否对公司有吸引力，如它的大小、成长性、盈利率、规模经济、低风险等。

（2）公司的目标及资源。公司必须考虑对细分市场的投资与公司的目标和资源是否相一致。某些细分市场虽然有较大的吸引力，却不符合公司长远目标，因此不得不放弃。但即使这个细分市场符合公司的目标，也必须考虑本公司是否具备在该细分市场获胜所必需的技术和资源，是否能够制造某些优势价值以压倒竞争者。

**2. 附加条件**

一个细分市场要能成为企业的目标市场，必须具备以下三个条件。

（1）拥有较理想的现实需求和潜在需求。只有具有足够的购买力和销售量，目标市场才具有实际意义，才具有开发的价值，使企业有利可图；也只有具有一定的尚未满足的潜在需求和充分发展的潜在购买力，目标市场的开发才能使企业获得发展。

（2）企业优势符合市场的特征。只有这样，企业才能够充分发挥优势，营销适销对路的产品，提高企业经济效益，才能以巨大的优势去占领目标市场。

（3）竞争对手尚未控制市场，市场竞争还不激烈。这样的目标市场才是企业能够占领的，才有利于企业乘势进入并占领目标市场，从而在市场竞争中夺取优势。

所以，并不是所有的细分市场都可以作为企业的目标市场，企业必须选择一个或一个以上有利于本企业扩大产品营销的市场为营销对象，而不是越多越好。

**3. 细分市场的经济评价**

（1）细分市场需求定量分析。这需要估计每一个细分市场的市场需求和市场潜力。这里的市场需求是指某一产品的市场需求，即在既定的市场环境中和既定的营销计划下，某一个区域中、某一段时间内、某一类消费者购买某种产品的总额（量）。市场需求并非一成不变，在其他因素不变的情况下，市场需求受企业营销活动努力程度的影响。有效的市场营销活动可以使市场需求增加；反之，会使市场需求减少。

（2）企业需求与销售潜力。企业需求是指在细分市场的市场需求中属于企业的那份需求，即企业可以在这一细分市场中得到的市场份额，即可预测的市场占有率。企业需求与企业营销努力有很大关系，在企业营销不断努力的情况下，企业所能得到的最高市场需求就是销售潜力。

## 5.2.2　目标市场选择的基本模式

企业在对不同细分市场进行评估后，还必须对进入哪些市场和为多少个细分市场服务做出决策。一般来说，企业可采用的目标市场模式有五种（见图5-3）。

其中，P表示产品，以$P_1$、$P_2$、$P_3$表示产品分类；M表示市场，以$M_1$、$M_2$、$M_3$表示市场分类。此模式比较理想化地把整个空间分成了九个区域。

（a）单一市场集中　　（b）产品专门化　　（c）市场专门化

（d）选择性专门化　　（e）完全覆盖市场

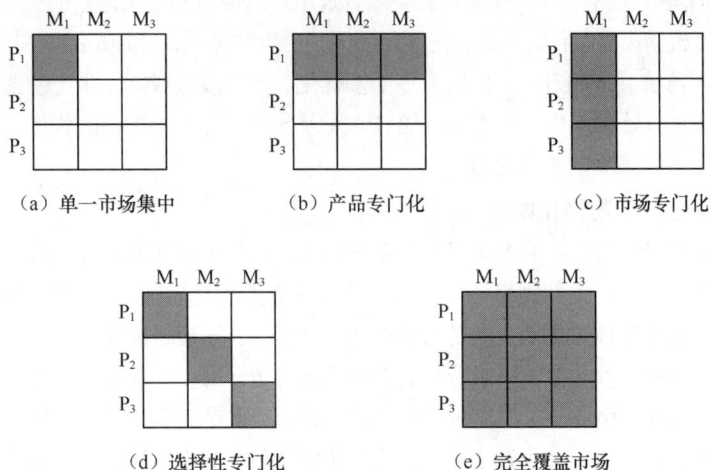

图 5-3　五种基本的目标市场模式

## 5.2.3　目标市场选择的基本策略

### 1. 无差异性目标市场策略

（1）无差异性目标市场策略的含义。实行无差异性市场策略，就是把整个市场作为一个大目标，针对消费者的共同需要，制订统一的生产和销售计划，以实现开拓市场、扩大销售的目的。以生产观念和推销观念为指导思想的公司，往往把整个市场作为一个大目标开展营销，它们强调消费者的共同需要，忽视其差异性。采用这一策略的公司，一般都实力强大，不但有着大规模的生产方式，而且有着广泛而可靠的分销渠道以及统一的广告宣传方式和内容。例如，美国可口可乐公司曾一度长期生产一种味道的产品，使得该公司在较长时间内统治着世界饮料市场。

（2）采取无差异性市场策略的优缺点。采取无差异性市场策略的优点：大量生产、储运、销售而使得产品平均成本低，并且不需要进行市场细分，可节约大量的调研、开发、广告等费用。但是这种市场策略也存在许多缺点，即这种策略对于大多数产品是不适用的。因为市场处于一个动态变化的不断发展的过程，所以一种产品长期被所有消费者接受是极少的，而且当几家同类大公司都同时采用这一策略时，就会形成异常的激烈竞争，而不得不开始转向差异性目标市场策略。

### 2. 差异性目标市场策略

（1）差异性目标市场策略的含义。实行差异性目标市场策略，通常是把整体市场划分为若干细分市场作为其目标市场。针对不同目标市场的特点，企业分别制订出不同的营销计划，按计划生产营销目标市场所需要的商品，满足不同消费者的需要，从而不断扩大销售成果。例如，国内一些自行车公司近年来改变了原来的经营观念，牢固树立以消费者为中心的现代化经营观念，按不同消费者的爱好和要求，分别设计生产出轻便男车、轻便女车、赛车、载重车、童车等多种产品；同时，也根据不同消费者的偏好，生产出各种彩色车，改变了过去清一色黑色车的状况。

（2）采用差异性目标市场策略的优缺点。采用差异性目标市场策略的优点：小批量、多品种、生产机动灵活、针对性强，能满足不同消费者的需求，特别是能繁荣市场。但是，由于品种多，销售渠道和方式、广告宣传的多样化，产品改进成本、生产制造成本、管理成本、存货成本、营销成本大大增加。这样，无差异性目标市场策略的优点，基本上就变为差异性目标市场策略的不足之处。

### 3. 集中性目标市场策略

（1）集中性目标市场策略的含义。无差异性目标市场策略和差异性目标市场策略，都是以整体市场作为公司的营销目标，试图满足所有消费者的需要。集中性目标市场策略，则不是把目标放在整体市场上，而是目标市场更加集中。该策略选择一个或几个细分化的专门市场作为营销目标，然后集中公司的总体营销优势开展生产和销售，充分满足某些消费者的需要，以开拓市场。采用这种市场策略的公司，不是追求在整体市场上占有较大的份额，而是为了在一个或几个较小的细分市场上取得较大的占有率，甚至居于支配地位。它们的具体做法，不是把力量分散在广大的市场上，而是集中公司的优势力量，对某细分市场采取攻势营销战略，以取得市场上的优势地位。

（2）集中性目标市场策略的优缺点。一般来说，实力有限的中、小公司，可以采用集中性市场策略。由于它们的营销对象比较集中，公司就可以集中优势力量，为充分满足细分市场消费者的需要而奋斗，以取得细分市场消费者的信任和偏爱，从而提高销售额、利润额和投资收益率；并且，随着生产、分销渠道、广告宣传等的集中专一化，不仅公司的营销成本逐步降低，盈利增加，而且提高了商品和公司的声誉。但是应该看到，采用集中性市场策略，一般风险比较大。因为所选的目标市场比较狭窄，一旦发生突然变化，消费者的兴趣就会转移，甚至会导致在竞争中失败。由于这种原因，公司往往又要将经营目标分散于几种策略之中，根据具体情况加以选择实施。

### 4. 企业选择市场覆盖策略应考虑的因素

上述三种目标市场涵盖战略各有利弊，企业在选择时需要考虑五个方面的主要因素，即企业资源、产品同质性、市场同质性、产品所处的生命周期阶段和竞争对手的目标市场涵盖战略。

（1）企业资源。当公司生产能力、技术能力和销售能力很强时，就可采用无差异性策略和差异性策略；若实力不足，最好采用集中性市场策略。

（2）产品同质性。对于同质产品或需求上共性较大的产品，一般宜实行无差异市场营销；对于异质产品，则应实行差异市场营销或集中市场营销。

（3）市场同质性。如果不同市场消费者对同一产品的需求和爱好相近，即同质市场，宜采用无差异性策略；相反，对于异质市场，宜采用差异市场营销或集中市场营销。

（4）产品生命周期阶段。通常，在产品处于投入期和成长期时，市场营销重点是启发和巩固消费者的偏好，可采用无差异性策略或针对某一特定子市场实行集中市场营销，以探测市场与潜在顾客的需求；当产品进入成熟期或衰退期时，市场竞争激烈，消费者需求日益多样化，则应采取差异性策略，以开拓新的市场，或采取集中性市场策略，以维持和延长产品生命周期。

（5）竞争对手的战略。一般来说，企业的目标市场涵盖战略应与竞争者有所区别，宜反其道而行之。公司采取哪种市场策略，往往视竞争者所采取的策略而定。若一个强有力的竞争者实施无差异性策略，那么，本公司宜采取差异性策略。

# 5.3　市场定位

## 5.3.1　市场定位的含义

市场定位这个词是由两位广告经理埃尔·里斯和杰克·特劳特提出后而流行的。他们把定位看成是对现有产品的创造性实践。他们认为，定位起始于产品，一件商品、一项服务、一家公司、一个机构甚至是一个人等。然而，定位并非是对产品本身采取什么行动而是根据竞争者现有产品在细分市场上所处的地位和顾客对某些产品属性的重视程度，塑造出本企业产品与众不同的鲜明个性或形象传递给目标顾客，使该产品在细分市场上占有强有力的竞争位置，也就是要塑造一种产品在细分市场上占有的强有力的竞争位置。

为了支持定位战略，公司应在产品、定价、分销和促销的每一目标方面，增加对定位的要求。对于产品的市场定位，菲利普·科特勒认为，所谓市场定位就是对公司的产品进行设计，从而使其能在目标顾客心目中占有一个独特的、有价值的位置的行动。市场定位的实质是使本公司与其他公司严格区分开来，并使顾客能明显感觉和认知这种差别，从而在顾客心目中留下特殊的印象。市场定位的目的是为了使顾客认为，这种产品或服务正是他所需要的，是为他所打造的。

## 5.3.2　市场定位的步骤

企业进行市场定位时，要想使自己的产品在目标顾客心目中占有一个独特的、有价值的位置，首先要进行产品差异化，只有在差异化中才能体现产品的独特位置。为此，公司要决定推出多少差异以及推出哪些差异，突出定位重点；其次，公司必须使产品的差异性和产品的定位被顾客所认知，也就是要传播这种差异与定位。市场定位就是由这两个步骤所组成的。

### 1. 产品差异化的方法

一个公司必须努力寻找能使它的产品产生差异化的特定的方法，以赢得竞争优势。差异化是指涉及一系列有意义的差异，以便使本公司的产品同竞争者的产品相区分的行动。一般的，在一个带有竞争性的市场上（包括寡头垄断市场），一个产品可以在五个方面实现差异化：产品（特色、性能质量、耐用性、可靠性、可维修性、风格、设计）、服务（订货方便、交货、安装、客户培训、客户咨询、维修、多种服务）、人员、渠道和形象（标志、文字与视听媒体、气氛、事件）。

（1）产品方面。产品最初就是一个很平常的形象，公司可以通过增加某些特色而创造出另一个产品形态，增加顾客的让渡价值。例如，日本企业比较成功的一个关键原因就在于不断地为其手表、照相机、汽车、摩托车、计算器、录像机等产品增加特色。率先推出某些有价值的新特色无疑是最有效的竞争手段。那么，一个公司如何去识别和选择适当的新特色呢？答案是公司应该接触目前的顾客，向他们询问一些问题：你觉得这个产品怎么样？不喜欢哪些地方？喜欢哪些地方？是否可以增加些什么特色？你觉得其他顾客提到的那些特色怎么样？顾客对这些问题的回答将为公司提供一份潜在特色的最新陈列表，公司可以发现哪些特色值得增加。假如一家电脑制造公司正在考虑三项可能的改进："减少电脑辐射"、"减少噪音"、"增加运行速度"。通过计算顾客让渡价值，我们发现，减少电脑辐射是最值得增加的特色（见表5-7）。当然，这个表也只是一个出发点，公司还应考虑每一个特色有多少人需要、推出一个特色需要多长时间、竞争者是否会模仿这个特色等。

表 5-7 　　　　　　　　　　　　　　某电脑公司产品差异化分析

| 拟增加特色 | 公司成本 A | 顾客价值 B | 顾客让渡价值 B-A |
|---|---|---|---|
| 减少电脑辐射 | 20 | 40 | 20 |
| 降低噪音 | 10 | 40 | 30 |
| 增加运行速度 | 30 | 20 | -10 |

（2）服务方面。当实体产品较难差异化时，取得竞争成功的关键常常有赖于服务的增加和服务的质量。服务差异化表现在：订货方便、送货、安装、客户培训、客户咨询、维修、多种服务。

订货方便是指如何使顾客能方便地向公司订货。例如，现在的银行服务实行 24 小时自助银行服务抑或是通过 Internet 网上银行服务。2003 年，中国工商银行电子银行累计交易额超过 22.3 万亿元，占全行结算业务量的比重跃升到 18.5%，其中网上银行累计实现交易额 19.4 万亿元，是上年同期的 3.66 倍；电子银行实现收入 1.14 亿元，是上年同期的 2.9 倍。送货是指产品或服务如何送达顾客，包括速度、准确性和友好送货。安装是指为确保产品在预定地点正常使用而必须做的工作。重型设备的买主期望从供应商那儿获得良好的安装服务。供应商因安装服务质量的高低而异。客户培训是指对客户单位的雇员进行培训，以便使他们能正确、有效地使用供应商的设备。客户咨询是指卖方向买方无偿或有偿地提供有关资料、信息系统和提出建议等服务。维修是指购买本公司产品的顾客所能获得的修理服务的水准。例如，购买汽车的人都非常关心他们从卖主那儿可以获得的修理服务的质量。公司还能找到许多其他方法提供各种服务来增加价值。公司可以提供一个对消费者更有利的保修合同，如无条件的退换货。

（3）人员方面。公司可以通过聘用更高素质的人才、更好的人才培训项目来获取强大的竞争优势。例如，普华永道公司之所以享誉全球，就是因为其具有高素质并具备优良服务意识的人才。大部分公司希望自己的员工能具有以下六个方面的特性。人品，诚实可信可靠，不欺骗老板；态度，热情友好，尊重领导，尊重同事，尊重客户；称职，具有必需的技能和知识完成岗位工作；智慧，具有识别问题、应对环境变化的智慧；责任心，能对客户的请求和问题迅速做出反应；团队合作，能与同事愉快地共事。

（4）渠道方面。公司可通过他们的营销渠道方法来取得差异化，特别是在渠道的覆盖面、专业化和绩效上。例如，在 PC 行业，DELL 公司通过个人定制化的直销取得了突破；

在手机行业，国产品牌与国外品牌相比在技术和规模的竞争上都存在相当大的差距，但在销售环节上，由于技术含量较低，国产品牌厂商销售渠道建设相对完善，又加上销售人员经验丰富，因此也最容易取得优势。近两年来，国产手机厂商诸如首信、波导以及 TCL 等都不同程度地通过渠道差异取得了成功。

（5）形象方面。即使竞争产品及其服务看上去都一样，消费者也能从公司或品牌形象方面得到一种与众不同的印象。万宝路香烟是一个最好的例子。许多牌子的香烟口味都差不多，而且都按相同的方式出售。能解释万宝路香烟异乎寻常的世界市场份额（约 30% ）的唯一理由就是万宝路的"万宝路牛仔"形象激起了大多数吸烟公众的强烈反应。

公司要建立形象方面的差异，可以通过标志、文字与视听媒体、气氛、事件来建立。一个强烈的形象包括一个或几个识别公司或品牌的标志。公司和品牌的标志语应被设计成能即刻辨认的。

### 2．差异的表现

公司可以只推出一种产品差异，即单一差异定位。许多营销人员倡导这种做法，如宝洁公司的"舒肤佳"香皂始终宣传其杀菌功能——促进全家健康。这种做法的关键是要保持连贯一致的定位，并且应选择自己能成为"第一名"的差异属性。这是因为，在当今信息爆炸的社会，在人们头脑中首次接收到的信息，有稳如磐石、不易排挤的牢固位置，这与人脑定位记忆机能是密切相关的。那么，哪些"第一名"的属性值得宣传推广呢？主要有"最好的质量"、"最低的价格"、"最高的价值"、"最好的服务"、"最快"、"最安全"、"最舒适"、"最顾客化"、"最先进的技术"等。如果一个公司能在某一属性上获胜，并令人信服地加以宣传，那么，它就会非常出名。

有的公司相信双重差异的定位策略，尤其是当两家或更多的公司都宣传自己的某一属性最好时，这样做就显得很有必要了。这样做可以在目标细分市场内找到一个特定的空缺。例如，沃尔沃汽车曾定位为"最安全"和"最耐用"，这两种利益是可以相容并存的，一般来说，人们都认为安全性能很好的汽车也会很耐用；高露洁牙膏加氟加钙，强调使牙齿"更坚固，更洁白"。

### 3．传播公司的定位

当公司选择好产品差异、进行市场定位后，就要向市场有效地传播公司的定位。假设公司选择"质量最佳"这一定位，那么，它必须保证传递这一诉求。该传播可以选择一些人们平时用来判断质量的标志和线索进行。例如，卡尔顿旅馆训练员工在铃响三次内接通电话，他们的声音是真心诚意的"微笑"声，并尽可能减少断线，以此来向顾客显示其高质量；某汽车制造商给其汽车安装了能承受猛烈撞击的车门，因为许多买主都在汽车陈列室里使劲关上车门，以此来检验车的质量好坏。当然，高质量还可以通过其他营销要素加以传播。高价格被认为是高质量的信号，包装、分销渠道、广告和促销手段等也会影响产品的质量形象。例如，"不满意便可以退货"的宣传就强化了公司的高质量形象。

下面一些不正确的做法则会损害产品质量形象：一种高档音响由于在经营大众商品的连锁超市销售，而失去了它的优质产品形象；一种十分著名的咖啡由于经常降价而破坏了其良好的形象；一种高质量的纸巾由于经常降价促销而破坏了其良好的形象；一种优质啤酒因其由瓶装改为听装而损害了形象。

## 5.3.3 市场定位的实质

市场定位的实质是高于竞争者所获取的竞争优势。市场定位的关键是企业要设法在自己的产品上找出比竞争者更具有竞争优势的特性。竞争优势一般有两种基本类型：一是价格竞争优势，即在同样的条件下比竞争者定出更低的价格。这就要求企业采取一切努力，降低单位成本。二是偏好竞争优势，即能提供确定的特色来满足顾客的特定偏好。这就要求企业采取一切努力在产品特色上下工夫。因此，企业市场定位的全过程可以通过三大步骤来完成，即确认本企业潜在的竞争优势、准确地选择相对竞争优势和明确显示其独特的竞争优势。

**1. 确认本企业潜在的竞争优势**

这一步骤的中心任务是要回答以下三大问题。

（1）竞争对手的产品定位如何。

（2）目标市场上足够数量的顾客欲望满足程度如何以及他们还需要什么。

（3）针对竞争者的市场定位和潜在顾客的真正需要的利益，要求企业应该和能够做什么。

要回答这三个问题，企业市场营销人员必须通过一切调研手段，系统地设计、搜索、分析并报告有关上述问题的资料和研究结果。通过回答上述三个问题，企业就可从中把握和确定自己的潜在竞争优势在何处。

**2. 准确地选择相对竞争优势**

相对竞争优势表明企业能够胜过竞争者的能力。这种能力既可以是现有的，也可以是潜在的。准确地选择相对竞争优势就是一个企业各方面实力与竞争者的实力相比较的过程。比较的指标应是一个完整的体系，只有这样，才能准确地选择相对竞争优势。通常的方法是分析、比较企业与竞争者在下列七个方面究竟哪些是强项，哪些是弱项。

（1）经营管理方面：主要考察领导能力、决策水平、计划能力、组织能力以及个人应变的经验等指标。

（2）技术开发方面：主要分析技术资源（如专利、技术诀窍等）、技术手段、技术人员能力和资金来源是否充足等指标。

（3）采购方面：主要分析采购方法、存储及运输系统、供应商合作以及采购人员能力等指标。

（4）生产方面：主要分析生产能力、技术装备、生产过程控制以及职工素质等指标。

（5）市场营销方面：主要分析销售能力、分销网络、市场研究、服务与销售战略、广告、资金来源是否充足以及市场营销人员的能力等指标。

（6）财务方面：主要考察长期资金和短期资金的来源及资金成本、支付能力、现金流量以及财务制度与人员素质等指标。

（7）产品方面：主要考察可利用的特色、价格、质量、支付条件、包装、服务、市场占有率、信誉等指标。

通过对上述指标体系的分析与比较，选出最适合本企业的优势项目。

### 3. 显示独特的竞争优势

这一步骤的主要任务是企业要通过一系列的宣传促销活动，使其独特的竞争优势准确地传播给潜在顾客，并在顾客心目中留下深刻印象。为此，企业应注意做到以下两点。

（1）使目标顾客了解、熟悉、认同、喜欢和偏爱本企业的市场定位，在顾客心目中建立与该定位相一致的形象。

（2）企业通过保持对目标顾客的了解，稳定目标顾客的态度和加深目标顾客的感情等努力来巩固与市场相一致的形象。最后，企业应注意目标顾客对其市场定位理解出现的偏差或由于企业市场定位宣传上的失误而造成的目标顾客模糊、混乱和误会，及时纠正与市场定位不一致的形象。

## 5.3.4　市场定位的方法

### 1. 初次定位

初次定位是指新成立的企业初入市场，企业新产品投入市场，或产品进入新市场时，企业必须从零开始，运用所有的市场营销组合，使产品特色确实符合所选择的目标市场。但是，企业要进入目标市场时，往往是竞争者的产品已在市场露面或形成了一定的市场格局。这时，企业就应认真研究同一产品在目标市场竞争对手的位置，从而确定本企业产品的有利位置。

### 2. 重新定位

重新定位是指企业变动产品特色，改变目标顾客对其原有的印象，使目标顾客对其产品新形象有一个重新认识的过程。市场重新定位对于企业适应市场环境、调整市场营销战略是必不可少的。企业产品在市场上的定位即使很恰当，但在出现下列情况时也需考虑重新定位：一是竞争者推出的市场定位在本企业产品的附近，侵占了本企业品牌的部分市场，使本企业品牌的市场占有率有所下降；二是消费者偏好发生变化，从喜爱本企业某品牌转移到喜爱竞争对手的某品牌。企业在重新定位前，尚需考虑两个主要因素：一是企业将自己的品牌定位从一个子市场转移到另一个子市场时的全部费用；二是企业将自己的品牌定在新位置上的收入有多少，而收入多少又取决于该子市场上的购买者和竞争者情况，取决于在该子市场上销售价格能定多高等。

### 3. 针锋定位

针锋定位是指企业选择靠近于现有竞争者或与现有竞争者重合的市场位置，争夺同样的顾客，彼此在产品、价格、分销及促销等各个方面差别不大，这种定位也被称为迎头定位。2001 年，在受人瞩目的新康泰克面世的第二天，以保健品起家的太太药业公司底气十足地宣布推出自己的感冒药"正源丹"，并且要在两三年内成为中药感冒药市场的第一名。这就是针锋定位的范例。太太药业公司之所以采用这种定位方法，主要是考虑到市场上没有一个真正纯中药的全国性感冒药品牌，而且没有一个真正针对特殊人群的全国性感冒药品牌。而"正源丹"源于宋代古方，针对的是老人、妇女、儿童、体质虚弱者这一特殊感冒群体。针锋定位的优点：竞争过程中往往相当引人注目，甚至产生所谓的轰动效应，企业及其产品可以较快地为消费者或用户所了解，易于达到树立市场形象的目的。针锋定位的缺点：具有较大的风险性。

### 4. 避强定位

避强定位是指企业回避与目标市场上的竞争者直接对抗，将其位置定在市场"空白点"，开发并销售目前市场上还没有的某种特色产品，开拓新的市场领域。例如，上海徐家汇广场有三家大商场，东方商厦面向中高收入顾客，突出品牌档次；太平洋百货以追求时尚的青少年为目标市场；第六百货则以实惠、价廉吸引顾客。同样是彩电产品，东方商厦主营大屏幕彩电，第六百货经营国产彩电，而太平洋百货则不经营彩电。回避定位的结果是三方均大获其利。北京的燕莎、赛特和世都等新兴商场成功的原因之一，也是避开和王府井、西单等老字号商家的正面竞争，采取回避定位的结果。避强定位的优点：避强定位策略能使企业较快地在市场上站稳脚跟，并能在消费者或用户中树立形象，风险小。避强定位的缺点：避强往往意味着企业必须放弃某个最佳的市场位置，很可能使企业处于最差的市场位置。

## 5.3.5 定位图

解决定位问题的好处在于，它能帮助解决营销组合策略问题。营销组合（包括产品、价格、渠道和促销）是执行定位策略的战术细节的基本手段。例如，一个将自己定位于"优质产品"位置的公司，必须生产出优质产品，制定一个高价，通过高档的经销店分销以及在高品位的杂志上登广告。这是塑造一种始终如一的、令人信服的高质量形象的主要途径。那么，公司应该怎样选择定位呢？我们通过例子来回答这个问题。

某市地标性建筑电视塔地铁附近的光明公司准备新开张一家饭店，而地铁附近已有三家饭店在营业，即A、B与C。新的竞争者——光明公司为了决策它的定位，首先可根据消费者的认知和自己的判断制作出一张如图5-4所示的市场定位认知图，然后再决定采取何种定位战略。这个认知图有两个特性：第一个特性是，图中的五个箭头表示消费者所追求的五种利益，箭头的指向代表满足程度最高，如A被认为饭菜的质量最高、价格最高，而在地理位置、服务和品类多样化方面不足；第二个特性是，两个圆圈越靠近，它们的经营就越相似，图中A、B、C代表原有的饭店，甲、乙、丙、丁代表光明公司的四种可能定位。下面是关于光明公司定位策略的解释。

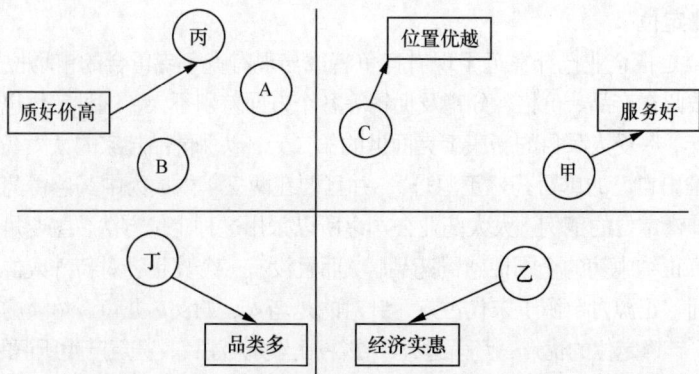

图 5-4　市场定位图

### 1. 避强定位

公司力图避免与实力最强或较强的其他公司直接发生竞争，将自己的产品定位于另一市场区域内，使自己在某些特征或属性方面与最强或较强的对手有显著的差别，定位于乙处或者丁处，与当前的竞争者均有一定距离。避强定位可以使公司迅速在市场上立住脚，并能在消费者心中树立一定的形象，市场风险较小，成功率较高。但是避强往往意味着公司放弃了最佳的市场位置，尤其如丁的市场定位，很可能占据的是最差的位置。

### 2. 针锋定位

该公司根据自身的实力，为占据较佳的市场位置，不惜与市场上占支配地位的、实力最强或较强的竞争者发生正面竞争，从而使自己进入与对手相同的市场位置。比如，定位于丙处，与竞争对手公司 A、B 发生直接冲突，选择的定位是比 A 更低的价格，却有更高的质量。

### 3. 特色定位

如图 5-4 中的甲处，该公司追求的是更好的服务、更广泛的品类，但与 C 一样，占据着较好的地理位置。

## 5.3.6　市场定位的步骤

企业在确定自己的市场定位时，通常要经过以下三个步骤。

### 1. 在调查研究的基础上，明确潜在的竞争优势

明确潜在竞争优势，要通过市场调查明确以下几方面问题。

（1）竞争者的定位状况。市场上，顾客最关心的是产品的属性和价格，因此，企业一方面要确认竞争者在目标市场上的定位；另一方面要正确衡量竞争者的潜力，判断其有无潜在竞争优势，据此进行本企业的市场定位。

（2）目标顾客对产品的评价标准，即要了解顾客对其购买的产品的最大偏好和愿望，以及他们对产品优势的评价标准。

（3）明确竞争的优势。竞争优势产生于企业为顾客创造的价值，顾客愿意购买的就是价值。竞争优势有两种基本类型：一是成本优势，在同样条件下比竞争者价格低；二是产品差异化，能够提供更多特色以满足顾客的特定需要，从而抵消价格高的不利影响。

### 2. 选择本企业的竞争优势和定位战略

选择相对竞争优势，企业要善于发现并利用自身存在或创造出来的相对竞争优势。选择相对竞争优势可以采用比较方法，在产品技术、成本、质量和服务等方面，进行对比分析，发现自己的长处和短处，从而选择自己的优势，或创造自己的竞争优势，据此进行本企业的市场定位。

### 3. 显示独特的竞争优势

显示独特的竞争优势，企业应通过自己的一言一行，表明自己的市场定位。

（1）建立与市场定位相一致的形象。让目标顾客知道、了解和熟悉企业的市场定位。

（2）巩固与市场定位相一致的形象。强化目标顾客的印象，保持目标顾客的了解，稳定目标顾客的态度，加深目标顾客的感情。

（3）矫正与市场定位不一致的形象，宣传企业的竞争优势。把企业产品的个性与形象定位通过定价、包装、渠道和广告促销等手段宣传出去，吸引消费者。

## 5.3.7　市场定位中的误区

一般的，公司在市场定位过程中应避免以下错误，否则会影响公司在顾客心目中的形象。

（1）定位过低：顾客不能真正认识到公司的独到之处。

（2）定位过高：顾客不能正确了解公司。

（3）定位混乱：公司推出的主题过多或产品定位变化太频繁，导致顾客无所适从。

（4）定位怀疑：顾客很难相信公司在产品特色、价格或制造商方面的有关宣传，对定位真实性产生怀疑。

### 案例分析

【案例1】　欧洲市场上的冰激凌

欧洲市场上对冰激凌进行市场细分和市场定位有以下两种方法。

方法1：购买意图

欧洲市场上的冰激凌可以分为冲动性购买和家庭性购买——带回家消费，前者是为了直接消费，而后者通常是为了以后消费大批购买。冲动性购买典型的是发生在小商店或报刊销售商店的购买，而为了带回家消费的购买通常是在百货商店或超级市场。然而，如果严格区分这两个细分市场就错了，零售购买散装大批量的冰激凌可能是为了满足冲动性需要；冲动性购买的商品，如盒装的巧克力棒也可能拿回家为了以后在家中消费。

实际上，对于某些国家的市场可以找到细分市场的详细数据，但整个欧洲并没有发表有关研究文章。表A针对欧洲一些主要市场从资源的不同方面做出了最佳估计。

表A　　　　　　　　　通过购买意图细分冰激凌消费者

| 情　景 | 法　国 | 意　大　利 | 英　国 | 德　国 |
|---|---|---|---|---|
| 冲动性 | 30% | 40% | 30% | 50% |
| 带回家消费 | 70% | 60% | 70% | 50% |

解释表A中的数据是很复杂的过程，因为其中有不同的因素在起作用。在法国，有时吃冰激凌被看做奢侈的行为，因此需要认真地考虑消费冰激凌的场合，而不仅仅考虑冲动性因素。在意大利，由于含有高档的原料以及独特的成分的冰激凌也被当作昂贵的商品，它更多的是从咖啡店里购买。在英国，传统上冰激凌是用较低质量的原料制作而成，如用植物油代替真正的奶油。在20世纪80年代期间，欧洲市场上便于携带回家的经济性散包装冰激凌需求出现了大量增长，以及最近，那些更贵、质量更高的散装冰激凌的需求出现了很大增长。在德国，传统上冰激凌都通过冲动购买，直到最近，带回家消费才有了很大程度的增加。在每个细分市场上，对冰激凌所用的原料和口味还保持着很高的期望。

对于每种购买行为，根据个体或群体需求的产品种类确定竞争地位是可能的。例如，带回家消费的产品类别定位可以从廉价的家庭包装冰激凌——如超级市场自己的品牌——到那些较贵的产品——如联合利华的 Cartde'or。利用同样的方法，冲动性购买的产品类别可能定位于孩子或成年人。

方法 2：价格和质量

在 20 世纪 90 年代期间，由于利用了较贵的原料、制定了较高的价格以及形成了奇异的口味，欧洲冰激凌市场出现了惊人的增长。一些顾客在口味上变得更加挑剔，在质量方面要求更高。通过价格和质量重新定义，顾客进行了新的尝试。表 B 显示了通过价格和质量进行顾客细分的主要方面。

表 B　　　　　　　　　　　　通过价格和质量进行顾客细分

| 细分市场 | 产品和商标 | 定　　价 | 20 世纪 90 年代中期市场增长 |
|---|---|---|---|
| 超溢价 | 高质量，独特风味，如哈根达斯的薄荷巧克力球 | 很高的价格，很高的附加值 | 从很小的市场开始年增长超过 15% |
| 溢价 | 较高的质量原料，非常有名的商标，如火星和 Magnum | 比普通和经济类高，但不如超溢价，附加值高 | 以比超溢价市场更大规模开始年增长 10% |
| 普通 | 标准的质量原料商标，依赖于制造商名称，如 Walls、Schoeller | 标准价格，足够的附加值，但有一个大众化市场 | 从更大的起点开始年增长 5% |
| 经济型 | 小制造商用标准原料生产，可能用零售商自己的品牌 | 低价格，高竞争力，低附加值，但有一个大市场 | 尤其在英国和爱尔兰这些国家年增长超过 5% |

分析表 B 的细分市场时需要格外注意，这里没有给出有关这四个细分市场更详细的信息。从各个细分市场上购买商品的顾客，其类别可能存在太多的重复之处，这取决于商品的情况。尽管不知道这样是否准确，但上述市场细分问题足以说明需采取不同的营销和分销措施。通过合适的媒体可以准确定位许多目标市场，例如，利用新潮的、在青年彩色杂志上的性感画面如哈根达斯，以及利用电视广告把火星的品牌冰淇淋新产品介绍给更多的电视观众。因此，尽管一些细分市场在精确定义时存在困难，但它们的确有市场潜力。市场定位之后还需要在这些细分市场上进行市场定位。例如，哈根达斯的超溢价冰激凌定位于时髦的年轻人，而本杰瑞的自然口味的冰激凌（至少在欧洲）定位于中性的消费者。

通过案例进行分析。

1. 还有其他细分冰激凌市场的方法吗？有哪些？

2. 对市场细分进行检验，讨论案例中提到的两种方法的价值。

3. 对于一个小的、新的进入者来说，如果要开发一种新的冰激凌产品，会把哪种细分市场和定位作为最具吸引力的市场？为什么？

【案例 2】　科龙电器

2002 年 8 月底，科龙电器推出其首创的 10 款容声"爱宝贝"儿童冰箱。这 10 款冰箱外形都是由卡通图案构成，有小熊乐乐、小狗奇奇、企鹅冰冰、小鸡沙沙、知了博士等；冰箱内部构件中，旋转木马式果盘、百变魔盒、可插式散物架等可给儿童提供丰富的娱乐活动；电子日历、双闹钟、数十种数码宠物、英文语音等，在培养儿童自我管理能力、激发学习兴趣方面大有帮助；富有创意的冰箱外形、20 首中外著名儿歌开门铃声、10 种模拟动物叫声等对儿童更是潜移默化的艺术熏陶。

儿童冰箱主要针对 15 岁以下的少年儿童，全部容积在 90 升，高度在 90 厘米以下。这种冰箱的核心设计理念不仅仅在于强调制冷功能，还在于其外形的审美功能，更强调对于儿童的娱乐功能和辅助教育功能。专家指出，科龙此次不仅成为冰箱外观革命的先驱，完全改变了冰箱立柱式的呆板形象，首次赋予冰箱活灵活现的审美创造力，更为重要的是使科龙打入了一个暂时还没有竞争者的市场。

试回答下列问题。

1. 科龙公司此举涉及的是市场营销的哪方面知识？
2. 分析科龙电器采用该种市场营销方式的依据。
3. 该种市场营销方式对企业的好处体现在什么地方？

# 思考与练习

1. 如何理解市场细分的必要性和合理性？
2. 企业在选择目标市场战略时需要考虑的因素是什么？
3. 如何理解目标市场和市场定位二者之间的关系？
4. 选择一种产品（如保健品），运用多种方法对其进行细分。
5. 试列举几个不同市场定位的例子。

# 第6章

# 市场营销战略

## 学习目标

- 了解市场营销战略的基本知识。
- 掌握市场营销战略的基本分析方法。
- 掌握市场发展战略和市场竞争战略。
- 了解市场营销战略的流程和实施。

## 实践项目

通过各种渠道获得有关企业市场营销战略的案例五篇以上，仔细阅读，试着从中分析案例中的企业是如何在激烈的市场竞争中选择自己的战略的。

## 案例导入

龙胜食品公司三种主打产品主要在北京地区生产和销售，最近有以下几件事需要处理。

一、企业前一段时间聘请专家对存在的问题进行了诊断，专家发现企业内部的生产流程不合理，造成生产成本居高不下，隐性成本无法核算，于是筹划对生产流程进行改造。

二、目前三种产品的销售情况不错。市场需求旺盛，订单较多，但是由于工作人员的疏忽，出现了一些订单漏登，个别货品时间、品种与数量出现差错的情况，导致一些客户出现怨言。

三、食品属于时限性很强的产品，各销售点的订货量相对较少，订货频繁、周期短，该企业的物流配送一直存在较大问题。有一家专业的物流企业希望能利用自身的专业化优势来承担企业的物流配送任务。

四、企业目前产品的目标顾客是老少皆宜，即全方位的顾客。有人提议企业应专门开发针对儿童和针对白领阶层的高档次的营养食品。

请你就上述几件事情，根据企业战略管理的理论进行分析判断：哪些事件是与战略有关的问题，哪些不是，并说明你的理由。

案例当中的一、二不属于战略问题：一不涉及长远的生存与发展问题，不改变企业的产品布局，同时问题已经清楚，只是寻找解决问题的措施，不需要企业高层人员全程参与；二只是具体的管理问题，需要进行管理制度和管理方式的调整，是一种确定的问题，而且可以很快找出解决问题的办法。三、四属于战略问题：三涉及企业的盈利模式，而且要涉及与其他企业合作，必须由企业的高层领导来认真思考并决策，短期内难以作出明确的回答。四要解决的是产品与市场格局的变动，涉及企业未来的产品结构和经营方式，迅速作出准确的决定比较困难。

那么在激烈的市场竞争中，企业如何获胜？这就需要企业研究市场营销战略。

## 6.1　市场营销战略概述

市场营销战略（Marketing Strategy）是企业市场营销部门根据战略规划，在综合考虑外部市场机会及内部资源状况等因素的基础上，确定目标市场，选择相应的市场营销策略组合，并予以有效实施和控制的过程。它是企业经营战略中的重要组成部分，在企业总体战略指导下生成，又为企业总体战略的实现发挥重要作用。

### 6.1.1　市场营销战略的地位

市场营销战略是企业为求得自身生存和稳定发展而设计的行动纲领和方案。它涉及全局性、方向性、长远性和根本性问题。企业制定市场营销战略，实际上是一个管理过程，即根据经营环境的变化及企业自身的资源能力，对企业发展目标、达成目标的途径和手段进行总体谋划，实现企业目标、资源能力和经营环境三者之间的动态平衡发展和开拓企业业务，谋求满意的利润。

企业实力是市场竞争成败的基础，但并不是成败的关键。纵观企业的失败，多发生在战略管理的失误立面。市场竞争的最佳途径是特色竞争。没有清晰的战略，就没有企业的个性，没有个性就没有特色，所以，市场营销战略是头等重要的事情。市场营销战略的内涵是企业经营方向、路线和策略。它解决生产什么、在哪里能卖、卖给谁、怎样和对手竞争、怎样在适应市场变化中求得自己迅速顺利的发展等细节问题。企业没有战略、没有个性就没有特色，没有特色就没有竞争力。企业战略是企业竞争力的基础，在战略管理上，必须具体情况具体分析，不能搞完全照搬。

### 6.1.2　市场营销战略的特点

市场营销战略是企业总战略的重要组成部分，它的选择受企业整体战略思想的制约，不同的经营思想会有不同的市场营销战略，因此，市场营销战略必须与总体经营战略相吻合。一般而言，市场营销战略具有以下特征。

### 1. 全局性

市场营销战略是以企业全局和营销活动全局的发展规律为研究对象，是为指导整个企业营销总体发展全过程的需要而制定的，它规定的是营销总体活动，追求的是企业营销总体效果，着眼点是营销总体的发展。它显然包括企业营销局部的重大活动，但是，这些局部活动是作为总体活动的有机组成部分，是为实现营销总体目标而出现的，属于分战略的性质。市场营销战略规定了营销发展的总体目标，指明了营销的方向，起到统率全局的作用。

### 2. 长期性

市场营销战略决策是事关企业发展的全面性决策。它决定市场开发、占领和扩张的方向、速度和规模，同时也制约着企业的产品开发决策的进程。所以，市场营销战略是其他各项决策的基础和前提。对某一市场，特别是国际市场的开拓，需要企业投入较多的资金和付出极大的耐心和韧性。凡成功的企业，大都着眼于长期市场战略的规划，营销额达到顶峰之后仍然持续相当长的时间。他们首先寻找富有生命力的市场机会，然后开发符合用户口味的适当产品；为得到稳固的立足点，他们十分谨慎地选择进入市场的突破口，随后转入市场渗透阶段，以扩大顾客数量和增加市场占有率；当达到市场领先地位时，则转向采用维持战略，以保住他们的市场地位。

### 3. 风险性

任何开发事业都面临着风险，市场营销战略也不例外。瞬间万变的市场，纷繁错杂，无论经理人设计了多么有效的保证措施，也避免不了投资的风险；市场机会识别的偏差，容易造成产品的失误；社会经济及政治等因素的变化，也会使原有的市场萎缩；甚至企业在营销过程中，因为储运、包装受自然灾害的侵袭而引致产品损坏，也可能会使消费者不满，从而失去市场。企业要生存、要发展，就必须敢于向风险挑战，做出大胆而理智的冒险。

### 4. 应变性

市场营销战略具有根据企业外部环境和内部条件的变化，适时加以调整，以适应环境变化的特征。市场营销战略是确定企业未来行动的，而未来的企业内外部环境是发展变化的，企业市场营销战略的制定应该具有应对环境变化的能力。成功的战略具有承担更大的风险的能力，但也应在条件变化的情况下适时加以调整，以适应变化后的情况。

### 5. 相对稳定性

市场营销战略必须在一定时期内具有相对稳定性，才能在企业营销实践中具有指导意义。如果企业营销战略朝令夕改，会造成企业营销活动的混乱，企业各部门无法采取相应的措施去实现战略，会给企业带来损失。但由于企业营销实践活动是一个动态过程，指导企业营销实践活动的战略也应该是动态的，以适应外部环境的多变性，所以，企业市场营销战略的稳定性是相对的。

91

# 6.2　市场营销战略分析方法

## 6.2.1　波特的五种力量模型

### 1. 波特五力模型（五力模型法）简介

五力模型是用来分析企业所在行业竞争特征的一种有效的工具，由迈克尔·波特（Michael Porter）于 20 世纪 80 年代初提出。它的出现对企业战略制定产生了全球性的深远影响。该模型认为行业中存在着决定竞争规模和程度的五种力量，这五种力量综合起来影响着产业的吸引力。它在该模型中涉及的五种力量包括：新的竞争对手入侵、替代品的威胁、买方议价能力、卖方议价能力以及现存竞争者之间的竞争，如图 6-1 所示。决定企业盈利能力首要的和根本的因素是产业的吸引力。竞争战略从

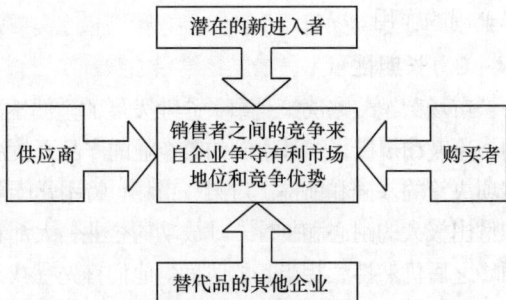

图 6-1　波特五力模型图

一定意义上讲是源于企业对决定产业吸引力的竞争规律的深刻理解。任何产业，无论是国内的或国际的，无论是生产产品的或提供服务的，竞争规律都将体现在这五种竞争的作用力上。因此，波特五力模型是企业制定竞争战略时经常利用的战略分析工具。该模型用于竞争战略的分析，可以有效地分析客户的竞争环境。波特的"五力"分析法是对一个产业盈利能力和吸引力的静态断面扫描，说明的是该产业中的企业平均具有的盈利空间，所以这是一个产业形势的衡量指标，而非企业能力的衡量指标。通常，这种分析法也可用于创业能力分析，以揭示本企业在本产业或行业中具有何种盈利空间。这五种竞争作用力综合起来，决定了某产业中的企业获取超出资本成本的平均投资收益率的能力。这五种作用力的综合作用力随产业的不同而不同，随产业的发展而变化，结果表现为所有产业的内在盈利能力的不一致性。

这五种作用力决定了产业的盈利能力，因为它们影响价格、成本和投资收益等因素。例如，卖方议价的能力会影响原材料成本和其他投入成本；竞争的强度影响价格以及竞争的成本；新的竞争者入侵的威胁会限制价格，并要求为防御入侵而进行投资。

企业通过其战略能对这五种作用力施加影响。如果企业能通过这五种力量来影响所在产业的竞争优势，那它就能从根本上改善或削弱产业吸引力，从而改变本产业的竞争规则。

波特五力分析属于外部环境分析中的微观环境分析，主要用来分析本行业的企业竞争格局以及本行业与其他行业之间的关系。

五种力量模型将大量不同的因素汇集在一个简便的模型中，以此分析一个行业的基本竞争态势。五种力量模型确定了竞争的五种主要来源，即供应商和购买者的讨价还价能力、潜在进入者的威胁、替代品的威胁，以及来自目前在同一行业的公司间的竞争。一种可行

战略的提出首先应该包括确认并评价这五种力量,不同力量的特性和重要性因行业和公司的不同而变化。

### 2. 波特五力模型应用分析

(1)行业内现有竞争者的竞争。

同一个行业中的大部分企业之间的利益都紧密相连,各企业竞争战略的目标都是使自己的企业获得相对于竞争对手的优势。因此,在实施中就必然会产生冲突与对抗现象,这些冲突与对抗就构成了现有企业之间的竞争。现有企业之间的竞争强度与许多因素有关,这种竞争常常表现在价格、广告、产品介绍、售后服务等方面。

一般来说,出现下述情况将意味着行业中现有企业之间竞争的加剧:行业进入障碍(进入壁垒)较低,势均力敌的竞争对手较多,竞争参与者范围广泛;市场趋于成熟,产品需求增长缓慢;竞争者企图采用降价等手段促销;竞争者提供几乎相同的产品或服务,用户转换成本很低;一个战略行动如果取得成功,其收入相当可观;行业外部实力强大的公司在接收了行业中实力薄弱的企业后,发起进攻性行动,结果使得刚被接收的企业成为市场的主要竞争者;退出障碍较高,即退出竞争要比继续参与竞争代价更高。在这里,退出障碍主要受经济、战略、感情以及社会政治关系等方面的影响,具体包括资产的专用性、退出的固定费用、战略上的相互牵制、情绪上的难以接受、政府和社会的各种限制等。

行业中的每一个企业或多或少都必须应付以上各种力量构成的威胁,而且客户必须面对行业中的每一个竞争者的举动。除非认为正面交锋有必要而且有益处,如要求得到很大的市场份额,否则客户可以通过设置进入壁垒,包括差异化和转换成本来保护自己。

(2)供应商的讨价还价能力。

供应商影响一个行业竞争者的主要方式是提高价格(以此榨取买方的盈利),降低所提供产品或服务的质量。下面一些因素决定它的影响力:供应商所在行业的集中化程度;供应商产品的标准化程度;供应商所提供的产品在企业整体产品成本中的比例;供应商提供的产品对企业生产流程的重要性;供应商提供产品的成本与企业自己生产的成本之间的比较;供应商提供的产品对企业产品质量的影响;企业原材料采购的转换成本;供应商前向一体化的战略意图。

(3)购买者的讨价还价能力。

与供应商一样,购买者也能够对行业盈利性造成威胁。购买者能够强行压低价格,或要求更高的质量或更多的服务。为达到这一点,他们可能使生产者互相竞争,或者不从任何单个生产者那里购买商品。购买者一般可以归为工业客户或个人客户,购买者的购买行为与这种分类方法一般是不相关的。有一点例外,工业客户是零售商,他可以影响消费者的购买决策,这样,零售商的讨价还价能力就显著增强了。以下因素影响购买者集团的议价能力:集体购买;产品的标准化程度;购买者对产品质量的敏感性;替代品的替代程度;大批量购买的普遍性;产品在购买者成本中占的比例;购买者后向一体化的战略意图。

(4)新进入者的威胁。

一个行业的进入者通常带来大量的资源和额外的生产能力,并且要求获得市场份额。

除了完全竞争的市场以外，行业的新进入者可能使整个市场发生动摇，尤其是当有步骤、有目地地进入某一行业时，情况更是如此。新进入者威胁的严峻性取决于一家新的企业进入该行业的可能性、进入壁垒以及预期的报复。其中第一点主要取决于该行业的前景如何，行业增长率高表明未来的盈利性强，而眼前的高利润也颇具诱惑力。

对于以上两种威胁，客户需要研究进入壁垒的难易的条件因素，如钢铁业、造船业、汽车工业，规模经济是进入壁垒的重要条件；此外，还有产品的差异条件，如化妆品及保健品业，产品的差异条件是进入壁垒的主要条件之一。

（5）替代品的威胁。

替代品是指那些与客户产品具有相同功能或类似功能的产品，如糖精从功能上可以替代糖，飞机远距离运输可能被火车替代等。生产替代品的企业本身就给客户甚至行业带来威胁，替代竞争的压力越大，对客户的威胁就越大。决定替代品压力大小的因素主要有：替代品的盈利能力，替代品生产企业的经营策略，购买者的转换成本。

**3. 波特五力模型评价**

五力模型作为确定企业市场营销战略时强大的分析工具，的确起到了非常大的作用。但是我们应该明确，该模型的理论是建立在三个假定基础上的：①制定战略者可以掌握到整个行业比较全面的信息。但是这在现实中是难于做到的；②同行业之间只有竞争关系，没有合作关系。但现实中，企业之间存在多种合作关系，不一定是你死我活的竞争关系。③行业的规模是固定的，因此，只有通过夺取对手的份额来占有更大的资源和市场。但现实中，企业之间往往不是通过吃掉对手，而是与对手共同做大行业的蛋糕来获取更大的资源和市场。同时，市场可以通过不断的开发和创新来增大容量。因此，要将波特的竞争力模型有效地用于实践操作，以上在现实中并不存在的三项假设就会使操作者要么束手无策，要么头绪万千。

## 6.2.2 波士顿矩阵法

**1. 波士顿矩阵法简介**

波士顿矩阵法（Boston Consulting）是制定公司层战略最流行的方法之一。该方法是由波士顿集团（Boston Consulting Group，BCG）在 20 世纪 70 年代初开发的。BCG 矩阵将组织的每一个战略事业单位（Strategic Business Unit，SBU）标在一种二维的矩阵图上（如图 6-2 所示），从而显示出哪个 SBU 提供高额的潜在收益，以及哪个 SBU 是组织资源的漏斗。BCG 矩阵的发明者、波士顿公司的创立者布鲁斯认为，"公司若要取得成功，就必须拥有增长率和市场份额各不相同的产品组合。组合的构成取决于现金流量的平衡"。如此看来，BCG 的实质是为了通过业务的优化组合实现企业的现金流量平衡。

波士顿矩阵通过市场增长率和市场占有率两个维度对业务单位进行分析。其中，横坐标表示相对市场份额，表示各项业务或产品的市场占有率和该市场最大竞争者的市场占有率之比，比值为 1 就表示此项业务是该市场的领先者；纵坐标为市场成长率，表明各项业务的年销售增长率，具体坐标值可以根据行业的整体增长而定；图中圆圈表示企业现有的各项不同的业务或产品，圆圈的大小表示它们销售额的大小，圆圈的位置表示它们的成长率和相对市场份额所处的地位。

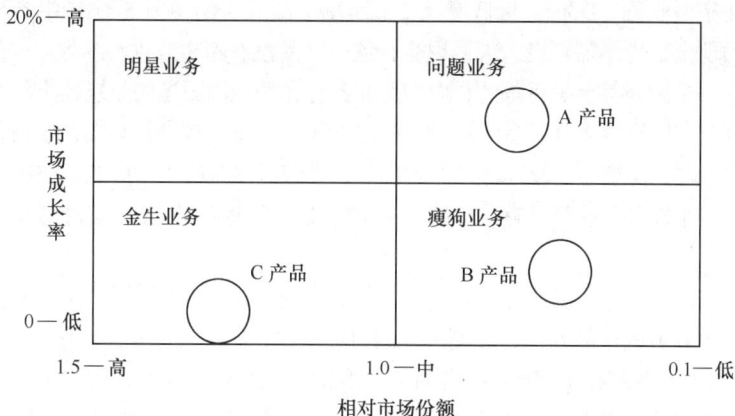

图 6-2　波士顿矩阵图

依据不同的业务单位在矩阵中的不同位置，将业务单位分解为以下四种业务组合。

（1）金牛型业务（Cash Cows，指低增长、高市场份额）。处在这个领域中的产品产生大量的现金，但未来的增长前景是有限的。这是成熟市场中的领导者，是企业现金的来源。由于市场已经成熟，企业不必大量投资来扩展市场规模；同时，作为市场中的领导者，该业务享有规模经济和高边际利润的优势，因而给企业带来大量现金流。企业往往用现金牛业务来支付账款并支持其他三种需大量现金的业务。现金牛业务适合采用战略框架中提到的稳定战略，目的是保持 SBU 的市场份额。

（2）明星型业务（stars，指高增长、高市场份额）。这个领域中的产品处于快速增长的市场中并且占有支配地位的市场份额，但也许会或也许不会产生正现金流量，这取决于新工厂、设备和产品开发对投资的需要量。明星型业务是由问题型业务继续投资发展起来的，可以视为高速成长市场中的领导者，将成为公司未来的现金牛业务。但这并不意味着明星业务一定可以给企业带来源源不断的现金流，因为市场还在高速成长，企业必须继续投资，以保持与市场同步增长，并击退竞争对手。企业如果没有明星业务，就失去了希望，但群星闪烁也可能会闪花企业高层管理者的眼睛，导致做出错误的决策。这时必须具备识别行星和恒星的能力，将企业有限的资源投入在能够发展为现金牛的恒星上。同样的，明星型业务要发展成为现金牛业务适合于采用增长战略。

（3）问题型业务（Question Marks，指高增长、低市场份额）。问题类业务也叫幼童类业务。处在这个位置中的是一些投机性产品，带有较大的风险。这些产品可能利润率很高，但占有的市场份额很小。这通常是一个公司的新业务，为发展问题业务，公司必须建立工厂，增加设备和人员，以便跟上迅速发展的市场，并超过竞争对手，这些意味着大量的资金投入。"问题"非常贴切地描述了公司对待这类业务的态度，因为这时公司必须慎重回答"是否继续投资、发展该业务"这个问题。只有那些符合企业发展长远目标、企业具有资源优势、能够增强企业核心竞争力的业务才会得到肯定的回答。得到肯定回答的问题型业务适合于采用战略框架中提到的增长战略，目的是扩大 SBU 的市场份额，甚至不惜放弃近期收入来达到这一目标，因为要问题型业务发展成为明星型业务，其市场份额必须有较大的增长。得到否定回答的问题型业务则适合采用收缩战略。

（4）瘦狗型业务（Dogs，指低增长、低市场份额）。这个剩下的领域中的产品既不能产生大量的现金，也不需要投入大量现金，这些产品没有希望改进其绩效。一般情况下，这类业务常常是微利甚至是亏损的，瘦狗型业务存在的原因更多的是感情上的因素，虽然一直微利经营，但好像人养了多年的狗一样恋恋不舍而不忍放弃。其实，瘦狗型业务通常要占用很多资源，如资金、管理部门的时间等，多数时候是得不偿失的。瘦狗型业务适合采用战略框架中提到的收缩战略，目的在于出售或清算业务，以便把资源转移到更有利的领域。

业务或产品多从问题类开始，转向明星类，进而成为金牛类，最终降为瘦狗类。企业必须注意每项业务的产品变化，预测未来的市场变化，制定投资发展战略。

BCG 矩阵的精髓在于把战略规划和资本预算紧密结合了起来，把一个复杂的企业行为用两个重要的衡量指标来分为四种类型，用四个相对简单的分析来应对复杂的战略问题。该矩阵帮助多种经营的公司确定哪些产品宜于投资，宜于操纵哪些产品以获取利润，宜于从业务组合中剔除哪些产品，从而使业务组合达到最佳经营成效。

波士顿矩阵法在企业进行市场营销战略分析时非常有用，这种分析是建立在一定的假设基础——经验曲线之上的。经验曲线的基本结论是：① "经验曲线是由学习、分工、投资和规模的综合效应构成的。" "每当积累的经验翻一番，增值成本就会下降 20%～30%。" ② "经验曲线本质上是一种现金流量模式。" 因为规模是学习与分工的函数，所以，可以用规模来代表经验曲线中的学习和分工成分。企业某项业务的市场份额越高，体现在这项业务上的经验曲线效应也就越高，企业就越有成本优势，相应的获利能力就越强。按照波士顿公司的经验，如果一个企业某项业务的市场份额是竞争者该项业务市场份额的两倍，那么，这个企业在这项业务上就具有较之竞争者 20～30% 的成本优势。这就是 BCG 选取市场份额作为一个重要评价指标的原因所在。BCG 认为市场份额能导致利润，这其实就是 "成本领先战略"。BCG 一直认为规模优势很重要，BCG 自己的解释是市场份额大的公司不仅获得了更多的收入，还实现了更高的单位运营利润，优势在于更高的价格（边际利润）、在广告和分销上更低的单位支出。

**2. 波士顿矩阵法应用分析**

（1）评价各项业务的前景。BCG 是用 "市场增长率" 这一指标来表示发展前景的。这一步的数据可以从企业的经营分析系统中提取，一般认为以 0.1 作为高低的分界点。

（2）评价各项业务的竞争地位。BCG 是用 "相对市场份额" 这个指标来表示竞争力的。这一步需要做市场调查才能得到相对准确的数据。计算公式是用单位的收益除以其最大竞争对手的收益。

（3）表明各项业务在 BCG 矩阵图上的位置。具体方法是以业务在二维坐标上的坐标点为圆心画一个圆圈，圆圈的大小表示企业每项业务的销售额。一个企业的业务失衡组合就是有太多的瘦狗类或问题类业务，或太少的明星类和金牛类业务。例如，有三项问题业务，不可能全部投资发展，只能选择其中的一项或两项集中投资发展；只有一个现金牛业务，说明财务状况是很脆弱的；有两项瘦狗业务，这是沉重的负担。这一步主要是用于判断企业的业务组合是否健康。

（4）确定纵坐标 "市场增长率" 的一个标准线，从而将 "市场增长率" 划分为高、低两个区域。比较科学的方法有两种：一是把该行业市场的平均增长率作为界分点；二是把多种产品的市场增长率（加权）平均值作为界分点。需要说明的是，高市场增长定义为销售额至少达到 10% 的年增长率（扣除通货膨胀因素后）。

（5）确定横坐标"相对市场份额"的一个标准线，从而将"相对市场份额"划分为高、低两个区域。布鲁斯认为，这个界分值应当取为 2，他认为"任何两个竞争者之间，2 比 1 的市场份额似乎是一个均衡点。在这个均衡点上，无论哪个竞争者要增加或减少市场份额，都显得不切实际，而且得不偿失。这是一个通过观察得出的经验性结论"，"明星类的市场份额必须是仅次于它的竞争者的两倍，否则其表面业绩只是一种假象。"按照布鲁斯的观点，市场份额之比小于 2，竞争地位就不稳定，企业就不能回收现金，地位难以稳固。但在实际的业务市场上，市场领先者的市场份额是跟随其后的竞争者的两倍的情况极为少见。所以，和上面的市场增长率的标准线确定一样，由于评分等级过于宽泛，可能会造成两项或多项不同的业务位于一个象限中或位于矩阵的中间区域，难以确定使用何种战略。所以，在划分标准线的时候要尽量占有更多资料，审慎分析，这些数字范围在运用中要根据实际情况的不同进行修改；而且不能仅仅注意业务在 BCG 矩阵图中现有的位置，还要注意随着时间推移历史的移动轨迹，每项业务都应该回顾它去年、前年甚至更早的时候处在哪里，用以参考标准线的确定。一种比较简单的方法是，高市场份额意味着该项业务是所在行业的领导者的市场份额；需要说明的是，当本企业是市场领导者时，这里的"最大的竞争对手"就是行业内排行第二位的企业。

### 3. 波士顿矩阵法的局限性

对 BCG 矩阵的局限性评价，科尔尼咨询公司认为：一方面，波士顿矩阵法仅仅假设公司的业务发展依靠的是内部融资，而没有考虑外部融资；另一方面，BCG 矩阵还假设这些业务是独立的，但是许多公司的业务是紧密联系在一起的。比如，如果金牛类业务和瘦狗类业务是互补的业务组合，放弃瘦狗类业务，那么，金牛类业务也会受到影响。再就是当出售"瘦狗"业务时，如果全行业都在亏损，很难有企业来接手；BCG 矩阵并不是一个利润极大化的方式；市场占有率与利润率的关系并不非常固定；BCG 矩阵并不重视综效，实行 BCG 矩阵方式时要进行 SBU（策略事业部）重组，这要遭到许多组织的阻力；并没有告诉厂商如何去找新的投资机会等。

## 6.2.3　多因素投资组合矩阵

### 1. 多因素投资组合矩阵简介

多因素投资组合矩阵（GE 法）又称通用电器公司法、麦肯锡矩阵、九盒矩阵法、行业吸引力矩阵，是美国通用电气公司（GE）于 20 世纪 70 年代开发的新的投资组合分析方法，对企业进行业务选择和定位具有重要的价值和意义。GE 矩阵可以根据事业单位在市场上的实力和所在市场的吸引力对这些事业单位进行评估，也可以表述一个公司的事业单位组合判断其强项和弱点。在需要对产业吸引力和业务实力作广义而灵活的定义时，可以 GE 矩阵为基础进行战略规划。按市场吸引力和业务自身实力两个维度评估现有业务（或事业单位），每个维度分三级，分成九个格以表示两个维度上不同级别的组合。两个维度上可以根据不同情况确定评价指标。多因素投资组合矩阵如图 6-3 所示。

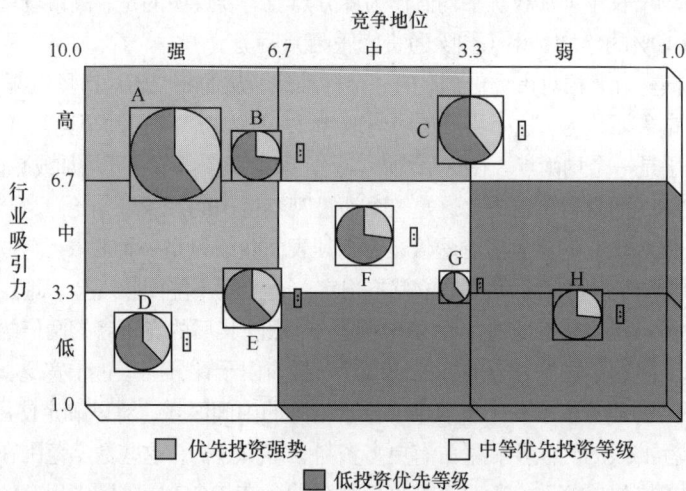

图 6-3　多因素投资组合图

绘制 GE 矩阵，需要找出外部（行业吸引力）和内部（企业竞争力）因素，然后对各因素加权，得出衡量内部因素和市场吸引力外部因素的标准。当然，在开始搜集资料前仔细选择那些有意义的战略事业单位是十分重要的。

**2．多因素投资组合矩阵应用分析**

（1）定义各因素。选择要评估业务（或产品）实力和市场吸引力所需的重要因素。在 GE 内部，分别称之为内部因素和外部因素。下面列出的是经常考虑的一些因素（可能需要根据各公司情况做出增减）。确定这些因素的方法可以采取头脑风暴法或名义小组法等，关键是不能遗漏重要因素，也不能将微不足道的因素纳入分析中。

（2）估测内部因素和外部因素的影响。从外部因素开始，根据每一因素的吸引力大小对其评分。若一因素对所有竞争对手的影响相似，则对其影响做总体评估；若一因素对不同竞争者有不同影响，可比较它对自己业务的影响和重要竞争对手的影响。在这里，可以采取五级评分标准（1＝毫无吸引力，2＝没有吸引力，3＝中性吸引力，4＝有吸引力，5＝极有吸引力）；然后，也使用五级标准对内部因素进行类似的评定（1＝极度竞争劣势，2＝竞争劣势，3＝同竞争对手持平，4＝竞争优势，5＝极度竞争优势）。在这一部分，应该选择一个总体上最强的竞争对手做对比的对象。具体方法：确定内外部影响的因素，并确定其权重——根据产业状况和企业状况定出产业吸引力因素和企业竞争力因素的级数（五级）——最后，用权重乘以级数，得出每个因素的加权数并汇总，得到整个产业吸引力的加权值。

（3）对外部因素和内部因素的重要性进行估测。通过对外部因素和内部因素的重要性进行估测，得出衡量实力和吸引力的简易标准。这里有定性和定量两种方法可以选择。定性方法：审阅并讨论内外部因素，以在第二步中打的分数为基础，按强、中、弱三个等级来评定该战略事业单位的实力和产业吸引力如何。定量方法：将内外部因素分列，分别对其进行加权，使所有因素的加权系数总和为 1，然后用其在第二步中的得分乘以其权重系数，再分别相加，就得到所评估的战略事业单位在实力和吸引力方面的得分（介于 1 和 5 之间，1 代表产业吸引力低或业务实力弱，而 5 代表产业吸引力高或业务实力强）。

（4）将该战略事业单位标入 GE 矩阵。矩阵坐标纵轴为产业吸引力，横轴为业务实力。每条轴上用两条线将数轴划为三部分，这样坐标就成为网格图。两坐标轴刻度可以为高、中、低或 1 至 5。根据经理的战略利益关注，对其他战略事业单位或竞争对手也可作同样分析。另外，在图上标出一组业务组合中位于不同市场或产业的战略事业单位时，可以用圆来表示各企业单位，图中圆面积大小与相应单位的销售规模成正比，而阴影扇形的面积代表其市场份额。这样，GE 矩阵就可以提供更多的信息。

（5）对矩阵进行诠释。通过对战略事业单位在矩阵上的位置分析，公司就可以选择相应的战略举措。有文章将其归为一句简单但很经典的话"高位优先发展，中位谨慎发展，低位捞它一把"。如果用图 6-3 进行分析就是：绿色（图中灰色）区域，采取增长与发展战略，应优先分配资源；灰色（图中浅灰色）区域：采取维持或有选择发展战略，保护规模，调整发展方向；红色（图中深灰色）区域：采取停止、转移、撤退战略。

**3. 多因素投资组合矩阵评价**

在应用 GE 矩阵时，必须注意以下几个问题，否则，可能无法客观准确确定每项业务的定位和策略。

（1）评价指标尽量定量化。对于每项评价指标尽量定量化，没办法定量化的要划分量级，对每个量级的得分进行统一规定。

（2）不同业务之间每个评价指标的权重可以不同。由于每一项战略业务单元所处的生命周期不同，每一项业务的特点也不同，企业关注每项业务的侧重点也就不同。比如，对于成长型的业务，企业可能更关注该业务的增长潜力和发展速度；对于成熟型的业务，企业可能更关注市场总量和盈利能力。因此，评价指标权重的确定，必须根据每一项业务的特点进行确定。不同业务单元之间，企业竞争力评价指标的权重也不相同，因为对于不同的战略业务单元，企业所处的市场地位不同，企业关注和追求的目标也不相同，所以，评价指标的权重也不同。运用多因素投资组合矩阵进行企业战略分析时的局限性体现在：对各种不同因素进行评估的现实程度；指标的最后聚合比较困难；核心竞争力（Core Competences）未被提及；没有考虑到战略事业单元之间的相互作用关系。

## 6.2.4 SWOT分析模型

**1. SWOT分析模型简介**

SWOT 分析法模型（也称 TOWS 分析法）即态势分析法，20 世纪 80 年代初由美国旧金山大学的管理学教授韦里克提出，后来经常被用于企业战略制定、竞争对手分析等场合。SWOT 分析主要分析企业优势（Strength）、劣势（Weakness）、机会（Opportunity）和威胁（Threat）。因此，SWOT 分析实际上是将对企业内外部条件各方面内容进行综合和概括，进而分析组织的优劣势、面临的机会和威胁的一种方法。

优劣势分析主要是着眼于企业自身的实力及其与竞争对手的比较，而机会和威胁分析将注意力放在外部环境的变化及对企业的可能影响上。在分析时，应把所有的内部因素（即优劣势)集中在一起,然后用外部的力量来对这些因素进行评估。SWOT 分析模型如图 6-4 所示。

（1）优势与劣势分析（SW）。

识别环境中有吸引力的机会是一回事,拥有在机会中成功所必需的竞争能力是另一回事。每个企业都要定期检查自己的优势与劣势,这可通过"企业经营管理检核表"的方式进行。企业或企业外的咨询机构都可利用这一格式检查企业的营销、财务、制造和组织能力。每一要素都要按照特强、稍强、中等、稍弱或特弱划分等级。

当两个企业处在同一市场或者说它们都有能力向同一顾客群体提供产品和服务时,如果其中一个企业有更高的盈利率或盈利潜力,那么,我们就认为这个企业比另外一个企业更具有竞争优势。换句话说,所谓竞争优势是指一个企业超越其竞争对手的能力,这种能力有助于实现企业的主要目标——盈利。但值得注意的是,竞争优势并不一定完全体现在较高的盈利率上,因为有时企业更希望增加市场份额,或者多奖励管理人员或雇员。

竞争优势可以指消费者眼中一个企业或它的产品有别于其竞争对手的任何优越的方面,它可以是产品线的宽度、产品的大小、质量、可靠性、适用性、风格和形象以及服务的及时、态度的热情等。虽然竞争优势实际上指的是一个企业比其竞争对手有较强的综合优势,但是明确企业究竟在哪一个方面具有优势更有意义,因为只有这样,才可以扬长避短,或者以实击虚。由于企业是一个整体,并且由于竞争优势来源的广泛性,在作优劣势分析时必须从整个价值链的每个环节上,将企业与竞争对手作详细的对比,如产品是否新颖、制造工艺是否复杂、销售渠道是否畅通以及价格是否具有竞争性等。如果一个企业在某一方面或几个方面的优势正是该行业企业应具备的关键成功要素,那么,该企业的综合竞争优势也许就强一些。需要指出的是,衡量一个企业及其产品是否具有竞争优势,只能站在现有潜在用户角度上,而不是站在企业的角度上。

企业在维持竞争优势过程中,必须深刻认识自身的资源和能力,采取适当的措施。因为一个企业一旦在某一方面具有了竞争优势,势必会吸引到竞争对手的注意。一般来说,企业经过一段时期的努力,建立起某种竞争优势;然后就处于维持这种竞争优势的态势,竞争对手开始逐渐做出反应;而后,如果竞争对手直接进攻企业的优势所在,或采取其他更为有力的策略,就会使这种优势受到削弱。

影响企业竞争优势的持续时间,主要有三个关键因素:一是建立这种优势要多长时间;二是能够获得的优势有多大;三是竞争对手做出有力反应需要多长时间。如果企业分析清楚了这三个因素,就会明确自己在建立和维持竞争优势中的地位了。显然,公司不应去纠正它的所有劣势,也不是对其优势不加利用。主要的问题是公司应研究,它究竟是只局限在已拥有优势的机会中,还是去获取和发展一些优势以找到更好的机会。有时,企业发展慢并非因为其各部门缺乏优势,而是因为它们不能很好地协调配合。例如,有一家大电子公司,工程师们轻视销售员,视其为"不懂技术的工程师";而推销人员则瞧不起服务部门的人员,视其为"不会做生意的推销员"。因此,评估内部各部门的工作关系作为一项

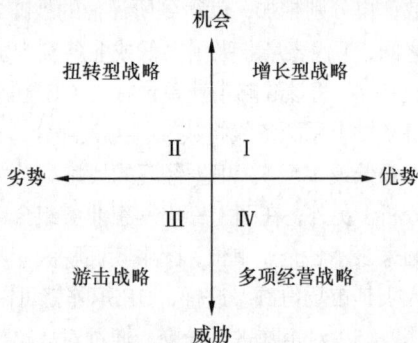

图 6-4　SWOT 分析模型

内部审计工作是非常重要的。

波士顿咨询公司提出，能获胜的公司是取得公司内部优势的企业，而不仅仅是只抓住公司核心能力。每一公司必须管好某些基本程序，如新产品开发、原材料采购、对订单的销售引导、对客户订单的现金实现、顾客问题的解决时间等。每一程序都创造价值和需要内部部门协同工作。虽然每一部门都可以拥有一个核心能力，但如何管理这些优势能力开发仍是一个挑战。

（2）机会与威胁分析（OT）。

随着经济、社会、科技等诸多方面的迅速发展，特别是世界经济全球化、一体化过程的加快，全球信息网络的建立和消费需求的多样化，企业所处的环境更为开放和动荡。这种变化几乎对所有企业都产生了深刻的影响。正因为如此，环境分析成为一种日益重要的企业职能。

环境发展趋势分为两大类：一类表示环境威胁；另一类表示环境机会。环境威胁指的是环境中一种不利的发展趋势所形成的挑战，如果不采取果断的战略行为，这种不利趋势将导致公司的竞争地位受到削弱。环境机会就是对公司行为富有吸引力的领域，在这一领域中，该公司将拥有竞争优势。对环境的分析也可以有不同的角度，一种简明扼要的方法就是 PEST 分析，另一种比较常见的方法就是波特的五力分析。

### 2. SWOT分析模型应用方法

（1）确认当前的战略是什么。

（2）确认企业外部环境的变化（波特五力或者 PEST）。

（3）根据企业资源组合情况，确认企业的关键能力和关键限制。

（4）按照通用矩阵或类似的方式打分评价。把识别出的所有优势分成两组，分组的时候以两个原则为基础：它们是与行业中潜在的机会有关，还是与潜在的威胁有关。用同样的办法把所有的劣势分成两组，一组与机会有关，另一组与威胁有关。

（5）将结果在 SWOT 分析图上定位。

例如，上海集装箱港的 SWOT 分析，如图 6-5 所示。

应用 SWOT 分析模型时应该遵循的原则：必须对公司的优势与劣势有客观的认识；必须区分公司的现状与前景；必须考虑全面；必须与竞争对手进行比较，如优于或是劣于竞争对手；保持 SWOT 分析法的简洁化，避免复杂化与过度分析；SWOT 分析法因人而异。

### 3. SWOT分析模型的局限性

和很多其他的战略模型一样，SWOT 模型也带有时代的局限性。以前的企业可能比较关注成本、质量，现在的企业可能更强调创新和组织流程。例如，以前的电动打字机被印表机取代，该怎么转型？是应该做印表机还是其他与机电有关的产品？从 SWOT 分析来看，电动打字机厂商优势在机电，但是发展印表机又显得比较有机会。结果有的朝印表机发展，最终惨淡收场；有的朝剃须刀生产发展，很成功。这就要看企业需要的究竟是以机会为主的成长策略，还是要以能力为主的成长策略。SWOT 没有考虑到企业改变现状的主动性，企业是可以通过寻找新的资源来创造企业所需要的优势，从而达到过去无法达成的战略目标的。

| 优势和劣势\n\n机会和威胁 | 优势（S）\nS1 腹地经济优势\nS2 货源结构优势\nS3 集疏运条件优势\nS4 服务体系优势\nS5 物流功能优势\nS6 航道、岸线优势 | 劣势（W）\nW1 偏离国际航线主干道，国际中转受限劣势\nW2 软硬件设施劣势\nW3 公路、铁路、水运结构不合理的劣势\nW4 自然地理条件的劣势 |
|---|---|---|
| 机会（O）\n01 国际航运中心建设机遇\n02 保税港、深水港政策机遇\n03 物流金融等服务业发展机遇\n04 人才机遇\n06 港口法颁布机遇 | SO 战略\nSO1 战略：进一步拓展物流功能\nSO2 战略：积极参与国内、国际合作竞争 | WO 战略\nWO1 加快集装箱深水港的建设\nWO2 扩大港口通过能力\nWO3 实施人才兴趣战略\nWO4 采取优势互补的合作战略 |
| 挑战（T）\nT1 船型大型化挑战\nT2 来自国内集装箱港口的挑战\nT3 来自国外集装箱港口的挑战\nT4 吞吐量增速减缓的挑战\nT5 船公司经营联盟化趋势的挑战 | ST 战略\nST1 进一步扩大经济腹地\nST2 积极应对东亚地区其他集装箱港口的挑战 | WT 战略\nWT1 改善水深条件\nWT2 大力提高中转率\nWT3 加强港口间战略联盟 |

图 6-5　上海集装箱港的 SWOT 分析矩阵

在运用 SWOT 分析法的过程中，企业或许会碰到一些问题，这就需要它的适应性。因为有太多的场合可以运用 SWOT 分析法，所以，它必须具有适应性。基础 SWOT 分析法所产生的问题可以由更高级的 POWER SWOT 分析法得到解决。

# 6.3　市场营销战略决策

企业在确定了市场营销战略目标之后，下一步的行动就是要确定具体的战略选择。是生存还是要发展？无论选择什么样的市场营销战略目标都要靠整体市场营销的运行，扬长避短，发挥总体优势以求发展。下面重点介绍两类市场营销战略。

## 6.3.1　市场发展战略

市场发展战略总体分为集中增长战略、一体化增长战略和多角化增长战略三种。

### 1. 集中增长战略

集中增长战略是指企业集中在较小的地理范围，或者是仅仅集中于较窄的产品线的战略。由于资源有限，一个企业很难在其产品市场展开全面的竞争，因而需要瞄准一定的重点，以期产生巨大有效的市场力量。此外，一个企业所具备的不败的竞争优势，也只能在产品市场的一定范围内发挥作用。集中增长战略所依据的前提是，厂商能比正在更广泛地进行竞争的竞争对手更有效或效率更高地为其狭隘的战略目标服务，结果，厂商或由于更好地满足其特定目标的需要而取得产品差异，或在为该目标的服务中降低了成本，或两者兼而有之。尽管集中增长战略往往采取成本领先和差异化这两种变化形式，但两者之间仍存在区别。后二者的目的都在于达到其全行业范围内的目标，但整个集中增长战略却是围绕着一个特定目标服务而建立起来的。

集中增长战略主要包括市场渗透、市场开发和产品开发三种形式。

（1）市场渗透战略是指实现市场逐步扩张的拓展战略，该战略可以通过扩大生产规模、提高生产能力、拓宽销售渠道、降低产品成本、集中资源优势等单一策略或组合策略来开展，其战略核心体现在三个方面：一是利用现有产品鼓励消费者重购实现渗透；二是通过向现有市场提供给从来没购买过这种产品的消费者实现渗透；三是把竞争对手的客户吸引过来，使之购买本企业的产品的渗透。市场渗透战略是企业经营最基本的发展战略，借鉴市场渗透战略的核心思想，我国一批企业已经走出迷惘。

（2）市场开发战略是指由现有产品和新市场组合而产生的战略，即企业用现有的产品开辟新的市场领域的战略。它是发展现有产品的新顾客群，从而扩大产品销售量的战略。这一战略可以使企业得到新的、可靠的、经济的和高质量的销售渠道，对于企业的生存发展具有重要的意义，如把现有的冰箱产品的消费者从城市扩大到农村。

（3）产品开发战略是指考虑在现有市场上通过改良现有产品或开发新产品来扩大销售量的战略。例如，原来只生产化妆品，现在增加生产洗涤用品。产品开发战略是建立在市场观念和社会观念的基础上，企业向现有市场提供新产品，以满足顾客需要，增加销售的一种战略。

### 2. 一体化增长战略

一体化增长战略是指企业利用自己在产品、技术和市场上的优势，向企业外部扩展的战略。该战略分为三种形式：前向一体化、后向一体化和水平一体化。

（1）前向一体化是企业通过收购或兼并若干产业链下游的商业企业，或者拥有和控制其分销系统，组成统一的经济联合体，实行产销一体化，获得分销商或零售商的所有权或加强对它们的控制，也就是指企业根据市场的需要和生产技术的可能条件，利用自己的优势，把成品进行深加工的战略。采用这种战略，是为了获得原有成品深加工的高附加价值。这通常是制造商的战略。

（2）后向一体化就是企业通过收购或兼并若干产业链上游的原材料供应商，拥有和控制其供应系统，实行供产一体化。企业利用自己在产品上的优势，把原来属于外购的原材料或零件，改为自行生产。企业通过获得供应商的所有权或增强对其控制来求得发展。在供货成本太高或供货方不可靠或不能保证供应时，企业经常采用这种战略。

（3）水平一体化也称水平结合、横向结合、同业结合，通常是指在同一生产过程的同阶段上的企业扩展。它往往通过建立同原有企业相同性质的新企业或兼并同行老企业来扩大生产规模，占有市场份额，从而获取更大的利润。它通常争取同类企业的所有权或者控制权，或者实行各种形式的联合经营。这样可以扩大规模和实力，或取长补短，共同开发某些机会。

### 3. 多角化增长战略

多角化增长战略就是企业采取尽量增大产品大类和品种，跨行业生产经营多种多样的产品或业务，扩大企业的生产经营范围和市场范围，充分发挥企业特长，充分利用企业的各种资源，提高经营效益，保证企业的长期生存与发展的战略。

多角化增长战略主要分为三种方式：同心多角化、水平多角化和混合多角化。

（1）同心多角化是指企业增加与现有产品或服务相类似的新产品或服务。考虑实施同心多角化战略，新增加的产品或服务必须位于企业现有的专门技能和技术经验、产品系列、分销渠道或顾客基础之内。当一个企业所处的行业正处于上升阶段时，同心多角化对于强化它具有的知识和经验的领域地位是十分有用而可行的。这种方式有利于发挥企业的特长，风险性较小，如汽车制造厂生产汽车，同时也生产拖拉机、柴油机等。产品基本用途不同但是具备较强的技术关联性。

（2）水平多角化是指企业利用原有的市场，采用不同的技术来跨行业发展新产品、增加产品种类和生产新产品销售给原市场的顾客，以满足他们新的需求。例如，某食品机器公司，原生产食品机器卖给食品加工厂，后生产收割机卖给农民，以后再生产农用化学品，仍然卖给农民。原产品与新产品的基本用途不同，但它们之间有密切的销售关联性。

（3）混合多角化是指企业向与原产品、技术、市场无关的经营范围扩展。企业通过并购其他行业的企业将业务领域扩展，壮大企业的势利，进而提高企业抗风险的能力。混合多角化需要充足的资金和其他资源，一般为实力雄厚的大公司所采用。例如，美国国际电话电报公司的主要业务是电信，后扩展经营旅馆业。山东鲁能集团的业务领域涉及电力、房地产、文化体育等，属于典型的混合多角化战略。由广州白云山制药厂为核心发展起来的白云山集团公司，在生产原药品的同时，实行多种类型组合的多角化经营。该公司下设医药供销公司和化学原料分厂，实行前向、后向多角化经营；下设中药分厂，实行水平多角化经营；下设兽药厂，实行同心多角化经营；还设有汽车修配服务中心、建筑装修工程公司、文化体育发展公司、彩印厂、酒家等实行整体跨行业多角经营。

## 6.3.2　市场竞争战略

市场竞争战略广泛应用于企业与对手的竞争过程当中。企业要了解竞争对手，通常要做好以下两项工作：第一，要准确地分析竞争者（可用 SWOT 分析）；第二，要依据第一的分析制定出合理的竞争战略。迈克尔·波特把企业参与市场上竞争的策略分为三种：成本领先战略、聚焦化战略以及差异化战略。

### 1. 成本领先战略

成本领先战略是指通过有效途径，使企业的全部成本低于竞争对手的成本，以获得同行业平均水平以上的利润，使企业成为所在产业中实行低成本生产的厂家。企业经营范围广泛，为多个产业部门服务，甚至可能经营属于其他有关产业的生产。企业的经营面往往对其成本优势举足轻重。成本优势的来源因产业结构不同而异。它们可以包括：追求规模经济、专利技术、自动化组装、原材料的优惠待遇、低成本设计、有利于分摊研制费用的销售规模、低的管理费用、廉价的劳动力和其他因素。追求低成本的生产厂商地位不仅仅需要向下移动学习曲线，而是必须寻找和探索成本优势的一切来源。典型的低成本生产厂商生产标准化或实惠的产品，并且要在强调从一切来源中获得规模经济的成本优势或绝对成本优势上大做文章。

实行成本领先战略的企业的优势是显而易见的，由于企业的成本优于同行业中的其他企业，所以，产品在以行业平均价格进行销售时，企业取得的利润就高于同行业的平均水平，这一优势在行业内进行削价竞争时尤其明显。由于销售价格的降低，其他企业的盈利降低甚至接近于零或负，这时低成本的企业还存在盈利的空间，其低成本的地位即转为高收益。另外，如果企业的产品销售保持的是行业的平均盈利率，那么，企业的产品在市场的表现则是更低的销售价格，这无形中能够增加产品的竞争力，所以，成本领先战略是企业最普遍、最通用的竞争战略之一。

赢得总成本最低的有利地位通常要求具备较高的相对市场份额，或其他诸如与原材料供应方面的良好联系等优势。总成本领先地位非常吸引人。一旦公司赢得了这样的地位，所获得的较高的边际利润又可以重新对新设备、现代设施进行投资以维护成本上的领先地位，而这种再投资往往是保持低成本状态的先决条件。

### 2. 聚焦化战略

聚焦化战略是指企业通过约束自己的经营领域，集中资源和能力于某一部分特殊的顾客群、某个较小的地理范围，或者是仅仅集中于较窄的产品线的战略。企业在市场营销活动中采取聚焦化战略时往往把大量资源集中投放于一点，并在这个点上大量投放广告、大搞促销活动、加大渠道推力等，这样企业资源的浪费性消耗无法避免。此时聚焦化战略就需要弹性与灵活的战术来配合，原因是当资源高度聚集时，极容易产生很严重的边际消耗，而灵活的战术可以从容应对市场及竞争对手的变数，进而曲线达成目的。

聚焦化战略的一个关键所在就是找准聚焦点，即找到竞争对手的弱点与战局中的关键点，这样才能把聚焦的力量发挥到极致。例如，一个企业在运作全国市场前必须集中资源先抢占几个战略性区域市场，即整个战局的关键点，而后其他市场便一帆风顺。如果在一个市场找不到关键点或自己的优势时，那么就要转换市场或把这个市场范围缩小，直到自己可以在这个战局中占据优势。当年日本汽车攻打欧美市场时极为不顺。欧美汽车卖点是豪华宽敞，日本汽车宣传的卖点是设计新潮、做工精致、操作便捷、价格便宜，欧洲市场反应一般。后来日本汽车将进攻战略聚焦到两者之间最大的差异点——价格上，围绕价格展开了一系列营销攻势，市场就很快被打开了。从此案例可以看出：虽然日本汽车最初的营销策略中也提到了价格这个卖点，但是没有把资源聚焦于一点，威力自然大打折扣。

聚焦化战略分为两个方面：一是主观的自身资源聚焦应用，二是客观地将聚集的资源聚焦于战局的关键点。将自身聚集的资源应用于战局上一个或几个聚焦点上是聚焦战略的基本原则。

实行聚焦化战略具有以下两方面的优势：①经营目标集中，可以集中企业所有资源于某一特定战略目标之上。②熟悉产品的市场、用户及同行业竞争情况，可以全面把握市场，获取竞争优势；由于生产高度专业化，在制造、科研方面可以实现规模效益。这种战略尤其适用于中小企业，即小企业可以以小补大、以专补缺、以精取胜。

### 3. 差异化战略

差异化战略是指企业在生产经营过程中，将充分发挥和运用其产品或服务独特的某一部分直至全部不同于其他企业的产品或服务的优势，作为指导企业持续稳定发展的方向。

由于中小企业一般投入产出规模较小，资本和技术构成较低，从而导致竞争能力、抗风险能力低下。特别是很大一部分企业集中在技术含量低、生产工艺简单的行业，无力实施低成本战略，因而采用差异化战略是明智之举。最理想的情况是公司使自己在几个方面都差异化。例如，卡特皮勒推土机公司（Caterpillar Tractor）不仅以其经销网络和优良的零配件供应服务著称，而且以其极为优质耐用的产品享有盛誉。所有这些对于大型设备都至关重要，因为大型设备使用时发生故障的代价是昂贵的。应当强调的是，差异化战略并不意味着公司可以忽略成本，但此时成本不是公司的首要战略目标。

差异化战略的类型主要包括以下几种。

（1）产品差异化战略：主要因素有特征、工作性能、一致性、耐用性、可靠性、易修理性、式样和设计。

（2）服务差异化战略：主要包括送货、安装、顾客培训、咨询服务等因素。

（3）人事差异化战略：训练有素的员工应能体现出六个特征，胜任、礼貌、可信、可靠、反应敏捷、善于交流。

（4）形象差异化战略：在同行业内具有独一无二的形象。

# 6.4　市场营销战略的流程

企业的市场营销战略决策过程是指这样一种过程：在企业的目标、资源（能力）间不断变化的市场营销机会之间，发展和保持一种"战略性适应"的过程。

其程序如图 6-6 所示。

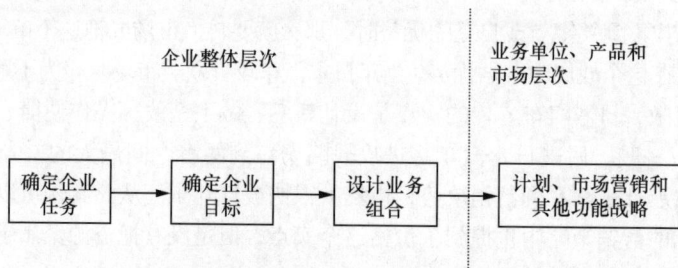

图 6-6　战略决策的内容和步骤

## 6.4.1　企业在整体上确定总任务

它要回答的主要问题：企业的业务是什么；顾客是哪些人；顾客最需要的是什么；本企业未来经营的业务是什么；应当向哪个方向发展。它要明确的是企业应以市场需求为中心来规定自己的任务，避免用产品或技术来规定任务。企业任务还应具有激励作用，就像一只"看不见的手"，能调动全体职员的积极性、创造性，共同为完成它而努力。

## 6.4.2　企业要确定其目标

企业的任务决定后，要将这些任务具体化为企业各管理层次的具体目标，形成一套完整的目标体系，使每个管理人员有明确的目标，并负起实现这些目标的责任，这种制度称为"目标管理"。要实现目标，企业必须有适当的营销措施，即制定相应的营销策略。措施应当详细而具体，目标应尽可能数量化，如"提高市场占有率"这一目标就可具体化为"在一年内将市场占有率提高到25%"。有了具体的数量指标，便于企业编制、实施和控制具体计划。

## 6.4.3　企业要安排好其业务组合

在确定企业任务和目标的基础上，企业的最高管理层应着手对业务组合进行分析和规划，即确定哪些业务和产品最能使企业发挥竞争优势，从而最有效地利用市场机会。完成这一工作又需要从两方面入手：一是分析现有的业务组合，确定哪些业务（产品）应当发展，哪些业务（产品）应当维持，哪些业务（产品）应当减少，哪些业务（产品）应当淘汰。这是由于不同企业的业务增长机会不同，投资效益差别很大。企业应把有限的资金投放到经济效益最高的业务（产品）上去。二是企业除了对现有业务进行评价规划外，还要对未来的业务发展方向做出战略规划，即制定企业增长战略。

## 6.4.4　制订其他功能性战略计划

企业的战略管理规定了企业的发展方向，并为每一个战略业务单位或产品确定了未来的目标。各战略单位和产品为了实现其既定的目标，还要制订更为详细的营销计划和其他职能计划。这些计划是企业总体战略计划在业务单位和市场层次上的具体化。职能计划包括营销计划、财务计划、生产计划、人事计划等。在制定这些职能计划时，首要的是处理好各职能部门之间的关系，特别是营销部门同其他业务职能部门之间的关系，正确处理它们之间的矛盾。关于市场营销部门在企业中的地位和作用，西方营销管理学中有多种不同的观点，在实践中也存在不同的倾向，可供我国企业借鉴参考。

制定企业战略具体步骤分为以下三步。

### 1．确定企业使命

公司使命表达的是有关公司存在价值和意义之类的一些基本的、根本性的问题。

企业使命，就是企业在社会进步和社会、经济发展中所应当担当的角色和责任。企业使命的确定过程，常常会从总体上引起企业方向、发展道路的改变，使企业发生战略性的变化。确定企业使命也是制定企业战略目标的前提，是战略方案制定和选择的依据，是企业分配资源的基础。一个企业可能是由很多部分组织在一起的，之所以它们会联系在一起，是因为它们有共同的使命。因此，我们在制定战略规划的时候，首先就要描述一下我们的使命，我们的使命和任务是什么，为什么会把这么多的人组合在一起；然后让大家为了一个统一的目标而努力。要回答好这个问题就要把企业的使命描述清楚，要写出一个正式的文件。这个文件要能回答几个问题：你的事业是个什么样的事业，正是这个事业把企业的各个部分联系在一起；谁是你的顾客，你能够为他们提供什么样的价值；你的事业是向哪个方向发展的，你的事业将来会变成怎样的事业等。

企业的使命一般具有三个特点：一是长期性，使命必须指出这个企业未来的经营方针和远景，不可以朝令夕改，是相对稳定、长久、持续的；二是指导性，这个使命应该

107

强调企业引以为荣的重要政策；三是激励性，使命描述完成后，它要能使全体员工感受到这个工作的重要性，让员工在为企业工作的时候会对企业的使命有所认同，愿意参与到企业的使命中来，并肩负使命所赋予的责任。微软公司用了非常短的一句话来描述其使命："在微软，我们的使命是创造优秀的软件，不仅使人们的工作更有效益，而且使人们的生活更有乐趣。"这个描述虽然很短，但是基本上涵盖了我们上面提到的三方面的内容。微软中国公司的使命描述是："在中国，我们希望：通过与中国民族信息产业的合作，创造出杰出的、最适合于中国的软件产品，使中国像世界其他地方一样，从微软的技术和解决方案中获得最大的效益，从而为中国知识经济的发展和人民生活水平的提高作出自己的贡献。"从微软的例子可以看出，企业对自身使命的描述是非常严谨的，文字不能太长，长了让员工和社会记不清楚，重要的是能反映出企业使命必须具备的三个特点：长期性、激励性和指导性。企业的使命描述清楚以后，企业在做战略规划和制定目标的时候就有了一个基础。企业的使命如同数学大厦中的命题，数量虽然少，但整个数学大厦都是靠它们演绎而就。

**2．细化企业目标**

公司使命必须转化成各个管理层次和部门的具体目标。最常见的目标有盈利、销售增长、市场份额扩大、风险分散以及创新等。为了便于采用，组织目标应具备层次化、数量化、现实性和协调性等条件。

这里所指的目标和前面提到的"确定战略目标"中的"目标"有所不同，那个"目标"是说明我们要做变革、怎么样做变革以及我们想达到什么样的结果，描述都是定性的，并不是一个量化的目标。我们所制定的战略规划，落脚点应该是可评估、可衡量、可操作的规划，量化的目标是做到这一点的基础。比如，对于企业来讲，它的市场份额要达到多少、销售额要达到多少、利润又要达到多少、要达到这些目标的时间是怎么控制的、何时实现这些目标，这些都是对目标的量化。

**3．确定企业业务组合战略**

公司战略必须明确建立、扩大、维持、收缩和淘汰哪些业务。规划公司业务组合的一个有用步骤是识别和区分公司的战略业务单位，并对所有战略业务单位的盈利潜力进行评价。战略业务单位的评价方法，比较著名的有波士顿咨询公司的成长—份额矩阵以及通用电气公司的多因素业务经营组合矩阵。

## 6.5　市场营销战略实施

制定完企业的市场营销战略之后的关键一步是实施。对于企业的市场营销发展战略而言，实施就是稳扎稳打、按部就班地前进。下面重点讲解企业市场营销竞争战略的实施。

### 6.5.1　成市领先战略的实施

**1．实现规模经济**

根据西方经济学原理，在达到一定规模之前，产量越大，单位平均成本越低。因而，实现成本领先，通常应选择那些同质化程度高、技术成熟、标准化的产品规模化生产。我国一些行业内的企业远未达到盈亏临界点规模，其真正的成本优势也就无法形成。

### 2. 做好供应商营销

所谓供应商营销，也就是与上游供应商如原材料、能源、零配件协作厂家建立起长期稳定的亲密合作关系，以便获得廉价、稳定的上游资源，并能影响和控制供应商，对竞争者建立起资源性壁垒。现代企业已强调专业化分工，最终产品制造商按比较经济原则组织外部配套，如跨国公司都建立起全球采购体系。

### 3. 塑造企业成本文化

一般来说，追求成本领先的企业应着力塑造一种注重细节、精打细算、讲究节俭、严格管理、以成本为中心的企业文化。不仅要抓外部成本，也要抓内部成本；不仅要把握好战略性成本，也要控制好作业成本；不仅要注重短期成本，更要注重长期成本；不仅要讲企业成本，更不能忽视顾客成本。要使"降低成本"成为企业文化的核心，一切行动和措施都应体现这个核心；一切矛盾和冲突的解决都应服从于这个核心。

### 4. 生产技术创新

"创新"是一条永远不变的市场竞争法则，降低成本最有效的办法是生产技术创新。一场技术革新和革命会大幅度降低成本，生产组织效率的提高也会带来成本的降低。例如，福特汽车公司通过传送带实现了流水生产方式而大幅度降低了汽车生产成本，进而实现了让汽车进入千家万户的梦想。河南莲花味精集团围绕味精生产先后进行了十几次技术改造，每一次改造都伴随着生产效率的提高、能源及原材料的节约。用玉米代替大米为代表的替代工程的实施以及发酵与提取技术的提高同样取得了降低成本的效果。

### 5. 打好"价格战"

价格战究其本质就是成本领先战略的外在表现而已。发动价格战的一定是具有成本领先优势的企业，在它还未形成"垄断"、占领绝对优势之前，它决不会满足于把自己的"成本领先"优势束之高阁。的确，当和竞争对手同样的价格时，成本较低的企业可以获得较高的利润率，但是，那并不代表它可以获得绝对较高的利润量，因为它的市场份额不一定比对手大，还可能不如对手。

## 6.5.2 聚焦化战略的实施

实施聚焦化战略是防止来自三方面的威胁，并采取相应措施维护企业的竞争优势。

（1）以广泛市场为目标的竞争对手，很可能将该目标细分市场纳入其竞争范围，甚至已经在该目标细分市场中竞争，它可能成为该细分市场潜在进入者，构成对企业的威胁。这时，企业要在产品及市场营销各方面保持和加大其差异性，产品的差异性越大，集中战略的维持力越强；需求者差异性越大，集中战略的维持力也越强。

（2）该行业的其他企业也采用集中战略，或者以更小的细分市场为目标，构成了对企业的威胁。这时，选用集中战略的企业要建立防止模仿的障碍，当然，其障碍的高低取决于特定的市场细分结构。另外，目标细分市场的规模也会造成对集中战略的威胁，如果细分市场较小，竞争者可能不感兴趣，但如果是在一个新兴的、利润不断增长的较大的目标细分市场上采用集中战略，就有可能被其他企业在更为狭窄的目标细分市场上也采用集中战略，开发出更为专业化的产品，从而剥夺原选用集中战略的企业的竞争优势。

（3）由于社会政治、经济、法律、文化等环境的变化，技术的突破和创新等多方面原因引起替代品出现或消费者偏好发生变化，导致市场结构性变化，此时，集中战略的优势也将随之消失。

### 6.5.3　差异化战略的实施

#### 1．寻找可以进行补缺的空白市场

（1）中小企业要对空白市场的容量进行预测和调查。一定要使其不大不小，因为容量太大虽然可以有很高的效益预期，但是容易招惹大公司的围攻；而要是小了，自身的利益又无从谈起，也就失去了自己的存活之道。

（2）这一空白市场应该是有效的"潜力市场"，一定要有很大的潜力可挖才行。虽然身处小公司之列，但是一定要做到"像大公司一样地思索"，在这一空白市场上为自己制定百年之策，努力去实现自己的基业常青。这就要求市场是有潜力的，其标准是以后要可以支撑中小公司进军大企业之列。

（3）中小企业所选择的空白市场一定要是有效的，并且中小企业进入后，可以迅速占领这个市场，制定市场标准，提高市场准入的壁垒，抵御大公司的进攻。

#### 2．明确企业自身资源

中小企业一定不要把自己划入大企业之列，因为那样只可能带来流于形式的组织系统、低效的工作说明等。"游击"公司应该尽量把自己的有效实力投入到战场上去，尽量减少非战斗人员。这样才能极大地提高"游击战"的速度，适应市场变化。中小企业应利用规模小的特点，真正做到"船小好调头"，迅速果断地做出各种决策。

#### 3．适时决策

企业要在市场竞争中按照竞争态势做出决策，要拿得起放得下，一旦由于自身的努力把市场做大了，提高了整个市场的效益而招致大公司的全力进攻，一定要懂得选择放弃。中小企业应该明白，只要公司可以存活下来，总会有机会继续参与竞争。

### ⊙ 案 例 分 析

> **【案例 1】　美国 G 汽车公司**
>
> 美国 G 汽车公司是世界上最大的汽车公司，年工业产值达 1 000 多亿美元。从汽车产量上看，该公司占美国汽车产量的一半左右，而小轿车占到 60% 左右。但曾经有一段时间，美国 G 汽车公司不愿意耗费巨资去生产小型汽车，结果被日本公司趁机占领了美国市场，G 汽车公司损失巨大。

通过案例分析以下问题。

1. 美国 G 汽车公司在美国市场上处于什么位置？有何影响？
2. 美国 G 汽车公司遭受损失的原因是什么？
3. 美国 G 汽车公司应该吸取的教训是什么？

┃【案例 2】　M 公司┃

　　M 公司是国内一家知名的家用厨房电器制造商，主要生产电烤箱、洗碗机和消毒柜三大类厨房电器，全部供应国内市场。这三种产品的市场增长率分别为：电烤箱 4%，洗碗机 9%，消毒柜 20%；市场占有率分别为：电烤箱 8%，洗碗机 30%，消毒柜 30%；M 公司三种产品最大的竞争对手的市场占有率分别为：电烤箱的最大竞争对手是 H 公司，其市场占有率为 40%；洗碗机的最大竞争对手是 H 公司，其市场占有率为 15%；消毒柜的最大竞争对手是 K 公司，其市场占有率为 20%。假设市场增长率以 10% 为分界线，大于 10% 为高增长，小于 10% 为低增长。

试用波士顿矩阵法进行分析回答。

1. 画出"市场增长率—相对市场份额"矩阵图。
2. 由矩阵图分析电烤箱、洗碗机和消毒柜三个战略业务单位的所属类型。
3. 描绘出三个战略业务单位的具体发展战略设想。

┃【案例 3】　威姿汽车┃

　　2002 年 12 月 25 日，天津一汽 2003 年全新主推产品——威姿在天津一汽的生产车间正式下线。

　　随后，全国各大媒体都刊登了这个号称完美婚姻后出生的"完美小子"横空出世的消息。到 2003 年 1 月中旬，天津一汽宣布，上市仅半个月的威姿，已经在许多地区出现了定购一空的局面。威姿的热销，消除了人们先前对这个"完美小子"市场表现能否出色的怀疑。自威姿上市以来，关于它的各种声音不断，主要集中于以下几点。

　　一问：威姿来得晚吗？

　　有人说，威姿是丰田 1999 年的车型，此时登陆中国，已来得太晚。但是，威姿迟到了吗？有业内分析人士认为，威姿来的时间颇耐人寻味，原因有二：其一，国内两厢车市场真正启动是在 2002 年。威姿 2003 年 1 月上市，正好为中国的两厢车潮流推波助澜。其二，威姿的中国版，已经不是 1999 年的日本品牌 Vitz，而是经过重新设计后的 Vitz 二代，较第一代产品成熟了许多；同时，中国版还根据中国的实际道路情况和用户需求进行了诸多改进。威姿在两厢车渐火的时机入市，可以说是天津一汽的一种策略，颇有市场眼光。

　　二问：谁在抢购威姿？

　　三口之家的都市家庭，被认为是威姿最主要的目标消费者。而事实上，从上市后购买威姿的人群来看，都市家庭，包括三口之家和两口之家虽是主流，但同时它还是时尚单身男女的最爱。车市分析家认为：购买威姿的用户，绝大多数人都是第一次买车，因此非常看重车的性价比，且非常强调它的品味和实用性。威姿的综合表现正好能够满足消费者这样的心理需求。虽然威姿用的是一汽标志，但正如其广告语所说"丰田技术，'一汽'呵成"，纯正的日本血统是它吸引独具慧眼的消费者的重要内在品质。同时，当地经销商在对购买者进行综合分析之后，得出："实用与时尚的兼顾"成为消费者最终决定购买威姿的重要因素。从深圳、广州、浙江等经销店的销售情况看，消费者在订购威姿时，着重考虑以下几方面的因素：设计、性能、安全、价格、环保等，而消费者通常是在对比了几款同档次车型、权衡了以上几方面因素后才做出的购买决策。从这方面的统计看，在比较后，选择购买威姿的消费者占到了将近一半比例。可见，在逐渐成熟的汽车消费环境里，只在某个方面出众的产品，已经无法满足市场需要，综合优势才是最终赢得市场的关键。

三问：威姿能以小搏大吗？

两厢车在中国一向被认为空间小、形象不体面，因此，大众波罗后来的成功，曾让人大跌眼镜。而在这一点上，威姿可以说有异曲同工之妙。盖洛普咨询有限公司（Gallup）在中国轿车消费市场的调查中发现，"三厢"早已不再是中国消费者眼中理想轿车的必备条件。中国消费者对轿车外形喜好的多样性，已成为中国轿车市场细分的重要指标。盖洛普1999年的一项调查显示，中国潜在的轿车消费者倾向于"两厢"轿车的比例为37.2%，这个比例在中国南北地区之间没有明显差异。2000年，盖洛普在上海地区的一项调查也得出相同结论，轿车潜在消费者对"两厢"车的意向选择比例正在逐渐提高。放眼国际市场，两厢车发展走向更为鲜明。在当前世界能源危机加剧、燃油价格上升的情况下，两厢车因为造型小、重量轻、相对耗油少而更受青睐。在日益拥挤的城市道路上，体积小的两厢车灵活方便，道路占用率少，停车便利。而威姿堪称两厢车中的佼佼者。在新一代人机工程学设计原理下，长达2 370毫米的轴距使这款车的内部空间达到了中级轿车的水平。1 520毫米的身高，让威姿拥有了其他紧凑型车所没有的宽敞空间，坐进驾驶舱，感觉有点像MPV的设计，视野十分开阔。光这两点，就令这个"小高个子"可以与同级别车型或更高级别车型相媲美。

四问：威姿是真正超越期待的经典吗？

对紧凑型车，人们通常的期待是空间够用、设计合理、工艺符合国家质量标准、服务良好、售价优惠等。那么，威姿在以上方面表现如何呢？国际权威市场调查机构J. D. Power公布的一项调查结果显示，"威姿（Vitz）"日本原型车上市当年，就荣获了该年日本年度车和欧洲年度车奖项；之后在全球144款城市车中脱颖而出，获得了所有项目用户满意度的总冠军。短时间内，其在欧日各大城市，靓丽的身影处处可见，是市场最受欢迎的车型之一。可见，在进入中国市场之前，威姿已经名声在外、身价可观了。中国版威姿，在成熟车型Vitz二代基础上，针对中国的市场和道路状况又进行了多项适应性调整，设计理念更新、外观精巧时尚、车内布局人性化、空间安排巧妙、安全性能极高……同时，它还十分注重驾驶体验和燃油使用的经济性，被汽车业界公认为当之无愧的汽车工业杰作。其中控仪表盘采用世界最流行的真空荧光显示，能以数字光学投影的形式将车的各种状态参数显示在仪表盘上，实属同级车中少有；轻量化车身、高性能发动机和0.3的空气阻力系数，使"威姿（Vizi）"实现了低油耗和卓越驾驶性能的和谐统一。丰田安全技术专利——GOA车身、预紧限力式安全带和安全气囊共同作用，为驾驶客和乘客提供了可靠的保护；如此细致的关心，也为国内同级车所不多见。可见，从各方面来说，对精打细算的中国城市家庭和追求时尚与实用的单身贵族来说，威姿绝对是既买得起又用得起的好车。难怪一位消费者在试驾威姿后这样评价："我试过了几部同级别车，没想到威姿竟然在很多方面都让人出乎意料！看来，没有白等。"

纵观加入WTO之后的中国汽车市场，随着汽车进入中国家庭的加速、用户汽车消费习惯的成熟，"买适合自己的车"的实用主义观念正在深入人心。2003年，随着威姿、FIT、嘉年华等车型的接踵推出，两厢车市场将是群雄逐鹿的局面，谁将赢得消费者的欢心，也许只有时间才能给出答案。

根据以上资料回答下列问题。

1. 威姿汽车的目标市场以及消费者的主要特征是什么?
2. 威姿汽车的综合优势表现在哪些方面?
3. 影响消费者购买汽车的主要因素有哪些?

# 思考与练习

1. 市场营销战略的分析方法有哪些?
2. 竞争者分析包括哪些内容?
3. 竞争者的一般竞争战略有哪几种?
4. 市场领先者应该怎样维护自己的市场领导地位?
5. 试述市场补缺者可采用的补缺战略。
6. 市场追随者有哪些可供选择的追随战略?

# 第7章

# 产品策略

## 学习目标

- 了解产品的种类、包装策略。
- 理解产品组合的相关概念及其策略。
- 熟悉品牌策略、新产品开发的程序。
- 掌握产品整体概念与产品生命周期理论。

## 实践项目

任务一 调查并比较海尔与格兰仕的产品组合和品牌策略。

任务二 对某商场的商品包装进行调查，分析存在的问题并提出改进意见。

任务三 为某产品设计品牌名称和标志。

## 案例导入

### 奔驰汽车的"全面"产品观点

德国"奔驰"汽车在国内外的买主中一直享有良好的声誉，是世界许多国家元首和知名人士的重要交通工具及接待用的专车。即使在经济危机的年代，奔驰车仍能"吉星高照"，在激烈的国际竞争中求得生存和发展，成为世界汽车工业中的佼佼者。在大量日本车冲击西欧市场的情况下，奔驰车不仅顶住了日本车的压力，而且还增加了对日本的出口。尽管一辆奔驰车的价钱可以买两辆其他车，但奔驰车却始终能在日本市场保住一块地盘。

奔驰公司之所以能取得这样的成就，最重要的一点在于它充分认识到公司提供给顾客的产品，不只是一个交通工具——汽车本身，还应包括汽车的质量、造型、维修服务等，即要以自己的产品整体来满足顾客的全面要求。于是，公司千方百计地使产品质量首屈一指，并以此作为取胜的首要目标，为此建立了一支技术熟练的员工队伍及对产品和部件进行严格的质量检查制度，从产品的构想、设计、研制、试验、生产直至维修都突出质量标准。

奔驰汽车公司还能大胆而科学地创新。车型不断变换，新的工艺技术不断应用到生产上。现在，该公司的车辆从一般小轿车到大型载重汽车共 160 种，计 3 700 个型号，以创新求发展已成为公司上下的一句流行口号。

奔驰汽车还有一个完整而方便的服务网。这个服务网包括两个系统，一是推销服务网，分布在全国各大中城市。在推销处，人们可以看到各种车辆的图样，了解到汽车的性能特点。在订购时，顾客还可以提出自己的要求，如车辆颜色、空调设备、音响设备乃至保险式车门钥匙等。服务网中第二个系统是维修站。奔驰公司非常重视这方面的服务工作。公司在德国有 1 244 个维修站，工作人员 5.6 万人。在公路上平均不到 25 千米就可以找到一家奔驰车维修站。奔驰公司在国外 171 个国家和地区设有 3 800 个服务站。维修人员技术熟练、态度热情、车辆检修速度快！奔驰车一般每行驶 7 500 千米需换机油一次，每行驶 1.5 万千米需检修一次。这些服务项目都能在当天办妥。在换机油时，如发现某个零件有损耗，维修站还会主动打电话通知车主征求是否更换的意见。如果车子意外地在途中发生故障，开车人只要向就近的维修站打个电话，维修站就会派人来修理或把车拉回去修理。

奔驰的销售人员都经过良好的训练，接待顾客时，穿着整齐，落落大方；对顾客态度客气、服务愉快迅速；同时在销售活动中，尊重顾客的社会风俗习惯，努力营造一种满足顾客的氛围。

由上述案例分析得出，质量、创新、服务等虽然并不是什么秘密，但在生产经营的产品与质量、创新、服务等有机结合上，各企业却有所差异。奔驰公司正是杰出地贯彻整体的观念，使自己成为世界汽车工业中的一颗明星。

# 7.1　产品整体概念及分类

## 7.1.1　产品整体概念

企业的一切生产经营活动都是围绕着产品进行的，即通过及时、有效地提供消费者所需要的产品而实现企业的发展目标。在现代市场营销学中，产品概念具有极其宽广的外延和深刻的内涵。产品是指能够通过交换满足消费者或用户某一需求和欲望的任何有形物品和无形的服务。

关于产品整体概念长期以来停留在三个层次上，即核心产品、形成产品和附加产品，如图 7-1 所示。菲利普·科特勒等营销学者认为，五个层次的表述方式能够更深刻和更准确地表述产品整体概念的含义，如图 7-2 所示。

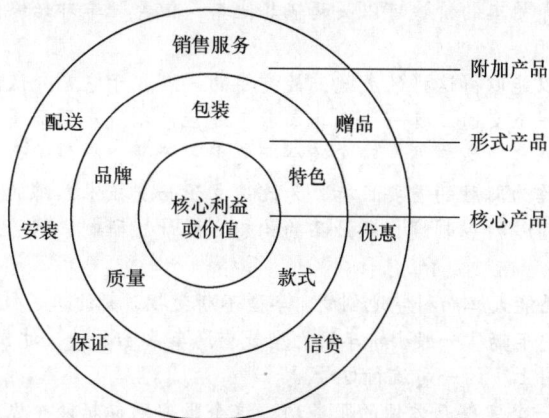

图 7-1  产品整体概念的三个层次

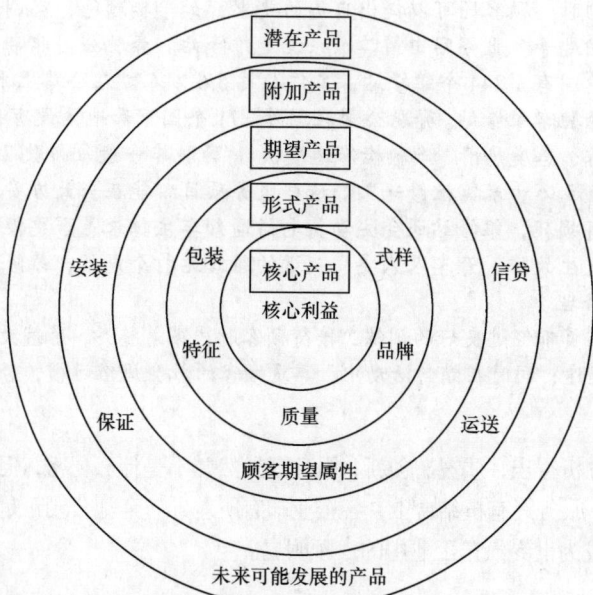

图 7-2  产品整体概念的五个层次

## 1. 核心产品

核心产品又称为实质产品，是指向顾客提供的产品的基本效用或利益。例如，顾客购买洗衣机不是为了获取装有某些电器零部件的物体，而是为了获取"代替人工洗净衣服"这一核心利益。核心利益能够满足购买者对提供物的基本要求，但不是全部。

## 2. 形式产品或基础产品

形式产品是指核心产品借以实现的形式，对于实体产品由五个特征构成，即品质（也称质量、材质）、式样、特征、品牌（也称商标）及包装；对于服务产品则由服务的程序、服务人员、地点、时间、品牌等构成，如出租汽车服务可有日夜服务、事先预约、电话随时要车等多种，"EMS"是一种邮政特快专递业务的名称。

### 3. 期望产品

期望产品是指购买者在购买该产品时期望得到的与产品密切相关的一整套属性和条件。例如，消费者不仅要求洗衣机能洗衣服，同时还要省电、省水、不伤衣物、使用方便。

### 4. 附加产品或延伸产品

附加产品是指顾客购买产品时所获得的全部附加利益与服务，包括安装、送货、保证、提供信贷、售后服务、技术人员培训等。例如，旅馆能增加它的产品，包括电视机、洗发香波、鲜花、结账快捷、美味晚餐和良好房间服务等。

### 5. 潜在产品

潜在产品是指最终可能实现的全部附加部分和新转换部分，或者说是指与现有产品相关的未来可发展的潜在性产品。潜在产品指出了产品可能的演变趋势和前景，如彩色电视机可发展为录放影机、电脑终端机等。

以上五个层次，就构成了营销学中的产品整体概念的基本内容。

## 7.1.2　产品的类型

在现代营销观念下，产品分类方法通常有以下几种。

### 1. 按产品的有形性和消费上的耐久性划分

（1）非耐用品，指消费周期很短、容易消耗的有形物品，如盐、食品和洗衣粉等。由于这类产品具有消费时间短、购买频繁的特点，所以，适合的营销战略应该是：尽量增加销售产品的地点、场所，分散经营，接近消费者；销售价格中不宜包含过多的盈利；并且应大量采用广告宣传，吸引顾客做尝试性购买，促使形成对该产品的偏好。

（2）耐用品，指能够长期使用的、价值较高的有形物品，如冰箱、电视机、家具等。这类产品一般倾向于较多的人员推销和服务，利润率可较高。

（3）服务，指供出售的活动、利益或享受，如理发、修理等。服务是无形的非耐用品，一般就地销售和就地消费，因此要特别强调质量管理，注重信誉。

### 2. 按消费者购买习惯不同划分

（1）便利品，指顾客经常或随时需要、通常不花费很多时间和精力去购买的物品。便利品可以进一步分成日用品、冲动品以及急救品。日用品是顾客有规律性地购买的商品，如牙膏、香烟、报纸等。冲动品是顾客没有经过计划搜寻而顺便购买的产品。这类商品通常被放置在结账台旁边，就是为了使那些原来可能没有购买欲望的顾客做出冲动性购买行为。急救品是消费者有紧迫需求时购买的产品，如下暴雨时购买雨伞等。这类急救品的地点效用很重要，一旦顾客需要能够迅速实现购买。

（2）选购品，指品种规格复杂、挑选性强，在质量、价格、花色、款式等方面需要反复挑选和比较才能决定购买的物品。选购品可分为同质品和异质品。同质品是顾客认为质量类似但品牌和价格不同的物品，如电视机、电冰箱、汽车等，顾客购买时主要是通过比较价格、品牌知名度和售后服务来选择；而异质品诸如服装、鞋帽、家具等，消费者更重视其产品特色，价格和品牌次之，如顾客在购买一套高档服装时，主要是选择自己称心的款式、面料、花色等，而不只是选择品牌。因此，经营者必须备有大量的品种花色，以满足不同的爱好，还必须有受过良好训练的推销人员，为顾客提供信息和咨询。

（3）特殊品，指特定品牌或具有特色的、为特定顾客群专门购买的物品，如摄影器材、名牌钟表、驰名风味食品等，消费者愿意花费较多时间和精力去购买的某种特定产品，这些产品一般是不能替代的。

（4）非渴求品，指消费者不知道的，或虽然知道但一般情况下不想购买的物品，如上市不久的新产品、人寿保险、百科全书等。对非渴求品需付出诸如广告和人员推销等大量营销努力。

# 7.2　产品组合策略

## 7.2.1　产品组合概念

企业为了进行正确的产品决策，除了要用"产品整体"概念研究产品外，还要对企业生产营销的全部产品的组合情况进行分析和选择。

### 1. 产品项目和产品线

（1）产品项目是指某品牌或产品大类中各种不同品种、规格、质量的特定产品，企业产品目录中列出的每一个具体的品种就是一个产品项目，如佳洁士就是牙膏产品线中的一个项目。

（2）产品线是指许多产品项目的集合，这些产品项目之所以组成一条产品线，是因为这些产品项目具有功能相似、用户相同、分销渠道同一、消费上相连带等特点。宝洁5条产品线，如表7-1所示。

表7-1　　　　　　　　　　　宝洁公司的产品组合

| 产品组合的宽度 | | | | |
|---|---|---|---|---|
| 清洁剂 | 牙膏 | 条状肥皂 | 纸尿布 | 纸巾 |
| 象牙雪 1930 | 格利 1952 | 象牙 1879 | 帮宝适 1961 | 媚人 1928 |
| 德来夫特 1933 | 佳洁士 1955 | 柯克斯 1885 | 露肤 1976 | 粉扑 1960 |
| 汰渍 1946 | | 洗污 1893 | | 旗职 1982 |
| 快乐 1950 | | 佳美 1926 | | 绝顶 100's1992 |
| 奥克雪多 1914 | | 香味 | | |
| 德希 1954 | | 保洁净 1963 | | |
| 波尔德 1965 | | 海岸 1974 | | |
| 圭尼 1966 | | 玉兰油 1993 | | |
| 伊拉 1972 | | | | |

（注：左侧纵向标注"产品线长度"）

### 2. 产品组合的概念

产品组合是指某一企业生产或销售的全部商品大类、产品项目的组合，它包括四个变化因素，即产品组合的宽度、长度、深度和关联度。

（1）产品组合的宽度是指一个企业有多少产品线或产品大类。产品线越多意味着企业的产品组合的宽度越宽。宝洁公司产品组合的宽度：5条产品线，如表7-1所示。

（2）产品组合的长度是指一个企业的产品组合中所有包含的产品项目的总数，据此可以算出产品线的平均长度。宝洁公司产品组合总长度为 25 个品种，平均每条产品线 5 个品种，如表 7-1 所示。

（3）产品组合的深度是指产品大类中有多少种不同花色、品种、规格的产品项目。例如，佳洁士品牌有 3 个规格，每个规格有两种口味（普通味和薄荷味），则佳洁士品牌的深度是 6。产品组合的深度往往反映了一个企业产品开发能力的强弱。

（4）产品组合的关联度是指一个企业的各个产品大类在最终使用、生产条件、分销渠道等方面的密切相关程度。宝洁公司的所有产品都是清洁用消费品，而且都是通过相同的渠道分销，就产品的最终使用和分销渠道而言，宝洁公司的这些产品组合的关联度较高。

企业产品组合选择和评价的依据是：有利于促进销售和增加企业的总利润。上述产品组合的要素对促进销售、增加盈利有直接效果。一般来说，增加产品组合的宽度，即增加产品线、扩大业务范围、实行一体化或多角化经营，可以充分利用企业的各项资源，发挥企业优势，开拓新的市场，提高经济效益；增加产品组合的宽度，即增加产品品种，使各产品线具有更多规格、花色丰富的产品，可以适应更加广泛的消费者需要，吸引顾客，扩大总的销售量；提高产品组合的关联性，可以增强企业的市场地位，充分发挥企业的技术、生产和销售能力。

## 7.2.2　产品组合策略

产品线是决定产品组合广度、长度和关联性的基本因素，动态的最优产品组合正是通过及时调整产品线来实现的，因此，对产品线的调整是产品组合策略的基础和主要组成内容。

### 1. 扩大产品组合

扩大产品组合包括开拓产品组合的宽度和加强产品组合的深度，前者指在原产品组合中增加产品线，扩大经营范围，如某企业在家电类产品的基础上开始生产通信类产品手机；后者指在原有产品线内增加新的产品项目。当企业预测现有产品线的销售额和盈利率在未来可能下降时，就应当考虑在现有产品组合中增加新的产品线，或加强其中有发展潜力的产品线，如某家电企业推出智能型的新款洗衣机。

一般而言，扩大产品组合，可使企业充分利用人、财、物资源，分散风险，增强竞争能力。

---

**营销案例 7-1　SMH 公司的产品组合**

SMH 公司销售好几种品牌的手表，其价格幅度包括三个级别：甲级——斯沃琪牌、Flik Flak 牌、Endura 牌和 LancO 牌，价格约在 100 瑞士法郎之内；乙级——天梭牌、Certina 牌、MidO 牌、Pierre Balmain 牌、Hamilton 牌和 Calvin Klein 牌，价格约在 1000 瑞士法郎之内；丙级——欧米茄牌、浪琴牌、雷达牌和 Blancpain 牌，价格高达 100 万瑞士法郎甚至更高。每一种品牌级别满足的是某一特定的细分市场的需求，但是，除此之外，它们在产品组合中也扮演各自不同的角色。SMH 公司的大部分利润来自丙级品牌的手表。甲级品牌虽然也盈利，其主要功能却是作为防火墙，为的是防止其他公司进入低价手表市场，防止它们通过升级换代最终跟 SMH 公司的高利润品牌竞争。

### 2. 缩减产品组合

缩减产品组合是企业在市场需求缩减、原材料紧张、劳动力成本增加等情况下，从产品组合中剔除那些获利小甚至不获利的产品大类或产品项目，集中力量发展获利多的产品大类和产品项目。

┃ 营销案例 7-2　婴儿尿垫 ┃

日本尼西奇公司是生产雨衣、游泳装、尿垫等橡胶制品的小型企业，后来公司经营者策划了专门生产婴儿尿垫产品，在激烈的市场竞争中获胜，成为"尿布大王"。

缩减产品组合可使企业集中精力对少数产品改进品质，降低成本，删除得不偿失的产品，提高经济效益。

### 3. 产品延伸

每一企业的产品都有特定的市场定位，如美国的"林肯"牌汽车定位在高档市场，"雪佛莱"牌定位在中档汽车市场，而"斑马"则定位于低档车市场。产品线延伸策略指全部或部分地改变原有产品的市场定位，具体有向下延伸、向上延伸和双向延伸三种实现方式。

（1）向下延伸是指企业原来生产高档产品，后来决定增加低档产品。企业决定向下延伸的主要原因是：第一，高档产品因市场容量有限，销售增长缓慢；第二，填补产品线的空白，以排斥新的竞争者加入。

企业实行向下延伸策略可能会使企业面临一定风险，如推出低档产品可能会使原有高档产品的形象受到损害；可能会激怒生产低档产品的企业；原有经销商可能不愿意经销低档产品等。

┃ 营销案例 7-3 ┃

五粮液集团的"五粮液"品牌在高档白酒市场站稳脚跟后，便采取"纵横延伸"策略，生产"五粮春"、"五粮醇"、"尖庄"等品牌，分别进入中高档白酒市场、中档白酒市场和低档白酒市场。五粮液集团借延伸策略，有效实施了低成本扩张，使其市场份额不断扩大。

（2）向上延伸是指企业原来生产低档产品，后来决定增加高档产品。企业决定向上延伸的主要原因是：第一，高档产品市场需求大、销售增长快、利润率较高；第二，为了能有机会把自己定位成完整产品线的制造商；第三，抬高产品的市场形象。

企业采用向上延伸策略同样会使企业面临风险：市场可能对企业生产高档产品的能力缺乏信任；可能引起生产高档产品的竞争者进入低档产品市场进行反攻；原来的生产、销售等环节没有这方面足够的技能和经验。

（3）双向延伸是指原来定位为中档产品市场的企业在控制了中档产品的市场后，决定向产品大类的上下两个方向延伸，扩大产品的市场阵地。

┃ 营销案例 7-4　精工钟表的双向延伸战略 ┃

20世纪70年代后期，日本精工钟表公司推出了"脉冲星"牌系列低价表，从而向下渗透这一低档产品市场；同时，它又向上渗透高价和豪华手表市场，推出了售价高达5 000美元的超薄型手表。

产品延伸有利有弊，因而把握好延伸的度至关重要，企业经营应当及时关注产品利润率的情况，集中生产利润较高的产品，削减那些利润低或者亏损的品种；当需求紧缩时，缩短产品线，当需求旺盛时，延伸产品大类。

# 7.3 产品生命周期

## 7.3.1 产品生命周期的理论

### 1. 产品生命周期的含义

产品生命周期不是指产品的使用寿命，而是指产品的市场寿命、经济寿命，是指产品从进入市场到退出市场所经历的时间历程。一般的产品生命周期主要经历四个阶段，即投入期、成长期、成熟期和衰退期，如图 7-3 所示。

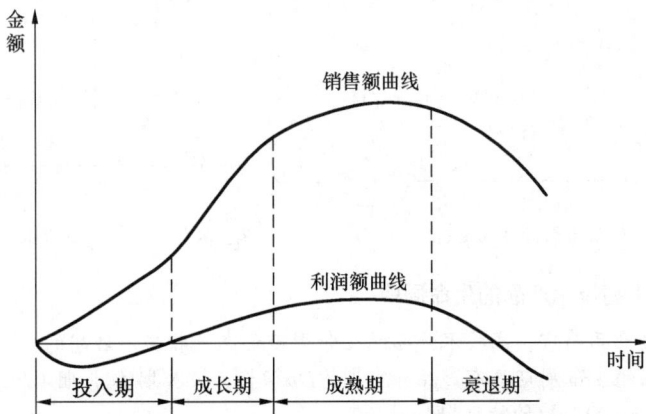

图 7-3　产品生命周期

### 2. 产品生命周期的其他形态

产品生命周期是一种理论抽象，在现实经济生活中，并不是所有产品的生命历程都完全符合这种理论形态。除上述正态分布曲线，还有以下几种形态。

（1）再循环形态：指产品销售进入衰退期后，由于种种因素的作用而进入第二个成长阶段。这种再循环型生命周期是市场需求变化或厂商投入更多的促销费用的结果，如图 7-4 所示。

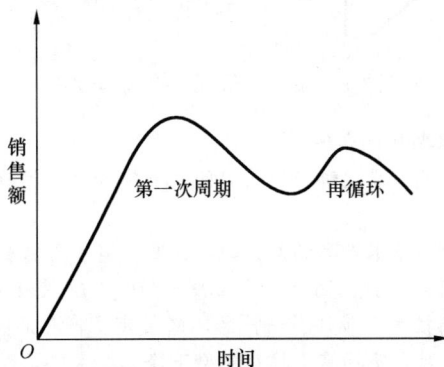

图 7-4　产品生命周期再循环

（2）多循环形态：也称"扇形"运动曲线，或波浪形循环形态，是在产品进入成熟期以后，厂商通过制定和实施正确的营销策略，使产品销售量不断达到新的高潮，如图 7-5 所示。

（3）非连续循环形态：大多数时髦商品呈非连续循环，这些产品一上市即热销，而后很快在市场上销声匿迹。厂商既无必要也不愿意作延长其成熟期的任何努力，而是等待下一周期的来临，如图 7-6 所示。

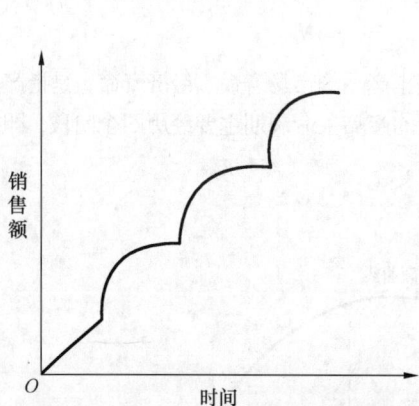

图 7-5　产品生命周期多循环　　　　图 7-6　产品生命周期非连续循环

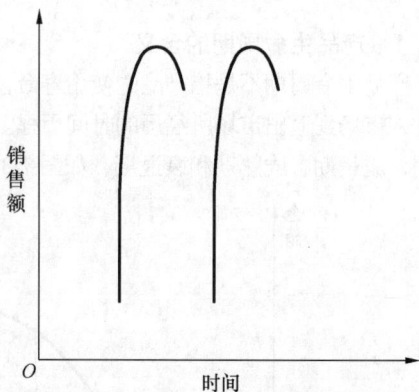

**【补充资料 7-1】高技术产品的生命周期**

相对于一般产品而言，高技术产品的生命周期形态是相当不理想的。

高技术产品的生命周期具有产品开发期（$Dp$）长、投入期/成长期（$I/G$）长、成熟期（$M$）短、衰退期（$D$）短的特征，如图 7-7 所示。

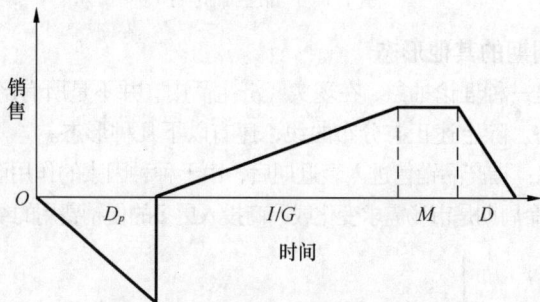

图 7-7　高技术产品的生命周期形态

高技术产品的生命周期具体表现如下。

（1）由于产品复杂性高，需要进行较长时间的研究开发，因此，产品开发阶段时间较长，研制费用较高。

（2）由于消费者关于高技术产品的知识缺乏，潜在消费者需要较长时间才能认识和接受该产品的效用和所带来的利益，因此，产品投入和成长阶段较长。

（3）由于高技术产品技术进步快，新产品不断上市，产品成熟阶段短。

（4）产品进入衰退期后，市场需求往往急剧下降，这主要是因为高技术产品的更新换代快，往往能创造出新的市场需求或改变市场需求，因此，一旦新产品被市场所接受，则旧产品在较短时间即会惨遭淘汰。

（资料来源：菲利普·科特勒，营销管理，第 9 版。梅汝和，梅清豪，张桁译，上海：上海人民出版社，1999）

### 3. 产品生命周期各阶段的判断

在产品生命周期的变化过程中，正确分析、判断出各阶段的临界点，确定产品正处在生命周期的什么阶段，是企业进行正确决策的基础，对市场营销工作意义重大。

产品生命周期各阶段的判断，一般采取以下几种方法。

（1）销售趋势分析法，是用各个时期实际销售增长率的数据$\Delta y/\Delta x$ 的动态分布曲线来划分各阶段。其中，$\Delta y$ 表示纵坐标上的销售量的增加量，$\Delta x$ 表示横坐标上的时间的增加量。当$\Delta y/\Delta x$ 之值大于 10%时，该产品处在成长期；为 0.1%～10%时，该产品处在成熟期；小于 0 时，该产品属于衰退期。

（2）产品普及率分析法，即按人口平均普及率来分析产品市场生命周期所处的阶段。

$$人口平均普及率＝社会拥有量/人口总数$$

人口平均普及率 15%以下为投入期，15%～50%为成长期，50%～80%为成熟期，超过 80%为衰退期。

（3）同类产品类比法，一般用于新产品的寿命周期判断。对于一些新产品，由于没有销售资料，很难进行分析判断。此时，可以运用类似产品的历史资料进行比照分析。

（4）因素分析法，由于产品生命周期不同阶段的有关因素呈现不同特征，因而可以从各因素的特征来判断产品处在哪一个阶段，如表 7-2 所示。

表 7-2　　　　　　　　　　　　产品生命周期的因素分析

| 因　　素 | 成　长　期 | 成　熟　期 | 衰　退　期 |
| --- | --- | --- | --- |
| 企业销售情况 | 递增 | 畅销 | 递减 |
| 竞争对手销售情况 | 稳定畅销 | 上升 | 减少 |
| 企业经营管理综合工作质量 | 上升 | 稳定 | 下降 |
| 比较同类产品的技术经济指标 | 近似或稍好 | 近似 | 落后 |

## 7.3.2　产品生命周期各阶段的特征

### 1. 投入期

投入期是新产品上市的最初时期，这一阶段的特点是：第一，消费者对该产品尚未接受，销售增长缓慢；第二，生产和销售成本较高，企业处于微利或亏损状态；第三，同类产品生产者少，竞争不激烈；第四，市场风险大。

在这种情况下，企业的着眼点应是建立新产品的知名度，广泛宣传，以促使产品尽快进入成长期，投入期的营销策略一般有四种可供选择，如表 7-3 所示。

表 7-3　　　　　　　　　　　投入期的四种价格—促销策略

| 价格　　　促销费用 | 高 | 低 |
|---|---|---|
| 高 | 快速撇脂策略 | 慢速撇脂策略 |
| 低 | 快速渗透策略 | 缓慢渗透策略 |

### 2. 成长期

新产品经过投入期以后，消费者对该产品已经熟悉，产品在市场上站住了脚跟并打开了销路。这一阶段的特点是：第一，消费者对新产品已熟悉，分销渠道已经畅通，销售量增长很快；第二，大批竞争者加入，仿造品和代用品大量增加，市场竞争加剧；第三，规模效应开始显现，产品的单位成本下降，促销费用也在降低，企业利润迅速增加。

在这种情况下，企业应尽可能维持销售的增长速度，把保持产品品质优良作为营销的主要目标，具体的营销策略有以下四种。

（1）改善产品品质：从产品质量、性能、式样、包装等方面努力加以改进，以对抗竞争产品；还可以从拓展产品的新用途着手以巩固自己的竞争地位。

（2）寻找新的细分市场：通过市场细分，找到新的尚未满足的细分市场，根据其需要组织生产，迅速进入这一新的市场。

（3）改变广告宣传的重点：把广告宣传的重心从介绍产品转到建立产品形象上来，树立产品品牌形象，维系老顾客，吸引新顾客，使产品形象深入顾客心中。

（4）调整产品的售价：选择适当的时机，采取降价决策，以激发那些对价格比较敏感的消费者产生购买动机和采取购买行动。

### 3. 成熟期

成熟期是产品进入大批量生产并稳定地进入市场销售，产品需求趋向饱和的阶段。这一阶段的特点是：第一，市场趋于饱和，产品销售量增速缓慢，并逐步趋于下降；第二，生产成本低，产量大；第三，销售费用增加，企业利润下降；第四，生产同类产品企业竞争加剧。

在这一阶段，企业的主要营销目标是争取稳定市场份额，延长产品市场寿命。具体的营销策略有以下三种。

（1）市场改良：通过发现产品的新用途和寻求新的用户，以扩大销售。市场改良的主要方式如下。

① 进入新的细分市场。企业可以努力进入新的细分市场——地理的、人口统计的，或者运用新用途开拓现有市场。

② 刺激现有消费者更多地购买。企业可以努力使消费者更频繁地使用该产品，同时使消费者在每次使用时增加该产品的用量。

③ 重新定位吸引新顾客。

（2）产品改良：是指改进产品的品质或服务再投入市场，以扩大产品的销售量。产品改良具体可包括：改进产品质量；增加产品功能；增加产品特点；扩大产品的安全性、方便性；改进产品的式样、包装、外观等。

（3）营销组合改良：是指通过改进营销组合的一个或几个因素来刺激销售，延长产品的市场成熟期。通常使用的方法有：降低价格、加强促销、改进营销渠道等。

**4. 衰退期**

衰退期是产品走向淘汰的阶段。这一阶段的特点是：第一，产品销量和利润呈锐减状态；第二，产品价格显著下降。

面对衰退期的产品，企业需要进行认真分析，决定采取什么决策以及在什么时候退出市场，通常有以下几种策略可供选择。

（1）继续策略：是继续沿用过去的策略，仍按照原来的细分市场，使用相同的销售渠道、定价及促销方式，直到这种产品完全退出市场为止。

（2）集中策略：是把企业能力和资源集中在最有利的细分市场和销售渠道上，从中获取利润。这样有利于缩短产品退出市场的时间，同时又能为企业创造更多的利润。

（3）收缩策略：是大幅度降低促销水平，尽量减少销售和推销费用，以增加目前的利润。这样可能导致产品在市场上的衰退加速，但又能从忠实于这种产品的顾客中得到利润。

（4）放弃策略：对于衰退比较迅速的产品，应该当机立断，放弃经营。可以采取完全放弃的形式，如把产品完全转移出去或立即停止生产，也可采取逐步放弃的方式，使其所占用的资源逐步转向其他的产品。

产品生命周期各阶段的特征与营销策略归纳，如表 7-4 所示。

表 7-4　　　　产品生命周期各阶段的归纳

| 阶段 | | 投入期 | 成长期 | 成熟期 | 衰退期 |
|---|---|---|---|---|---|
| 特征 | 销售 | 销售量低 | 销售量剧增 | 销售量最大 | 销售衰退 |
| | 成本 | 单位顾客成本高 | 单位顾客成本一般 | 单位顾客成本低 | 单位顾客成本低 |
| | 利润 | 亏本 | 利润增长 | 利润高 | 利润下降 |
| | 顾客 | 创新者 | 早期使用者 | 中期大众 | 落后者 |
| | 竞争者 | 很少 | 增多 | 人数稳中有降 | 下降 |
| 营销目标 | | 创造产品知名度，提高试用率 | 市场份额最大化 | 保护市场份额，争取最大利润 | 压缩开支榨取品牌价值 |
| 策略 | 产品 | 提供基本产品 | 扩大服务保证 | 品牌和型号多样化 | 逐步撤出衰退产品 |
| | 价格 | 用成本加成法 | 渗透市场市价法 | 定价与竞争者抗衡或战胜他们 | 降价 |
| | 分销 | 建立选择性分销 | 密集分销 | 建立更密集分销 | 有选择地减少无利润渠道出口 |
| | 广告 | 在早期使用者和经销商中建立知名度 | 在大众市场建立知名度激发兴趣 | 强调品牌差异和利益 | 降低至维持绝对忠诚者的水平 |
| | 促销 | 加强促销，引诱试用 | 减少促销，利用大量消费者的要求 | 加强促销，鼓励转换品牌 | 降低到最低标准 |

营销案例 7-5　安静的小狗

20世纪30年代末，美国环球公司开发猪皮便鞋，以代替资源逐渐短缺的马皮劳动鞋，研制成功后于1957年推向市场。这是一个生命周期的开始，猪皮便鞋作为新产品开始进入市场导入期。公司当时的营销策略重点一是价格，二是促销。价格上以较低价位（5美元）向市场渗透。促销上考虑了产品外观（推出11种不同颜色）和品牌（取名"安静的小狗"），以适应市场需求，拓宽销路。

1958年，"安静的小狗"牌猪皮便鞋开始进军大城市和城郊，市场开始扩大。这是产品成长期。其主要特征是产品销量和利润迅速增长，开始出现同业竞争现象。环球公司策划了新的销售战略，基本内容是：开辟新的销售点，采取鼓励零售商的方针，保证供货，提供销售价格，以提高零售商的积极性。

20世纪60年代中期，猪皮便鞋进入了成熟期，产品销售量和利润仍在增长，市场仍在扩大，但步伐开始放慢，竞争日趋激烈。环球公司新的营销策略出台，即有针对性地开展宣传，增加与目标顾客接触的机会。不久，环球公司在美国制鞋业中的地位攀升到了第六位。

# 7.4　新产品开发策略

## 7.4.1　新产品的概念和类型

### 1. 新产品的概念

这里所说的新产品，是就企业而言的新产品，是指企业向市场提供的较之原有产品具有较大差别的产品，这些新产品应具备以下几个特点。

（1）新产品应具有新的原理、新的结构，或是改进了原有产品的原理与结构。例如，在普通伞基础上推出的自动、半自动伞就可列入新产品。

（2）新产品采用了新的元件和材料，并优于原产品，使新产品的性能超过了原有产品。例如，某些产品中用塑料代替木材、玻璃代替某些钢材、半导体收音机代替电子管收音机、电子表代替机械表等。这些都是新产品，具有先进性。

（3）新产品有新的实用功能。例如，日历手表比一般计时手表增加了功能；家用换气扇与电风扇原理相同，由于结构的改变增加了新的功能，也可视为新产品。

要正确理解新产品的含义，首先要从产品整体的概念上来理解，可以说，新产品并不一定是新发明的产品。固然，市场上出现的前所未有的崭新的产品是新产品，如100多年以前出现的汽车、50多年以前出现的黑白电视机等，但是，这种新产品并不是经常出现的。有些产品在形态或功能方面略有改变，人们也习惯于把它们看作新产品。例如，西方国家每年推出新型号的汽车，就是汽车市场经常出现的新产品。由此可见，新产品的"新"具有相对意义。

其次，还可以从市场与顾客的角度来确认新产品。比如，有些产品尽管在世界上早已出现，但从来没有在某个地区出售过，那么对这个地区市场来说，它就是新产品。这样一种关于新产品的理解，对于出口销售是具有重要意义的。

最后，从生产和销售企业的角度看，凡是本企业从来没有生产和销售过的产品，而标上本企业的招牌或商标的，也可以说是新产品。

### 2. 新产品的类型

（1）全新产品：是指采用新原理、新技术、新材料、新结构研制开发的市场上从未有过的产品。全新产品往往表示了科学技术发展史上的新突破。例如，汽车、电视机、飞机等第一次出现时都属于全新产品。这些全新产品，具有明显的新特征和新性能，甚至能改变用户或消费者的生产方式或消费方式。全新产品与老产品比较是一种完全的质变。这类产品开发通常需要大量的资金、先进的技术水平，并需要一定的需求潜力，故企业承担的市场风险较大。调查表明，全新产品在新产品中只占 10%左右。

（2）换代产品：也称部分新产品，指在原有产品的基础上，部分采用新技术、新材料制成的性能有显著提高的新产品，具有较大的可见价值。例如，电子计算机从问世以来到现在，已经经历了电子管、晶体管、集成电路、大规模或超大规模集成电路和具有人工智能的电脑的五代发展历程。每一代计算机与它的前一代比较，都属于换代新产品。再如，普通自行车发展到变速自行车等，也都是换代新产品。这类新产品在市场上比全新新产品多，中小企业由于技术力量和其他力量薄弱，对产品的更新换代投入也较少。多数换代新产品与老产品比较是一种部分的质变。

（3）改进产品：指对现有产品在质量、结构、品种、材料等方面做出改进的产品。它主要包括质量的提高、用途的增加、式样的更新、材料的易取或更便宜。例如，普通牙膏改为药物牙膏、普通卷烟改为过滤嘴卷烟等。这些新产品经常在市场上出现，满足各种消费者的不同需要。但应注意，一种产品只是在花色、外观、表面装饰、包装装潢等方面的改进和提高不属于新产品。改进新产品与老产品比较是一种量变。

（4）仿制产品：指对国际或国内市场上已经存在但企业没有生产过的产品进行引进或模仿、研制生产出的产品。这类产品就整个市场来说，已不是新产品，但对企业来说，设备是新的，工艺是新的，生产的产品也与原来的产品不同，所以它仍然是企业的新产品。开发企业新产品，对于我国的许多企业很适用，企业可以有计划地引进和仿制国外的新产品，能大大缩短和国际先进水平之间的差距。应注意的是，在引进和仿制的时候，应符合专利法等法律法规的要求。

## 7.4.2　新产品的扩散过程

新产品从试销扩展到全部目标市场的过程称为新产品的市场扩散。这一阶段始于产品生命周期的投入期，持续到成长期开始之时。

### 1. 消费者接受新产品的过程

人们对新产品的采用过程，客观上存在着一定的规律性。一般来说，消费者接受新产品表现为以下五个重要阶段：认知—兴趣—评价—试用—正式采用。

（1）认知阶段，即意识到某种新产品的存在，但缺乏详细的了解。

（2）感兴趣阶段，即对这种新产品产生了兴趣，并开始寻找有关信息和资料。

（3）评价阶段，这一阶段消费者主要衡量使用这种新产品会带来什么利益和风险。

（4）试用阶段，指顾客开始小规模地试用新产品。通过试用，顾客评价自己对新产品的认知及购买决策的正确性如何。

（5）采用阶段，顾客通过试用收到了理想的效果，放弃原有的产品，完全接受新产品，并开始正式购买、重复购买。

### 2. 新产品的市场扩散过程

在新产品的市场扩散过程中，由于社会地位、消费心理、产品价值观、个人性格等多种因素的影响制约，不同顾客对新产品的接受快慢程度不同。1983 年，罗杰斯根据这种接受程度快慢的差异，把采用者划分成五种类型，即创新采用者、早期采用者、早期大众、晚期大众和落后采用者，如图 7-8 所示。

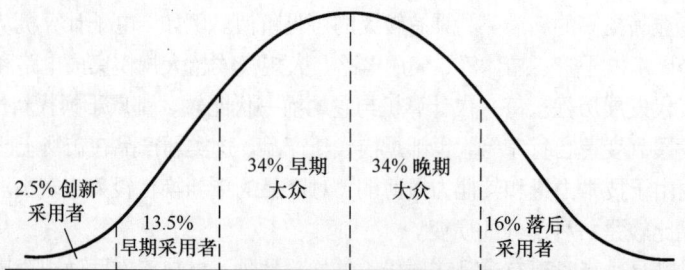

图 7-8　新产品的市场扩散过程

（1）创新采用者，也称为"消费先驱"，通常富有个性，勇于革新冒险，经济宽裕，受过高等教育，易受广告等促销手段的影响，是企业投放新产品时的极好目标。

（2）早期采用者，一般是年轻人，富于探索，对新事物比较敏感并有较强的适应性，经济状况良好，对早期采用新产品具有自豪感。促销媒体对他们有较大的影响力，但与创新采用者相比，早期使用者持较为谨慎的态度。

（3）早期大众，这部分消费者一般接受过一定的教育，有较好的工作环境和固定的收入，较少保守思想，不甘于落后潮流，但由于特定的经济地位所限，购买高档产品时持非常谨慎的态度。

（4）晚期大众，指较晚跟上消费潮流的人。他们的工作岗位、受教育水平及收入状况往往比早期大众略差，对新事物、新环境多持怀疑态度或观望态度，往往在产品成熟期才开始购买。

（5）落后的购买者。这些人思想非常保守，怀疑任何变化，对新事物、新变化多持反对态度，固守传统消费行为方式，在产品进入成熟期后期以至衰退期才能接受。

## 7.4.3　新产品开发的意义

新产品开发是指从研究选择适应市场需要的产品开始到产品设计、工艺制造设计，直到投入正常生产的一系列决策过程。从广义而言，新产品开发既包括新产品的研制，也包括原有的老产品改进与换代。新产品开发是企业研究与开发的重点内容，也是企业生存和发展的战略核心之一，对企业具有重要的战略意义。

### 1. 有利于企业的发展

通过开发新产品，企业一方面可以从新产品中获取更多的利润，另一方面能够提高市场份额。利润和市场份额是关系企业成长的重要指标，两个指标的提高使企业不断发展壮大。

### 2. 有助于增强企业的竞争优势

企业的市场竞争力往往体现在其产品满足消费者需求的程度和领先性上。消费需求的发展与变化要求不断有新的产品予以满足，所以为了更好地获取顾客忠诚，提高市场占有率，企业必须不断对自己的产品进行开发和更新，从而在与竞争对手的较量中获得领先地位。

### 3. 使企业更好地适应环境的变化

环境的变化对企业的经营活动产生很大的影响，如技术环境、政治法律环境、消费者消费习惯等都影响着企业的经营。这些变化可能使原有产品不适合市场需求，在这种情况下，企业要想生存和发展，必须研究开发新的产品。

### 4. 有助于充分利用企业的生产和经营能力

企业在经营过程中，往往会有许多剩余资源得不到充分的利用，若能从这些资源利用的角度去开发一些新产品，就能在很大程度上提高资源的使用效率，降低生产成本。

## 7.4.4　新产品开发程序

为了提高新产品开发成功率，企业必须建立科学的新产品开发管理程序。不同行业的生产条件与产品项目不同，管理程序也有所差异，一般企业新产品开发程序如图 7-9 所示。

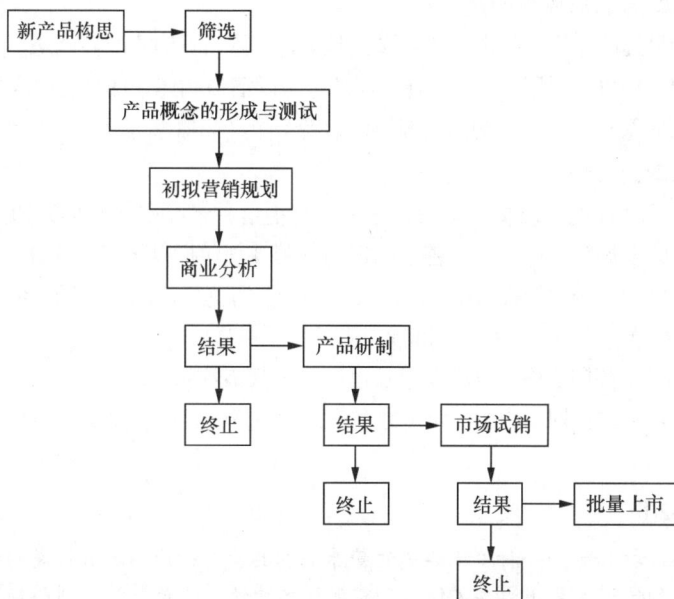

图 7-9　新产品开发程序

### 1. 新产品构思

构思是为满足一种新需求而提出的设想，大致勾画出新产品的轮廓及其市场前景。在这一阶段，营销部门的主要责任是：积极地在不同环境中寻找好的产品构思；积极鼓励公司内外人员发展产品构思；将所汇集的产品构思转送公司内部相关部门，征求修改意见，使其内容更加充实。

---

**营销案例 7-6  松下熨斗的产品创意**

在日本熨斗生产领域，松下电器公司的熨斗事业部很有权威性。然而，到了 20 世纪 80 年代，随着电器市场高度饱和，电熨斗也进入滞销行列。

事业部的科研人员心急如焚。一天，被人称为"熨斗博士"的事业部长岩见宪一召集了几千名年龄不同的家庭主妇，让她们不客气地对"松下"的熨斗挑毛病。一位主妇说："熨斗若没有电线就方便多了。"

"妙！无线熨斗。"岩见宪一兴奋地叫了起来。事业部马上成立了攻关小组。起初，他们想用蓄电的办法取消电线。但是，研制出来的蒸汽熨斗底厚 5 厘米，质量达 5 千克，用起来简直像铅球。

为了解决这一难题，攻关小组把主妇们熨烫衣物的过程拍成录像片，分析研究动作的规律。结果发现，主妇们并非总拿着熨斗熨衣物，而是多次把熨斗竖在一边，调整衣物后再熨。攻关小组修正了蓄电方法。他们设计了一种蓄电槽，每次熨衣后可将熨斗放入槽内蓄电，8 秒钟即可蓄足电，熨斗的质量就大大减轻了。蓄电槽装有自动断电系统，十分安全。

---

### 2. 筛选

筛选的主要目的是选出那些符合本企业发展目标和长远利益，并与企业资源相协调的产品构思，摒弃那些可行性小或获利前景不好的产品构思。

### 3. 产品概念的形成与测试

新产品构思经筛选后，需进一步发展，形成更具体、明确的产品概念。产品概念是指已经成型的产品构思，即用文字、图像、模型等予以清晰阐述，使之在顾客心目中形成一种潜在的产品形象。一个产品构思能够转化为若干个产品概念。

### 4. 初拟营销规划

企业选择了最佳的产品概念之后，必须制订把这种产品引入市场的初步市场营销计划，并在未来的发展阶段中不断完善。初拟的营销计划包括以下三个部分。

（1）描述目标市场的规模、结构、消费者的购买行为、产品的市场定位以及短期（如 3 个月）的销售量、市场占有率、利润率预期等。

（2）概述产品预期价格、分配渠道及第一年的营销预算。

（3）分别阐述较长期（如 3~5 年）的销售额和投资收益率，以及不同时期的市场营销组合等。

**【补充资料 7-2】**

一家食品厂打算生产一种口味鲜美的营养奶制品，这种产品既有较高的营养价值，又具有特殊鲜美的味道，食用简单方便，只需加水冲饮。这是一种奶制品构思，为了形成鲜明的产品形象，则需要转化为产品概念。为此，企业在产品概念中应回答以下问题。

（1）目标市场消费是儿童、成人、病人还是老人？

（2）使用者从产品中得到的主要益处是营养、方便、美味、提神还是健身？

（3）适合在早餐、午餐、晚餐还是夜宵饮用？

根据这些问题，企业就可以形成这样几个明确的产品概念：概念一，为中小学生提供的一种快速早餐饮料，提供充分的蛋白质、维生素等营养价值；概念二，一种可口的快餐饮料，供成年人中午饮用提神；概念三，一种康复饮品，适用于老年人夜间就寝时饮用。

### 5．商业分析

商业分析即从经济效益分析新产品概念是否符合企业目标，包括两个具体步骤：预测销售额和推算成本与利润。预测新产品销售额可参照市场上类似产品的销售发展历史，并考虑各种竞争因素，分析新产品的市场地位、市场占有率等。

### 6．新产品研制

将通过商业分析后的新产品概念交送研究开发部门或技术工艺部门试制成为产品模型或样品，同时进行包装的研制和品牌的设计。这是新产品开发的一个重要步骤。应当强调，新产品研制必须使模型或样品具有产品概念所规定的所有特征。

### 7．市场试销

新产品基本定型后，需投放到有代表性的一定市场范围内进行销售试验。市场试销的目的主要有两个：一是验证新产品开发技术经济设想的准确性；二是为制定新产品导入市场的营销组合策略收集信息。为提高市场试销的有效性，要求事先选好试销点，决定试销期限；在试销过程中，力求完整、准确地收集信息；事后更要重视分析研究以达到试销的目的。

### 8．商业性投放

新产品试销成功后，就可以正式批量生产，全面推向市场。这时，企业要支付大量费用，而新产品投放市场的初期往往利润微小，甚至亏损，因此，企业在此阶段应对产品投放市场的时机、区域、目前市场的选择和最初的营销组合等方面做出慎重决策。

## 7.4.5　新产品开发的策略

新产品的开发是企业产品策略的重要组成部分，主要策略如下。

### 1．领先策略

这种策略就是在激烈的产品竞争中采用新原理、新技术、新结构优先开发出全新产品，从而先入为主，领略市场上的无限风光。这类产品的开发多从属于发明创造范围，采用这种策略，投资数额大，科学研究工作量大，新产品实验时间长。

### 2．超越自我策略

这种策略的着眼点不在于眼前利益而在于长远利益。这种暂时放弃一部分眼前利益、最终以更新更优的产品去获取更大利润的经营策略，要求企业有长远的"利润观"理念，要注意培育潜在市场，培养超越自我的气魄和勇气，不仅如此，更需要有强大的技术做后盾。

### 3. 紧跟策略

采用这类策略的企业往往针对市场上已有的产品进行仿造或进行局部的改进和创新，但基本原理和结构是与已有产品相似的。这种企业跟随既定技术的先驱者，以求用较少的投资得到成熟的定型技术，然后利用其特有的市场或价格方面的优势，在竞争中对早期开发者的商业地位进行侵蚀。

### 4. 补缺策略

每一个企业都不可能完全满足市场的任何需求，所以在市场上总存在着未被满足的需求，这就为企业留下了一定的发展空间。这就要求企业详细地分析市场上现有产品及消费者的需求，从中发现尚未被占领的市场。

---

**营销案例 7-7　宝洁新产品上市流程的八项原则与方法**

在全球范围内，宝洁新产品上市的成功几率达到 64% 以上，在中国市场，成功几率高达 85%～90%。在实践中，宝洁八项基本原则贯穿在整个新产品上市流程中，被证实是导致上市成败的关键。

原则一：不把新产品当作当年销售的增长点

这是一个关键的战略问题，新产品正如一个新生的孩子，它的价值通常体现在上市 12 个月以后。

原则二：建立一套以客户价值为导向的治理流程

新产品之所以成功，从根本上来说，是因为客户发现它具有比竞争产品更大的价值或者是比较独特。

原则三：在开始市场营销前科学地猜测销售额

在宝洁的上市治理流程中，分别有四次对产品上市后 12 个月内销售的猜测，并且每一次都基于量化的市场调研数据。

原则四：建立一个独立的新产品上市小组，高层充分授权

产品上市都是由新产品上市经理直接依据数据决策，而高层治理者主要扮演一个支持者的角色，在需要资源与协调时给予帮助，并且上市组织具有充分的独立性。

原则五：导入项目管理制

将所有工作模块分解为 80～100 项工作任务，以一个新产品上市计划将所有的任务进行统一规划。

原则六：在全国推广前，进行小规模市场测试

原则七：使用量化的分析支持工具（市场调查与模型）

例如，概念→概念测试与 COT；广告→OAT 播放前测试；产品复合体→BlindTest，包装测试，香味测试；目标市场确定→需求研究；测试市场评估→EBES 早期品牌评估研究。

原则八：在上市准备期，发现不可克服的问题时应果断终止项目

以上的八项原则与方法是宝洁新产品上市过程中总结出来的经验，已经被公认为成功的关键，基本适用于各种不同的行业。

企业战略一般都需要依靠多次的成功新产品上市去实现，企业的存在与发展从某种意义来说取决于是否掌握一套高成功率的新产品上市方法。

（资料来源：慧聪网）

# 7.5　产品品牌策略

## 7.5.1　品牌的概念

　　品牌是指用以识别某个销售者或某群销售者的产品或服务，并使之与竞争对手的产品或服务区别开来的商业名称及标志，通常由文字、标记、符号、图案和颜色等要素或这些要素的组合构成。

　　品牌不同于产品。产品是具体的，消费者可以触摸、感觉、耳闻、目睹、鼻嗅；产品是物理属性的结合，具有某种特定的功能，如车可以代步，饮料可以解渴。品牌是抽象的，是消费者对产品一切感受的总和，它灌注了消费者的情绪、认知、态度及行为，如宝马是高贵的，三得利是可口的，万宝路是野性、阳刚的。

### 1. 品牌的内容

　　品牌是一个总名词，具有广泛的意义。它包括品牌名称、品牌标志、商标等内容。

　　（1）品牌名称：是指品牌中可以用语言称呼的部分。例如，"蒙牛"、"春兰"、"福特"等，这些都是一些知名的品牌名称。

　　（2）品牌标志：是指品牌中可以被识别或认知，但难以用语言称呼的部分。品牌标志常常为某种符号、象征、图案、设计、颜色或印字，如 IBM 的字体和深蓝色的标准色，小天鹅的天鹅造型等。

　　（3）商标：是指用文字、图形、符号或其他组合来标明一种商品或用来区别其他商品的独特标志或记号。商标经工商部门登记注册之后，受到法律的保护，称为"注册商标"，如麦当劳的黄色的 M，IBM 的蓝色字母，小天鹅公司的天鹅图案等。商标是品牌很重要的组成部分。

　　品牌和商标既有联系又有区别，品牌与商标是总体与部分的关系，所有商标都是品牌，但品牌不一定都是商标。一个企业可以使用多种品牌，也可以使用多种商标，用以展示商品的特性，区别同类产品。不同的是，品牌是一个商业名称，其主要作用是宣传商品；商标也可以宣传商品，但它是一个法律名称，受法律保护。可以说，商标是品牌的法律用语，即商标是受法律保护的品牌。品牌的全部或部分作为商标经注册后，这一品牌便具有法律效力。

　　总之，品牌是一个复杂的符号，它实质上代表卖者对交付给消费者的产品特性、利益和服务的一贯性的承诺。

---

**营销案例 7-8　品牌故事**

　　品牌故事是打开消费者情感的钥匙。某品牌的祛斑露，运用"寻找祛斑无效的女士"的拉动策略，直击消费者的隐痛和竞争者的要害，同时讲述了一个令人心动的故事。在水天一色的太平岛上，有一座著名的香丽人岛，岛上的少女不仅个个皮肤白皙，而且都散发出迷人的体香，这种现象引来了许多猜测和传说。后来，法国调香大师比尔先生揭开了其中的秘密，这些奇特的美丽现象和岛上的木瓜香草有关，于是木瓜化妆品开始在世界上流行，成为众多演艺红星、名模及王公贵族的首选用品。当消费者将滴滴香浓的美白露轻拍在脸上时，仿佛成了那岛上的香丽人，慢慢地这种心理暗示使消费者的每一个细胞都温柔起来。有了这种感觉，难道消费者还能不买吗？

### 2. 品牌的整体含义

品牌的整体含义可分为以下六个层次。

（1）属性：品牌首先使人想到某种属性。多年来，奔驰轿车的广告一直强调它是"世界上工艺最佳的汽车"，而沃尔沃汽车则使人联想到安全。

（2）利益：对于顾客，他们购买的是利益。属性需要转化为功能性或情感性的利益。例如，汽车的耐久属性可以转化为功能性的利益，"多年内我不需要再买一辆新车"；制作精良的属性可以转化为功能性和情感性利益，"一旦出事时我很安全"。

（3）价值：品牌表明生产者倡导的某些价值观或消费观。例如，"奔驰"代表着高效、安全、声望及其他东西。

（4）文化：品牌可能代表着一种文化。"奔驰"汽车代表着德国文化：组织严密、高效率和高质量。

（5）个性：品牌反映着一定的个性。"奔驰"代表了一种王者的个性。

（6）用户：品牌暗示了购买或使用产品的消费者的类型。人们总是认为"奔驰"的用户都是成功者。

如果生产者在品牌规划和品牌推广上做出努力后，能让目标消费者从以上六个方面整体识别品牌，说明企业的品牌战略是成功的，它创出了"深度品牌"。否则，它也只是一个"肤浅品牌"而已。还应该注意的是，在品牌的整体含义的六个方面要素中，最持久的是品牌的价值、文化和个性要素。

## 7.5.2 品牌的作用

品牌是企业重要的无形资产，在营销活动中发挥着重要的作用。

### 1. 品牌对生产者的作用

（1）有助于企业促进产品销售，树立企业形象。消费者把消费感受与简洁、明快、易读易记的品牌联系起来，使品牌成为记忆产品质量、产品特征的标志，因而使得品牌达到促销的目的。随着这种良好的消费感受和联系的积累与加强，消费者对品牌产生某种情感，并把这种情感与品牌有关的一切事物联系起来，使得企业形象得到提升。

（2）注册的品牌可以保护企业合法权益。品牌注册后获得商标专用权，其他任何未经许可的企业和个人都不得使用和仿制，从而为保护品牌所有者的合法权益奠定了客观基础。

（3）有利于约束企业的不良行为。品牌是企业与消费者的一种"心理契约"。企业遵守契约或违背契约，消费者必然会做出相应反应。所以，从长期观点出发，企业只有自觉约束自己的行为，尊重消费者的利益，才有可能真正塑造成功的品牌。

（4）有助于扩大产品组合。市场竞争需要企业不断地开发新产品、增加产品的特色以适应市场需求，成功的品牌就是企业在市场上的竞争利器。由于消费者对成功的品牌有高度的认同感，并会转移这种认同感，因此，企业利用成功的品牌扩大产品组合，进行品牌延伸，容易被消费者接受。

（5）有助于塑造和宣传企业文化。品牌体现了一种企业文化，通过品牌个性可以宣传企业的精神，起到扩散企业文化的作用。

### 2. 品牌对消费者的作用

（1）有利于消费者识别产品的来源或产品的生产者，保护消费者利益。随着科学技术的发展，商品的科技含量日益提高，对消费者来说，同种类商品间的物质差别越来越难以辨别，而有了品牌，消费者在选购商品时只要认清品牌，就能够获得性能相当的商品。如果性能低于应有的标准，消费者就可以与企业进行交涉，保护自己的利益。

（2）有助于消费者选购商品，降低消费者购买成本。消费者经过长时间的积累，对品牌有一定的知识，他们很容易辨别哪类品牌适合自己，对品牌的了解大大缩短了消费者识别产品的过程和购买时间，从而降低了购买成本。

（3）有利于消费者形成品牌偏好。消费者一旦形成品牌偏好，就可以增加消费者的认同和满足感，再继续购买该品牌时，就会认为他们购买了同类较好的商品，从而获得一种满足。

## 7.5.3 品牌设计

狭义的品牌设计是指对产品的文字名称、图案记号或两者结合的一种设计，用以象征产品的特性，是企业形象、特征、信誉、文化的综合与浓缩。

### 1. 品牌命名

一个好的品牌首先要有好的名称。品牌的命名，应该坚持以下原则。

（1）易读、易记原则，让消费者过目不忘。这个原则要求在品牌的命名选择中，要符合简洁、独具特色、新颖、响亮、富有内涵等要求。例如，娃哈哈读起来朗朗上口，与脍炙人口的新疆民歌《娃哈哈》同名，所以很容易让消费者记住并感兴趣。

（2）达到暗示产品特性的原则。品牌名称表达着这一品牌产品的属性、利益及价值。成功的品牌应该尽可能体现产品特性。比如，"永久"、"奔驰"、"宝马"等品牌就暗示了商品本身的特性。

（3）触发消费者品牌联想原则。让消费者看到、读到该名称时，就引起良好的、愉快的联想。

（4）适应跨文化环境的原则。名称应符合不同地区、不同国家的风土文化，便于国际化推广。

（5）受法律保护的原则。名称必须是法律许可的，违背法律要求的名称不能注册，没有注册的名称，不受法律保护。

### 2. 品牌图案设计

品牌图案设计应体现以下几方面。

（1）体现产品的特征和品质，体现品牌价值和理念。

（2）新颖独特、醒目直观，适合各种媒体传播，有强烈的视觉冲击力。

（3）色彩搭配协调，线条搭配合理，图案清晰、简化、对称、布局合理。

（4）具有现代气息，感染力强，令人喜爱，使人产生丰富的联想和美的享受。

（5）易于记忆，通俗易懂，能留下深刻的印象，符合文化背景和时代要求。

"M" 这个很普通的字母, 对其施以不同的艺术加工, 就形成表示不同商品的标记或标志。鲜艳的金黄色拱门 "M" 是麦当劳 (McDaonald's) 的标记。由于它棱角圆润, 色调柔和, 给人以自然亲切之感, 如今, 麦当劳这个 "M" 形标志已经出现在全世界 73 个国家和地区的数百个城市的闹市区, 成为孩子以及成人们最喜爱的快餐标志之一。

与麦当劳的设计完全不同, 摩托罗拉 (Motorola) 的 "M" 虽然也只取一个 "M", 但是, 摩托罗拉充分考虑到自己的产品特点, 把 "M" 设计得棱角分明, 双峰突起, 突出了自己在无线电领域的特殊地位和高科技的形象。

## 7.5.4 品牌决策

### 1. 品牌化策略

品牌化策略是指企业对其生产和经营的产品是否采用品牌的抉择, 包括品牌化和非品牌化两种情况。

（1）无品牌商品, 即有些产品不使用品牌。一般来说, 农、牧、矿业属初级产品, 如粮食、牲畜、矿砂等, 无须使用品牌。技术标准较低、品种繁多的日用小商品, 也可不使用品牌名称。企业采用无品牌策略, 可以节省包装、广告宣传等费用, 降低产品成本和价格, 达到扩大销售的目的。

（2）品牌化, 即企业为其产品确定采用品牌, 并规定品牌名称、品牌标志以及向政府有关部门注册登记的一切业务活动。品牌化是一种大趋势, 是品牌化决策的一种主要策划。

### 2. 品牌归属决策

品牌归属策略是指企业决定使用谁家品牌的抉择, 在这方面, 企业有几种可供选择的策略。

（1）制造商品牌, 即企业决定使用自己的品牌。国内外市场上的绝大多数商品使用制造商品牌。制造使用自己的品牌, 好处是可以建立自己的信誉, 还可以与购买者建立密切的联系。

（2）中间商品牌或私人品牌, 这是制造商使用中间商的品牌, 即企业将其产品大批量地卖给中间商, 中间商再用自己的品牌将货物转卖出去。许多市场信誉较好的中间商 (包括百货公司、超级市场、服装商店等) 都争相设计并使用自己的品牌。中间商使用自己的私人品牌有它的好处: 第一, 可以更好地控制价格, 并且可以在某种程度上控制供应商; 第二, 进货成本较低, 因而销售价格较低, 竞争力较强, 可以得到较高利润。因此, 越来越多的中间商特别是大批发商、大零售商都使用自己的品牌。

（3）混合品牌, 即同时使用制造商和中间商品牌。这可能有以下三种情形。

① 制造商品牌与经销商品牌同时使用, 兼收两种品牌单独使用的优点。

② 制造商在部分产品上使用自己的品牌, 另一部分则以批量卖给经销商, 使用经销商品牌, 以求既扩大销路又能建立品牌形象。

③ 为进入新的市场, 先采用经销商品牌, 待产品在市场上受到欢迎后改用制造商品牌。

（4）贴牌策略，指某企业生产的产品冠之以其他企业的产品品牌。贴牌策略本质上是一种资源整合，优势互补。例如，体育用品业第一品牌耐克，所有产品均为贴牌产品，耐克公司只负责营销；全国家电连锁国美电器也贴牌"国美"小家电。

贴牌策略的最大优势是贴牌企业（采购方）省去了生产、制造和技术研发的成本，对被贴牌企业（被采购方）则省去了营销、传播、运输、仓储成本，应是双赢的结果。此策略的劣势是贴牌的双方一般是竞争对手，如果同一产品在同一渠道出现，双方不可避免地会产生竞争。因此，实施贴牌策略的双方，最好避免在同一渠道出现，同时，双方的品牌定位应避免是同一消费层级，这样，双方或可减轻直接冲突的可能。

### 3. 品牌统分决策

企业决定所有产品使用一个或几个品牌，还是不同产品分别使用不同的品牌，这就是品牌统分决策，通常有以下四种可供选择的策略。

（1）统一品牌：企业所有的产品都统一使用一个品牌。对于那些享有高度声誉的著名企业，全部产品采用统一品牌可以充分利用其名牌效应，使企业所有产品畅销。同时，企业宣传介绍新产品的费用开支也相对较低，有利于新产品进入市场。例如，飞利浦公司的所有产品（包括音像、灯管、电视、显示器等）都用"PHILIPS"这个品牌，佳能公司生产的照相机、传真机、复印机等所有产品都统一使用"Canon"品牌。当然，统一品牌策略也存在着易相互混淆、难以区分产品质量档次等令消费者不便的缺憾。

（2）个别品牌：企业的不同产品分别使用不同的品牌。例如，上海牙膏厂有"美加净"、"黑白"、"玉叶"、"庆丰"等品牌。这种策略，能严格区分高、中、低档产品，使用户易于识别并选购自己满意的产品，而且不会因个别产品声誉不佳影响到其他产品及整个企业的声誉；还能使企业为每个新产品寻求建立最适当的品牌名称以吸引顾客。缺点在于品牌较多，可能会影响广告效果，易被遗忘，同时促销费用较高也不容忽视。

（3）分类品牌：所谓分类品牌策略，是指企业经营的各项产品市场占有率虽然相对较稳定，但是产品品类差别较大或是跨行业时，原有品牌定位及属性不宜做延伸时，企业往往把经营的产品按类别、属性分为几个大的类别，然后冠之以几个不同的品牌。例如，日本松下公司，其音像制品的品牌是"Panasonic"；家用电器的品牌是"National"；立体音响的品牌则是"Technics"。

分类品牌策略的优势是避免了产品线过宽使用统一品牌而带来的品牌属性及概念的模糊，且避免了一品一牌策略带来的品牌过多、营销及传播费用无法整合的缺点。分类品牌策略无明显的劣势，但是相对统一品牌策略而言，如果目标市场利润低，企业营销成本又高的话，分类统一品牌策略略显营销传播费用分散，无法起到整合的效果。因此，如果企业要实施分类品牌策略，应考虑行业差别较大、现有品牌不宜延伸的领域。

（4）企业名称与个别品牌并用：是个别品牌与统一品牌同时并行的一种方式，即企业决定其各种不同的产品分别使用不同的品牌，而且在各种产品的品牌名称前冠以企业的名称。企业采取这种策略的主要好处：既可使产品系统化，享受企业已有的信誉，又可使各种产品各有不同的特色。例如，通用汽车公司生产的各种小轿车分别使用"别克"、"卡迪莱克"、"雪佛莱"、"庞蒂克"等品牌，而每个品牌前都另加"GM"字样，以表明是通用汽车公司产品。

### 4. 品牌扩展决策

品牌扩展是指企业利用其成功品牌的声誉来推出改进产品或新产品。例如,中国海尔集团成功推出了海尔(Haier)冰箱之后,又利用这个品牌及图样特征,成功地推出了空调、洗衣机、电视机、电脑等新产品,显然,如果不利用"海尔"这个成功的品牌,这些新产品就不一定能很快地进入市场。品牌扩展策略,可以使新产品借助成功品牌的市场信誉在节省促销费用的情况下顺利地进占市场。当然,品牌扩展也有它的风险性,如果某一产品出现问题就会损害原有品牌形象,一损俱损;品牌名称对新产品可能不适宜;品牌名称滥用会失去它在消费者心目中的特定地位。

---

**营销案例 7-10　皮尔·卡丹的品牌延伸**

从 20 世纪 60 年代开始,皮尔·卡丹产品延伸至香水和化妆品,并取得了巨大成功,这是因为该品牌的溢价水平被毫发无损地转移到了与核心产品相近的新品类上。此后,皮尔·卡丹开始不加区别地随意贩卖自己的品牌许可证。到 1988 年为止,皮尔·卡丹在 94 个国家一共售出了 800 多张品牌许可证,虽然它因此获得了 10 亿美金的年销售收入,但皮尔·卡丹品牌的利润却直线下滑。当"皮尔·卡丹"这一商标开始出现在棒球帽、香烟等大量毫不相关的商品上时,公司毛利一落千丈。更不幸的是,皮尔·卡丹的所有者却将这一成绩归责为品牌影响力而不是原品牌与新品类之间的匹配程度。

(根据《商业评论》2008 年奢侈品营销专刊《皮尔·卡丹的品牌延伸》改写)

---

### 5. 多品牌策略

多品牌策略,是指企业决定同时经营两种或两种以上互相竞争的品牌。这种策略是美国宝洁公司首创的,该品牌策略强调品牌的特色,最大限度地显示品牌的差异化与个性。这样可以抢占更多的货架面积,扩大产品的销售,争取那些忠诚度不高的品牌转化者,同时也能占领更多的细分市场。例如,广州宝洁公司拥有海飞丝、潘婷、飘柔、沙宣等品牌,"海飞丝"的个性在于去头屑,"潘婷"的个性在于对头发的营养保健,而"飘柔"的个性则是使头发光滑柔顺。宝洁公司的多品牌策略追求每个品牌的鲜明个性,使每个品牌都有自己的发展空间。但此策略对企业实力、管理能力要求较高,市场规模也要求较大,因此,企业应慎重。

### 6. 品牌重新定位策略

品牌再定位是指因某些市场因素的变化而对品牌进行重新定位。例如,顾客的偏好发生了变化,减少了对原品牌的需求;竞争者推出一个品牌,使本企业的品牌占有率下降等。品牌的重新定位一般需要改进产品的性能,或改变产品的外观。当然,有时只改变产品的广告宣传,也能达到重新定位的目的。

企业在做重新定位决策时,要全面考虑两方面的因素:一是重新定位的成本,包括改变产品品质、包装、广告等费用。一般来说,重新定位距离越远,其成本费用就越高。二是重新定位后可得到的收益。而收益多少又取决于这个市场部分或偏好群有多少消费者,其平均购买率大小,这个市场部分或偏好群有多少竞争对手,自己的品牌在这个市场部分的销售价格定得多高。

企业必须权衡多种重新定位的收益和费用,然后决定如何做品牌重新定位决策。

# 7.6　包装策略

## 7.6.1　包装的概念与作用

### 1.　包装的概念

产品包装有两层含义：一是指用不同的容器或物件对产品进行捆扎；二是指包装用的容器或一切物件。包装通常有三个层次：第一层次是内包装，它是直接接触产品的包裹物，如酒瓶、香水瓶、牙膏皮等；第二层次是中包装，它是保护内包装物的包裹物，当产品被使用时，它就被丢弃，如香水瓶、牙膏等外面的盒子等，中包装同时也可以起到促销的作用；第三层是外包装，即供产品储存、辨认所需要的包裹物，如装一打香水的硬纸盒等。

此外，标签也是包装的一部分，它可能单独附在包装物上，也可能与包装物融为一体，用标记产品的制造日期、产品说明、有效期、等级分类等信息，促进产品的销售。

### 2.　包装的作用

（1）保护商品。这是包装最主要的目的和最基本的功能。在商品的流通和使用过程中，包装可以起到防止各种损坏的作用，如防止破损、散失、变质、挥发、污染、虫蛀、鼠咬等；包装还可保证商品的清洁卫生和安全，从而保护产品的使用价值。

（2）便于储运。有的商品外形不固定，或者是液态、气态，或者是粉状，若不对其进行包装，则无法运输和储藏。

（3）便于使用。包装可起到指导消费者和方便使用的作用。对消费者来说，包装上的说明、注意事项等对于产品的正确使用和合理保存，具有重要意义。

（4）促进销售。商品给顾客的第一印象，不是来自产品的内在质量，而是它的外观包装。产品包装美观大方、漂亮得体，能吸引顾客，并激发顾客的购买欲望。

（5）增加价值。如果包装设计动人美观，能给商品树立起高贵的形象，使用户愿意支付较高的价格购买产品，从而会使企业增加利润。

**营销案例 7-11　以包装定成败的葡萄酒销售**

虽然一般人都认为产品本身的因素如质量水平是影响销售的主要因素，而包装只是必要的辅助销售手段。但事实上，有时产品却是以包装定成败，红葡萄酒就是其中一例。

国外研究发现，由于红葡萄酒大致口味相差不多，且在超市琳琅满目的货架上，消费者往往也分别不出哪种品牌的葡萄酒味道更好一些，至少一开始时如此，因此，包装成了他们决定买何种品牌的关键因素。别小看了瓶子的式样及瓶子上豆腐干大小的标签，这就是决定胜负的关键！生产厂商也意识到了包装的重要性，开始在小小的标签上动足脑筋。于是，我们看到了包装上的艺术：标签上有抽象画、油画、水粉画……色彩有明艳型、淡雅型、柔和型……这些出自各公司专聘的艺术家之手的精美标签简直可以成为藏品了！但厂商仍不遗余力，因为他们知道消费者正是看包装是否对其口味来进行选择的，即使产品质量再好，口味再纯正，如果无法吸引到顾客的第一次购买，一切都是枉然。

### 7.6.2 包装的原则

#### 1. 适用原则

包装的主要目的是保护商品。因此，首先要根据产品的不同性质和特点，合理地选用包装材料和包装技术，确保产品不损坏、不变质、不变形等，尽量使用符合环保标准的包装材料；其次，要合理设计包装，便于运输等；最后，包装应与商品的价值或质量相适应，应能显示商品的特点或独特风格，同时方便消费者购买、携带和使用。

#### 2. 美观原则

销售包装具有美化商品的作用，因此在设计上要求外形新颖、大方、美观，具有较强的艺术性。但值得注意的是，包装装潢上的文字、图案、色彩等不能和目标市场的风俗习惯、宗教信仰发生抵触。

#### 3. 经济原则

在符合营销策略的前提下，应尽量降低包装成本。

### 7.6.3 包装策略

包装设计中包装要素的不同使用与组合，形成了不同的包装策略。归纳起来，大致有统一包装、配套包装、再使用包装、附赠品包装、等级包装、改进包装、绿色包装几种。

#### 1. 类似包装策略

企业对其生产的各种不同产品，在包装上采用类似的图案、色彩或其他共同特征。这种策略的优点是便于顾客识别出本企业产品，树立企业形象，而且节省包装的设计和印刷费用，还为新产品迅速打开市场创造了条件。

值得注意的是，类似包装策略只能适宜于质量相同的产品，对于品种差异大、质量水平悬殊的产品则不宜采用。

#### 2. 配套包装策略

配套包装策略即将多种相关的产品配套放在同一包装物内出售。这种包装形式一般以一种商品为主，然后配以相关联的产品。这种策略为消费者购买、携带、使用和保管提供了方便，又有利于企业扩大销路、推广新产品。例如，工具配套箱、家用药箱、百宝箱、化妆盒等都是综合包装。

#### 3. 再使用包装策略

再使用包装策略又称为多用途包装，即包装内产品用过之后，包装物本身还可做其他用途使用，如各种形状的香水瓶可做装饰物，精美的食品盒也可被再利用等。这种策略的目的是通过给消费者额外利益而扩大产品销售。而且，这种策略可使带有商品商标的包装物在再使用过程中起到延伸宣传的作用。

#### 4. 附赠品包装策略

附赠品包装策略也称为万花筒包装策略，是现代包装的重要促销策略之一。这种策略即在包装物内附有赠券、物品或用包装本身可换礼品等，借以刺激消费者的购买或重复购买，从而扩大销售，如儿童玩具、糖果中的连环画、识字卡片；食品附带的小玩具等。

### 5. 等级包装策略

为适应消费者不同的购买力水平和不同的购买目的，同一产品可以采用不同档次的包装，或者是将不同品质的产品分为若干等级，对高档优质产品采用优质包装，一般产品采用一般包装。例如，送礼商品和自用商品采用不同档次的包装。

### 6. 改进包装策略

改进包装策略是指当某种产品销路不畅或长期使用一种包装时，企业可以改变包装设计、包装材料，使用新的包装。这可以使顾客产生新鲜感，从而扩大产品销售。例如，美国有一种干邑白兰地酒，原来销量居世界第七位，改变产品包装后，在广为宣传的基础上，销量跃居世界第一。

### 7. 绿色包装策略

绿色包装又叫生态包装，指包装材料使用可再生、再循环，包装废物容易处理及对生态环境有益的包装。采用这种包装策略易于被消费者认同，有利于环境保护和与国际接轨，从而产生促销效果。

## 案例分析

**【案例 1　谁说"狗类产品"是命中注定】**

狗类产品（Dogs），也称衰退类产品。它是处在低销售增长率、低市场占有率象限内的产品群。这类产品利润率低，处于保本或亏损状态，无法为企业带来收益。按波士顿矩阵图理论，产品的生命周期是这样的：幼童类→明星类→金牛类→狗头类。对于"狗类产品"的策略是逐步削减，直到退出市场。但实际上，有许多"狗类产品"的经历证明：削减策略并不是该类产品的唯一选择。如果策略得当，"狗类产品"也可再创辉煌，而且与开发新产品相比，费用、风险要小得多。

50 年前，香港人的生活不富裕，营养不良和各种疾病很普遍，人们的日常饮品以豆浆为主。当时，豆浆是以"穷人的牛奶"、"廉价饮品"形象出现的，以"维他奶"来命名。"维他"来自拉丁文 Vitamin 和 Vitality，其意为生命、营养、活力等。而舍"浆"取"奶"则来自英语 Soyamilk（豆奶）的概念。可到了 20 世纪 70 年代，香港人的生活水平大大提高，一般人并不缺乏营养，反而担心营养过剩，而标榜"穷人的牛奶"，喝了不就掉价了吗？因此，豆品公司的业务陷入低潮。

20 世纪 70 年代中期，"维他奶"以一种"消闲饮品"形象再度在市场上出现。1983年，豆奶公司推出一个电视广告，背景为现代化城市，一群年轻人拿着"维他奶"随着明快的音乐跳舞，并配以"岂止像汽水那么简单"的广告语。80 年代末期，广告又重点突出其亲切、温情的一面。对很多香港人来说，"维他奶"是个人成长过程的一个组成部分，大多数人对其有一种特殊的亲切感和认同感，"维他奶"对香港人如同可口可乐对美国人一样。由此，"维他奶"又开始树立起一个"经典饮品"的形象。在同一时期，"维他奶"以高档"天然饮品"的形象进入美国市场，迎合美国人避免吸收太多的脂肪特别是动物脂肪的需求，价格当然比牛奶高。

不难看出，"维他奶"曾一度成为"狗类产品"（20 世纪 50 年代初的"廉价饮品"、70 年代的"消闲饮品"），但"维他奶"的经营者却不断为其设计了新的消费形象和观念，使其走上了国际舞台，成为国际饮品。这就使我们发现"维他奶"的命运与波士顿矩阵图理论中的"狗类产品"的策略相矛盾。

如何才能寻找并把握"狗类产品"获得新生的契机、条件和方法呢？

**1. 创造新消费观念**

许多产品从表面上看虽进入衰退期，并不是产品本身出了问题，而是人们价值观念、消费观念的变化，认为再消费该商品有点不合潮流。如果我们换一套思路，宣传新的消费观念，并能引起消费者的共鸣，这些产品又将成为时尚。因为消费者购买的是需要，而产品可以从不同角度满足消费者的不同需要。这就要看厂家能否挖掘出该产品满足消费者某种层次需要的能力。而这些层次的需要往往与某种消费观念、消费时尚相关联。"维他奶"的命运就是例证：20世纪50年代的"廉价形象"、70年代的"休闲形象"、80年代的"经典形象"、随后的"天然形象"，分别满足不同时期人们的经济、休闲、怀旧、崇尚自然的需要。再如，本田摩托车刚进入美国市场时，许多美国人对摩托车非常反感，他们把摩托车与黑皮夹克、弹簧刀、犯罪等联系在一起，结果可想而知。经过研究，本田公司耗费巨资发动了一场以"骑上本田摩托车去接你最亲近的人"为主题的广告活动，改变了人们的价值观念，成功地打入美国市场。

**2. 产品重新定位**

从表面上看，有些产品似乎已经步入衰退期，沦为"狗类产品"，但如果经营者能摆脱思维定式的束缚，使"狗类产品"跳出原有的位置，进行重新定位，重新寻找适宜的细分市场，结果这些"狗类产品"就有可能焕发出第二次青春。

"万宝路"香烟是20世纪50年代生产的一种过滤嘴香烟，其焦油和尼古丁含量很低。同市场上其他名牌香烟相比，它被看成女性吸的烟，市场业绩一直平平。它的生产者通过市场预测发现70年代女性市场将呈疲软之势，原因是：年轻的女性吸烟者将少于年轻的男子；吸烟女性的平均消费量比男子吸烟要低得多；怀孕女性遵医嘱要停止吸烟，以后往往也不再吸烟，或更换牌子。鉴于此，"万宝路"的生产者决定对其进行重新定位：从原来的"女性烟"转为"男性烟"。于是，通过广告创造出一个西部地区（"万宝路"故乡）粗犷牛仔的形象，强化了"万宝路"作为男士享用香烟的市场定位和品牌形象，成为世界上最畅销的香烟。

**3. 不断革新产品**

产品是有限的，需求是无限的。一定时期的成功产品，虽然当时能满足消费者的需求，但绝不能停滞不前，而应通过改进产品的性能、质量、式样等措施以吸引新的消费者。例如，全脂奶粉→脱脂奶粉→母乳化奶粉→婴儿助长奶粉；在电子表上增加计算器、打火机等功能；在电子计算器上增加电话号码记忆、储存功能等。

铁皮文具盒曾走过一段辉煌的历程，结果被涌现的塑料文具盒挤垮了，后者以不易生锈、色彩鲜明、造型多样等特点而大受青睐。铁皮文具盒为再铸辉煌，随即向豪华、高档、多功能方向发展，甚至外观形象上也与玩具接近，出现了变形金刚盒、汽车文具盒等。

**4. 发现新用途**

一种产品通常同设计者的设计思想相关，具有更多的用途和功能，通过扩大产品的使用功能，可使企业的产品重新获得活力。尼龙是杜邦公司在第二次世界大战前发明的一种质量轻、强度高的材料，当时它被用来制作军用降落伞。第二次世界大战结束后，对尼龙的大量需求随之停止，尼龙又转向非军事用途，从妇女长筒袜到轮胎芯、地毯、帐篷以及包装材料，通过不断发现尼龙的用途，尼龙成功地延长了生命周期，走出了"狗类产品"的困境。

问题："狗类产品"处于产品生命周期什么阶段？挽救的方法有哪些？

---

**【案例 2】  GE 公司长盛不衰的启示：品牌高于一切**

美国通用电气公司（GE）曾为世界上许多大公司培养出了一大批 CEO。据统计，在世界 500 强中有 173 位 CEO 出自 GE，因此人们把 GE 称为 CEO 的摇篮。但是，通用电气的发展绝非一帆风顺，GE 品牌也绝非始终响彻云霄，它是通过 100 多年无数人的奋斗、讲求诚信乃至牺牲换来的。

1988 年，负责冰箱销售工作的部门主管（现任公司的总裁）发现有大批顾客对冰箱的压缩机不满意，而且这些问题在保修期之内。于是，他向时任公司总裁的韦尔奇提出，应该收回 330 万台冰箱压缩机，这个决定关系到 6 亿美元。提出这个问题之后，韦尔奇先生没有责怪他，而是详细地了解了相关的数据、信息。问了许多问题之后，韦尔奇最后说："你是对的，就按你所说的做。"

收回 330 万台冰箱压缩机，公司虽然遭受了巨大的损失，但却赢得了市场和用户的广泛好评。不为物质利益的损失所动，毫不动摇地坚持公司诚信的品格，把信誉始终摆在第一位，品牌高于一切，这就是 GE 的品牌战略。正是在生产经营中贯彻了以诚信为核心的品牌战略，GE 公司才成长为世界著名的大公司，在激烈的市场竞争中长盛不衰。

（资料来源：中国市场营销网 http://www.ecm.com.cn）

143

问题：GE 公司品牌战略的核心是什么？对我国企业的品牌建设有何启示？

---

**【案例 3】  上海"冠生园"的品牌之争**

旧上海有一家 ABC 糖果厂，该厂老板冯伯镛利用儿童喜爱"米老鼠"卡通片的心理，为自己的产品设计了一种米老鼠包装，并命名为"ABC 米老鼠"奶糖，结果一下子走俏国内市场。后来，ABC 糖果厂并入上海冠生园，其主要产品仍是"米老鼠奶糖"。到了 20 世纪 50 年代，考虑到老鼠是"四害"之首，冠生园又设计了一种以大白兔为形象的包装，与米老鼠包装一起使用。

但由于没有产品整体观念，没有品牌意识，"大白兔"和"米老鼠"都一直没有注册成为合法商标。1983 年，一家广州糖果厂到冠生园取经，这之后他们也开始生产"米老鼠奶糖"，而且还抢先一步把"米老鼠"给注册了。不久之后，这家广州糖果厂又以区区 4 万美元把"米老鼠"卖给了美国的迪斯尼。至此，这一由中国人创造并经营达半个世纪的著名品牌就由外国人控制了。

冠生园吸取这次血的教训，赶紧为幸存的"大白兔"注册。为稳妥起见，冠生园不仅注册了"大白兔"，还把与"大白兔"近似的十几种"兔子"都进行了注册，使其组成了一个"立体防御体系"。着眼未来，冠生园还把"大白兔"的注册领域延伸到食品、钟表、玩具、服装等各个与儿童有关的行业。不仅如此，冠生园还在工业知识产权"马德里协定"的 20 多个成员国和另外 70 多个国家和地区拿到了"大白兔"的注册证。出色的商标战略，使冠生园在国内企业中脱颖而出，成为市场竞争中的佼佼者。

问题：生产企业尤其是名牌产品生产企业应该如何保护自己的品牌？

# 思考与练习

1. 何谓产品整体概念？产品整体概念的营销意义是什么？
2. 什么是产品组合？调整和优化产品组合的主要策略有哪些？
3. 试述产品生命周期中投入期和成熟期的市场策略。
4. 新产品开发经过哪些主要管理阶段？每个阶段需要解决的主要问题是什么？
5. 简述几种常见的产品包装策略。
6. 商标和品牌有何区别？如何创造和保护品牌？

# 第 8 章

# 价 格 策 略

**学习目标**

- 掌握产品基本价格的制定方法以及产品价格的修定方法。
- 理解相关产品定价策略以及产品生命周期不同阶段的价格策略。
- 了解价格竞争及其利弊。

**实践项目**

**价格制胜**

任务一　分组成立模拟公司，每6～8人一组，给公司命名，选择公司产品。

任务二　走访市场，去企业调研，提出公司价格策略。

任务三　课堂互动游戏：加油站价格竞争游戏

游戏流程如下。

（1）每一小组假设正在经营一家汽车加油站。

（2）分配的加油站假设都处在同一城市，而且坐落在同一条公路的两侧，彼此相对，且争取同样的顾客——过往的车辆。

（3）各加油站定期决定下一周的油价。经验证明：适当提价，可增加销售量；提得过猛，顾客就不敢问津了。但真正的盈利却与对手的定价策略密切相关。其中的规律：如果双方维持原价，这一周期内双方的销售额都只有5万元；若双方同时适当提价，则这一周期内双方的销售额都增至 9 万元，即共同受益。问题难在仅一方提价，另一方维持原价时，顾客都涌到对面价低的一方去，使那边顾客盈门，门庭若市，销售额增至 7 万元，而提价的一方顾客裹足，门可罗雀，销售额跌至只有 4 万元了。详细规律请参照表 8-1。

表 8-1

| 定 价 决 策 | | 本周期销售额（万元） | |
|---|---|---|---|
| 甲　　站 | 乙　　站 | 甲　　站 | 乙　　站 |
| 原价 | 原价 | 5 | 5 |
| 提价 | 提价 | 9 | 9 |
| 降价 | 降价 | 2 | 2 |
| 提价 | 原价 | 4 | 7 |
| 原价 | 提价 | 7 | 4 |
| 降价 | 原价 | 6 | 3 |
| 原价 | 降价 | 3 | 6 |
| 提价 | 降价 | 1 | 8 |
| 降价 | 提价 | 8 | 1 |

（4）第一阶段竞争。此阶段的特点是两对手之间互不往来，彼此不通气，各自关门决策。这一阶段可包括若干调价周期（多可 8 轮）。每一周期给各加油站 3 分钟时间讨论并做出定价决策。决策结果写在纸上呈交裁判（讲师），集中公布。待此阶段各轮竞赛结束，裁判总计销售额，裁定下列名次或优胜方：①各对竞争者的优胜方；②全班各竞争对（两加油站）合计销售额最高的一对；③全班按全阶段销售额的第一、第二、第三名。

（5）第二阶段竞争。方式与第一阶段一样，唯一的不同是在每一次决策前，各站派出一名代表，与对手方的代表做短期私下接触沟通，谈判协调行动，达到定价默契的可能性。名次裁决同前。

（6）总结。两阶段竞争结束后，各小组分别总结讨论各自的经验教训以及最理想的价格竞争策略。

### 案例导入

#### 任天堂的"低价"策略

日本任天堂的游戏机价格为 1.48 万日元，而其他企业的价格为 3 万～5 万日元，低价格使任天堂在 1983～1993 年 10 年间销售了 1.08 亿台游戏机，打垮了国内其他游戏机生产厂家，同时也促进了价格高达 4 000～6 000 日元的游戏软件的销售，10 年内销售量达 7.25 亿。1993 年，仅有 950 名员工的任天堂税前利润为 1 648 亿日元，排名在丰田和日本电报电话公司之后，居日本第三位，靠低价策略使得企业人均纯利润达到 9 000 多万日元，令当时世界上任何一个企业都惊叹不已。

#### 日本电视机的价格战术

1964 年 9 月 10 日，以前"刀枪相见"的竞争对手——日本电器业六大公司（日立、松下、三洋、夏普、三菱和东芝）的头面人物在日本东京的皇宫饭店内密谋如何对付美国电器的竞争。这时，日本的电视机产业还处于起步阶段，不但无法打入美国市场，就连在本国市场也要和美国电视机竞争。但是，此时日本不管是提高关税还是对出口商进行补贴都会遭到美国的指责和报复，因为此时日本经济还离不开美国的扶持和资助。

于是，六大厂家决定用不公平的竞争方式保证自己的利益。先是内部统一电视机价格，定出每台电视机的利润和各公司可能销售的台数。这是违反国际上公平竞争原则的，但这使日本电视厂家在本国市场维持着比同类美国电视高出两倍的价格，先在本国市场获得巨额利润。

接着日本六大电器公司在本国市场稳固之后，向美国市场进发。他们利用出口一台电视机，得 40 美元的高额回扣来吸引多家美国进口商的帮助，利用"双重价格"方案向美国倾销。同时，为了避免遭到反倾销诉讼，日本向美国海关提供了假的记录，把官方的"控制价格"说成是一般的电视机售价。然后，日本厂商甚至用低于生产成本的价格倾销。

到了 20 世纪 60 年代，美国一些小的电视机厂商被挤出了市场，许多厂家被日本同行吞并。1971 年，美国才正式宣布了日本在美国倾销电视机。

虽然后来美国对日本出口电视机进行数量的限制，但在某些"美国人士"的帮助下，允许日本厂家在美国设厂生产电视机，不受限制条款约束。其结果可想而知：日本电视厂商干脆直接在美国生产、销售，成功地越过了贸易壁垒，进入了美国市场，成为美国电视机市场强有力的竞争对手。

从上述案例可以看出，无论是任天堂的"低价"策略，还是日本电视机的价格战术，企业为了生存与发展，有时候主动降价或提价，有时又要针对竞争者的价格变动做出适当反应。对于不同商品，顾客对价格升降的反应不同，企业必须根据顾客对不同商品价格变动的反应以及竞争对手的动向制定不同的价格策略。

## 8.1　基本价格的制定

企业产品的价格是影响市场需求和购买行为的主要因素之一，直接关系到企业的收益。企业产品的价格策略运用得当，会促进产品的销售，提高市场占有率，增加企业的竞争力；反之，则会制约企业的生存和发展。

企业在为产品制定价格时，必须考虑影响定价的一些主要因素。这些因素包括产品成本、产品需求和供给的价格弹性、市场竞争、中间商、政府干预和调控等。企业要通过对这些因素与产品价格之间相互作用的关系的分析和研究，为产品确定恰当的定价方法，制定出产品的价格。企业定价的步骤主要包括：选择定价目标；确定需求；估计成本；分析竞争者的产品及价格；选择定价方法；选定最终价格。

### 8.1.1　定价目标

定价目标是指企业要达到的定价目的。企业的定价目标从属于企业的经营目标。企业的定价目标是以满足市场需要和实现企业盈利为基础的，它是实现企业经营总目标的保证和手段；同时，又是企业定价策略和定价方法的依据。企业面临的市场环境和竞争条件不同，企业的目标会有差别。不同的企业有不同的目标，就是同一企业在不同的发展时期也有不同的定价目标。

### 1. 利润目标

利润目标通常用投资报酬率表示。投资报酬率可以追求高利润率或"满意"利润率，可以追求短期或长期收回投资利润目标。

### 2. 市场目标

市场目标包括增加销售量、提高市场占有率、强化市场渗透等目标。

### 3. 竞争目标

根据市场竞争状况，可以选择市场竞争"领袖价格"、"稳定价格"、"适应性竞争价格"等。

企业的定价目标受到企业市场定位决策的制约。当企业选择了目标市场和进行了市场定位之后，价格策略也就明确了。例如，京广线上加挂的豪华软卧包厢，其目标顾客是高收入高消费阶层，因此票价甚至超过飞机票价，但平均乘坐率仍高达 80%以上。

## 8.1.2 确定需求

市场需求是影响企业定价的重要因素。当产品定价高于某一水平时，将无人购买，因此市场需求决定了产品价格的上限。一般的，市场需求随着产品价格的上升而减少，随着价格的下降而增加。但是也有一些产品的需求和价格之间呈同方向变化的关系，如能代表一定社会地位和身份的装饰品及有价值的收藏品等。

### 1. 需求的价格弹性

价格会影响市场需求。在正常情况下，市场需求会按照与价格相反的方向变动。价格上升，需求减少；价格降低，需求增加，所以需求曲线是向下倾斜的。

就声望高的商品来说，需求曲线有时呈正斜率。例如，香水提价后，其销售量却有可能增加；当然，如果提得太高，需求将会减少。

企业定价时必须依据需求的价格弹性，即了解市场需求对价格变动的反应。价格变动对需求影响小，这种情况称为需求无弹性；价格变动对需求影响大，则叫做需求有弹性。

在以下条件下，需求可能缺乏弹性：代用品很少或没有，没有竞争者；买者对价格不敏感；买者改变购买习惯较慢和寻找较低价格时表现迟缓；买者认为产品质量有所提高，或认为存在通货膨胀等，价格较高是应该的。

如果某产品不具备上述条件，那么产品的需求有弹性，在这种情况下，企业应适当降价，以刺激需求，促进销售，增加销售收入。

### 2. 影响需求价格弹性的因素

当需求价格弹性大于 1 时，称为需求富有弹性；当需求价格弹性小于 1 时，称为需求缺乏弹性。影响需求价格弹性的因素主要有以下几种。

（1）消费者对产品的需要程度。消费者对生活必需品的需要强度大且比较稳定，因而生活必需品的需求弹性小；消费者对高档消费品和奢侈品的需求强度小且不稳定，因而高档消费品、奢侈品的需求弹性大。

（2）产品的重要性。某种产品的支出在消费者的总支出中所占比例较小，那么该产品的价格变动对消费者的影响较小，因而其需求的价格弹性也较小；反之，需求的价格弹性较大。

（3）产品替代品数目和可替代程度。一种产品的替代品越多，可替代的程度越高，其需求弹性就越大；反之，需求弹性就越小。

（4）产品用途的广泛性。一般的，产品的用途越多，其需求弹性就越大。

（5）产品的耐用程度。一般情况下，耐用品的需求弹性大，而非耐用品的需求弹性小。

（6）消费者的收入水平。同一产品对不同收入水平的人来说，需求弹性是不同的。因为一种产品对于高收入水平的人来说可能是必需品，需求弹性小，但对于低收入水平的人来说则可能是奢侈品，需求弹性大。

### 3. 价格弹性与产品定价

由于不同产品的需求弹性不同，同一产品在不同价格水平上的需求弹性也可能不同，因此，企业为产品定价时应该考虑需求的价格弹性，当需求富有弹性时，应该降低价格以刺激需求，扩大销售，增加收益。这时虽然由于价格下降，单位产品的销售收入减少，但由于需求增加的幅度大于价格下降的幅度，由于需求增加、销售扩大而增加的收益在弥补由于价格降低减少的收益后还有剩余，企业的总收益会增加。对于需求富有弹性的产品，如果提高价格，反而会造成总收益的减少。当需求缺乏弹性时，企业可以适当提高产品售价，这时由于提价的幅度大于需求减少的幅度，会增加企业的总收益。对于需求缺乏弹性的产品，降价会减少企业的总收益。

## 8.1.3　估计成本

需求在很大程度上为企业确定了一个最高价格限度，而成本则决定着价格的下限。从长期来看，任何产品的价格都应高于所发生的成本费用，在生产经营过程中的耗费才能从销售收入中得到补偿，企业才能获得利润，生产经营活动才能继续进行。价格应包括所有生产、分销和推销该产品的成本，还包括对公司的努力和承担风险的一个公允的报酬。

### 1. 成本类型

（1）固定成本，在短期内不随企业产量和销售收入的变化而变化的生产费用，如厂房设备的折旧费、租金、利息、行政人员薪金等，与企业的生产水平无关。

（2）可变成本，随生产水平的变化而直接变化的成本，如原材料费、工资等，企业不开工生产，可变成本等于零。

成本是企业收益的减项，降低成本是提高企业经济效益的有效途径之一。

### 2. 长短期成本变化的规律

在短期内，企业的生产规模既定，为实现利润最大，企业应该在产量既定的条件下选择最低的生产要素的最佳投入组合，在成本既定的条件下选择使产出最大的生产要素最佳投入组合。

在长期的情况下，企业的生产规模可以调整。同样的产出数量可以由不同的生产规模生产出来，但由于存在规模经济效益，不同的生产规模所发生的平均成本是不一样的。这时企业应选择能使它以最低的平均成本生产既定产量的生产规模。

### 8.1.4 分析竞争者的产品和价格

企业为产品定价时必须考虑竞争者的产品和价格。企业可以派出人员去市场上了解竞争者产品的价格（如沃尔玛的"市场行情调查员"和我国南方等一些城市出现的"抄价员"），也可搜集竞争者的产品价目表或买回竞争者的产品进行分析研究。企业可以将竞争者的产品及其价格作为企业产品定价的参考。如果企业的产品和竞争者的同种产品质量差不多，那么两者的价格也应大体一样；如果企业的产品不如竞争者的产品，那么产品价格就应定低些；如果企业的产品优于竞争者的产品，那么价格就可以定高些。P&G公司在1988年打入中国洗涤用品市场成立合资企业广州宝洁有限公司时，分析了市场竞争者产品的情况：中国国产产品质量差，包装简陋，缺乏个性，但价格低廉；进口产品质量虽好，但价格昂贵，很少人问津。因此，P&G公司将合资品牌定在高价位上，价格是国内品牌的3～5倍，但比进口品牌便宜1～2元。这种竞争的价格定位使广州宝洁的合资品牌在中国洗涤用品市场上占有很大份额，取得了很好的经济效益。

### 8.1.5 选择定价方法

影响企业定价的因素很多，其中最基本的因素是：成本，它规定了价格的下限；市场需求或顾客对企业产品独特的特点的评价，它规定价格的上限；竞争者产品的价格和替代品的价格，它确定了在最高价格和最低价格之间，企业产品的标价点；另外，消费者心理因素也会给定价造成影响。企业在为产品定价时，主要是通过考虑这四种因素中的一个或几个选择定价方法。因此，企业为产品确定具体的价格时可以采取的定价方法也可分为四类：成本导向定价法、竞争导向定价法、需求导向定价法和心理导向定价法。

#### 1. 成本导向定价法

以产品成本为基础，加上预期利润，结合销售量等有关情况，确定价格水平，是企业最基本、最普遍的定价方法。在企业确定定价策略时，以成本导向的应用不同，有以下具体方法。

（1）加成定价法。

加成定价法是企业根据所确定的加成率和单位产品总成本来制定产品的价格。由于毛利率确定的方法不同，加成定价法可分为成本加成定价法和售价加成定价法两种。

① 成本加成定价法：按照单位成本加上一定百分比的加成率来制定价格。成本加成定价法中的加成率的计算式是加成率=毛利/销售成本。产品单价计算公式为：

$$产品单价=单位产品总成本×（1+加成率）$$

例如，某皮鞋公司的单位成本为15元，加成率20%，则皮鞋的销售价格为18元。

这种方法的优点是计算简便，同行业的企业都采用这种定价方法时，因为各企业的成本和目标利润率差别不大，制定出的价格也相差不大，能够避免出现过度的价格竞争，企业都能够获取稳定的利润；但是，这种定价方法是从企业的角度出发来考虑定价问题的，忽视了市场需求、竞争情况和消费者的心理因素，因而制定出来的价格与顾客的评价相关性不大，不利于产品的销售。

② 售价加成定价法：售价加成定价法中的加成率的计算式是加成率=毛利/销售收入。产品价格的计算公式为：

产品单价 = 单位产品总成本÷（1–加成率）

售价加成定价法的优缺点与成本加成定价法类似。但在售价相同的情况下，用这种方法计算出的加成率低于成本加成定价法的加成率，能给人以合理的感觉，更容易被接受。零售部门较多地采用售价加成定价法。

（2）目标利润定价法（收益率定价法）。

目标利润定价法即根据估计的总销售收入（销售额）和估计的产量（销售量）来制定价格。

产品价格=（总成本+目标利润）/预计销售量

假设企业的生产能力为 100 万个产品，估计未来时期 80%的生产能力能开工生产，则可生产、出售 80 万个产品；生产 80 万个产品的总成本估计为 1 000 万元；若公司想得到 20%的目标利润率，则目标利润为 200 万元；总收入为 1 200 万元，目标价格为 15 元。

这种方法计算简便，如果企业能按制定的价格实现预计的销售量，就能达到预定的利润目标。在产品销售情况比较稳定的条件下，可以采用这种方法。但这种方法没有考虑顾客的需求弹性和竞争者产品价格等因素对企业产品的影响。

（3）边际贡献定价法。

边际贡献是指产品销售收入与产品变动成本的差额，单位产品边际贡献指产品单价与单位产品变动成本的差额。边际贡献弥补固定成本后如有剩余，就形成企业的纯收入；如果边际贡献不足以弥补固定成本，那么企业将发生亏损。在企业经营不景气、销售困难、生存比获取利润更重要时，或企业生产能力过剩、只有降低售价才能扩大销售时，可以采用边际贡献定价法。边际贡献定价法的原则是，产品单价高于单位变动成本时，就可以考虑接受。因为不管企业是否生产、生产多少，在一定时期内固定成本都是要发生的，而产品单价高于单位变动成本，这时产品销售收入弥补变动成本后的剩余可以弥补固定成本，以减少企业的亏损（在企业维持生存时）或增加企业的盈利（在企业扩大销售时）。

例如，某企业某产品的生产能力为年产 70 万件，年固定成本 50 万元，单位产品变动成本为 1.80 元，产品单价为 3 元，现在企业只接到订单 40 万件。按此计划生产，边际贡献弥补部分固定成本后，企业仍亏损 2 万元。如果有客户追加订货 20 万件，每件报价为 2.40 元，根据边际贡献定价法原则，这一报价是可以接受的。接受此订单后，企业将实现盈利 10 万元。

### 2. 竞争导向定价法

市场竞争导向定价，其目的在于开拓、巩固和改善企业在市场上的地位，保持市场竞争的优势。其具体作法灵活多样，有以下几种。

（1）随行就市定价法：企业按照行业的平均现行价格水平来定价。此法常用于下列情形：难以估算成本；企业打算与同行和平共处；如果另行定价，难以估计购买者和竞争者的反应。

（2）密封投标定价法：买方在报刊上登广告或发出函件，说明采购的商品的品种、数量、规格等要求，邀请卖方在规定的期限内投标。买方在规定的时间开标，选择报价最低、最有利的卖方成交，签订采购合同。

（3）薄利多销定价法：以减少单位产品销售利润作为代价，争取薄利多销，扩大销售量，获得规模效益，在市场竞争中巩固自己的地位。

（4）差别（歧视）定价法：可根据具体情况采取多种方式，如不同顾客不同价格；不同地区不同价格；不同时间不同价格；不同用途不同价格等。实行歧视定价的前提条件：市场必须是可细分的，且各个细分市场的需求强度是不同的；商品不可能转手倒卖；高价市场上不可能有竞争者削价竞销；不违法；不引起顾客反感。

### 3. 需求导向定价法

这是以市场对产品的需求强度作为定价基础，结合成本、收入变动关系，确定产品价格。

（1）需求弹性定价法：是根据需求的价格弹性原理，分析在不同的需求价格弹性状态下，采取提价或降价的定价策略，以刺激需求的变化，保证企业定价目标的实现。

（2）认知价值定价法：又称理解价值定价法。企业按照消费者在主观上对该产品所理解的价值，而不是产品的成本费用水平来定价。企业利用市场营销组合中的非价格变数来影响购买者，在他们的头脑中形成认知价值，然后据此来定价，企业在运用此法时，需要正确估计购买者所承认的价值。

### 4. 心理导向定价法

这是企业为迎合消费者的消费心理需要采取的定价策略和方法。以下列举几种。

（1）尾数或整数定价。许多商品的价格，宁可定为 0.98 元或 0.99 元，而不定为 1 元，是适应消费者购买心理的一种取舍，尾数定价使消费者产生一种"价廉"的错觉，比定为1 元反应积极，促进销售；相反，有的商品不定价为 9.8 元，而定为 10 元，同样使消费者产生一种错觉，迎合消费者"便宜无好货，好货不便宜"的心理。

（2）声望性定价。此种定价法有两个目的：一是提高产品的形象，以价格说明其名贵名优；二是满足购买者的地位欲望，适应购买者的消费心理。有些商品由于企业多年的苦心经营，在顾客中有了一定声誉，顾客对它们也产生了信任感，所以即使价格定得比一般商品高一些，顾客还是能够接受的。这种定价策略特别适合于药品、饮食、化妆品及医疗等质量不易鉴别的行业产品。例如，美国宝洁（P&G）公司生产的系列产品，尽管比同类产品价格高许多，但仍备受众多消费者的青睐。跌价保证策略，即卖主向买主保证，当商品价格跌落时，对于买主的原有存货，依其数量进行退还或依其跌价所造成的损失部分进行补贴。这种办法对于中间商和用户是一种有效的保证措施，有利于调动他们购货的积极性。

（3）习惯性定价。某种产品，由于同类产品多，在市场上形成了一种习惯价格，个别生产者难于改变。降价易引起消费者对品质的怀疑，涨价则可能受到消费者的抵制。

（4）利用顾客趋利心理定价。利用顾客趋利心理，人为地在短时间内以特价优惠顾客。日本横滨的龟田商店，曾贴出告示："定于今天下午1时45分至2时，15分钟最低价优惠大酬宾，敬请光临。"事后的统计数字表明，15分钟销售额是平时一天的两倍，取得了微利多销的效果。

（5）梯子价格。美国一名叫爱德华·华宁的商人，在波士顿市中心开了一家商店，广为宣传采用"梯子价格"降价销售商品的信息，其具体商品只标出价格、上架时间和售完为止。其做法是：前12天按全价销售；从第13天到第24天降价25%；第25天到第30天降价75%；第31天到第36天，如仍未售出，则送慈善机构。之所以敢采用此法，原因是他掌握了消费者的心理："我今天不买，明天就会被他人买走，还是先下手为强。"事实上，许多商品往往未经降价就被顾客买走了。

（6）有意制定差价。法国一家专营玩具的商店购进了两种"小鹿"，造型和价格一样，只是颜色不同，上柜后很少有人问津。店老板想出个主意——制造差价，他把其中一种小鹿的售价由3元提高到5元，另一种标价不变。把这两种价差鲜明的玩具置于同一柜台上，结果提了价的小鹿很快销售一空。

## 8.1.6 选定最终价格

企业最后拟定的价格必须考虑以下因素。

（1）最后价格必须同企业定价政策相符合。企业的定价政策是指明确企业需要的定价形象、对价格折扣的态度以及对竞争者的价格的指导思想。

（2）最后价格还必须考虑是否符合政府有关部门的政策和法令的规定。在我国，规范企业定价行为的法律和相关法规有《价格法》、《反不正当竞争法》、《明码标价法》、《制止牟取暴利的暂行规定》、《价格违反行为行政处罚规定》、《关于制止低价倾销行为的规定》等。例如，1996年，北京百货大楼等8大商场和小天鹅洗衣机厂等9大厂家签订协议，联手统一北京洗衣机市场上9种洗衣机的零售价格的行为，被北京市工商行政管理部门和物价管理部门认定是一种价格违法行为而被制止。

（3）选定最后价格时，还须考虑企业内部有关人员（如推销人员、广告人员等）对定价的意见，考虑经销商、供应商等对所定价格的意见，考虑竞争对手对所定价格的反应。

## 8.2 产品基本价格的修订

价格是企业竞争的主要手段之一，企业除了根据不同的定价目标，选择不同的定价方法，还要根据复杂的市场情况，采用灵活多变的方式修订产品的价格。

## 8.2.1 地区性定价

许多企业生产的产品不仅销售给当地的顾客，而且也销售给外地的顾客。在将产品销往外地的情况下，会发生运输、仓储、装卸、保险等费用。这时，企业就面临着地区性定价问题，即企业在将产品卖给不同地区的顾客时，是执行同样的价格还是执行不同的价格。

### 1. FOB（Free on Board）产地定价

企业负责将产品装运到产地某种运输工具上交货，并承担交货前的一切风险和费用；交货后的风险和费用则由买方承担。这样定价，每个顾客都是按照企业的厂价来购买产品，并分别负担从产地到目的地的风险和运费，是比较合理的。这种定价法对企业的不利之处在于，远地的顾客可能因为要承担较高的运费而不购买企业的产品，转而选购离其较近的企业的产品。

### 2. 统一交货定价

这种定价方法和 FOB 产地定价刚好相反。企业对不同地区的顾客都实行同样的价格，即按出厂价加上平均运费定价。这种定价方式计算简便，也便于顾客事先知道所购产品的总成本的确切数字。它比较适合于运费在总价格中所占比重较小的产品，否则虽然对远方的顾客有吸引力，但却会使近处的顾客感到不合算。例如，新飞电器集团从 1998 年起，对新飞冰箱在全国实行统一价，由新飞集团统一配送货物并承担其所需费用。据新飞集团称，这将有效地理顺销售渠道、稳定产品价格、维护商家正常利益，而且有助于增强企业竞争力、降低损耗、巩固成熟市场和开拓边远市场。

### 3. 分区定价

将产品的销售市场划分为若干个区域，为每个区域制定不同的价格，在同一区域内执行相同的价格。离企业较远的区域，价格定得较高。这种定价方式也有不足之处：在同一价格区域内，顾客与企业距离远近不一，离企业较近的顾客会觉得不太合算；处在相邻的两个价格区域边界两侧的顾客，相距不远，但要按不同的价格来购买产品，要支付较高价格的顾客会觉得不合算。

### 4. 基点定价

企业选定某些城市作为基点，然后按一定的厂价加上从基点城市到顾客所在地的运费来定价，而不管产品实际上是从哪个城市起运的。有时企业为了加大灵活性，选取许多基点城市，按离顾客最近的基点来计算运费。基点定价的产品价格结构缺乏弹性，竞争者不易进入，有利于避免价格竞争。顾客可在任何基点购买，企业也可将产品推向较远的市场，有利于市场扩展。

基点定价方式比较适合下列情况：产品运费成本所占比重较大；企业产品市场范围大，在许多地方有生产点进行产品的生产；产品的价格弹性较小。

### 5. 免收运费定价

当定价急需和某个顾客达成交易或进入某个市场时，企业为购买产品的顾客负担部分或全部运费。企业认为，这些交易实现增加了销售额，由此而引起的平均成本的降低能够弥补这部分运费支出，同时企业也加深了市场渗透，增强了竞争能力。

## 8.2.2　价格折扣和折让

大多数企业通常都酌情调整其基本价格，以鼓励顾客及早付清货款、大量购买或增加淡季购买。这种价格调整叫做价格折扣和折让。

### 1. 现金折扣

现金折扣是对及时付清账款的购买者的一种价格折扣。例如，"2/10，n/30"，表示付款期是 30 天，如果在成交后 10 天内付款，给予 2%的现金折扣。许多行业习惯采用此法以加速资金周转，减少收账费用和坏账。

### 2. 数量折扣

数量折扣是企业给那些大量购买某种产品的顾客的一种折扣，以鼓励顾客购买更多的货物。大量购买能使企业降低生产、销售等环节的成本费用。例如，顾客购买某种商品 100 单位以下，每单位 10 元；购买 100 单位以上，每单位 9 元。

### 3. 职能折扣

职能折扣也叫贸易折扣，是制造商给予中间商的一种额外折扣，使中间商可以获得低于目录价格的价格。

### 4. 季节折扣

季节折扣是企业鼓励顾客淡季购买的一种减让，使企业的生产和销售一年四季能保持相对稳定。

### 5. 推广津贴

为扩大产品销路，生产企业向中间商提供促销津贴。例如，零售商为企业产品刊登广告或设立橱窗，生产企业除负担部分广告费外，还在产品价格上给予一定优惠。

### 6. 折让

这是根据价目表给予减价的一种让利形式，它没有规定一定的减价比例，有时也没有规定明确的减价金额，而是根据具体情况来确定。例如，以旧换新就是一种折让，洗衣机的以旧换新，很多时候规定了一个折让金额；汽车的以旧换新，折让金额就要根据旧车的情况来具体确定。又如，促销折让则是卖方向参与促销活动的中间商支付的报酬或给予的价格折让。

### 7. 贴息贷款

它也可以变相地向顾客提供折让，折让的金额就是企业替顾客支付的贷款利息。采用这种方式，不必降低价目表上的价格而又能扩大销售量。

## 8.2.3 促销定价

促销定价是指在某些情况下，企业临时调低产品的价格，以促进销售。常见的促销定价方式如下。

### 1. 招徕定价

一些超市和百货商店将某几种产品的价格定得特别低，以招徕顾客前来购买正常价格的产品。采取招徕定价方式时，要注意两个方面：一是特廉价格产品的确定，这种产品既要对顾客有一定的吸引力，又不能价值过高以致大量低价格销售会给企业造成较大的损失；二是数量要充足，保证供应，否则没有购买到特价产品的顾客会有一种被愚弄的感觉，会严重损害企业形象。

### 2. 特别事件定价

企业利用开业庆典或开业纪念日或节假日等时机，降低某些产品的价格，以吸引顾客的购买。例如，一些商店利用寒暑假开学前的时机，降低学习用品的价格，吸引学生购买。

### 3. 现金回扣

制造商向在特定的时间内购买企业产品的顾客给予现金回扣，以清理存货。美国的汽车生产厂商曾多次使用现金回扣来促进汽车销售，在最初阶段比较有效，后来便失效了。因为它只可能给那些准备买的顾客以优惠，但并不能刺激其他人来买车。

### 4. 心理折扣

企业开始时给产品制定很高的价格，然后大幅度降价出售，如标出"原价 5 000 元，现价 4 500 元"。采取这种方式，不得违反有关法规，如不得虚增原价、所标原价无根据、所标原价非本次降价前的售价等。日本三越百货公司针对顾客"便宜没好货"的心理，实行"100 元买 110 元商品"的错觉折价术。表面上看，这和打九折一样，是 10%的差价，但消费者的心理对两者的反应却有显著差别。"九折法"给消费者的直觉反应是削价促销，质量可能有问题；"100 元买 110 元商品"则易使顾客产生货币价值提高的心理，达到刺激购买欲望的目的。

## 8.3　相关产品的定价

### 8.3.1　产品线定价

企业产品线中一般不只一个产品，这时企业应该适当地确定产品线中相关产品的价格差异。在确定价格差异时，要考虑各相关产品之间的成本差异、顾客对相关产品不同特点的评价及竞争者产品的价格。当产品线中前后系列的产品的价格差异较小，顾客会购买更先进的产品，这时如果两种产品的价格差异大于成本差异，企业的盈利会增加；而价格差异较大时，顾客又会购买较低级的产品。

### 8.3.2　选购品的定价

许多企业在提供主要产品的同时，还提供与主要产品密切相关的一些产品，如自行车的车篮、舞厅里提供的口香糖及饮料、汽车的防盗报警器等。企业首先要确定是将这些产品与主要产品一起出售，产品的总价格中包括这些产品的价格，还是将这些产品作为选购品，由顾客自主决定是否购买。对于单独计价的选购品，企业还必须考虑如何为它们制定价格。企业可以将选购品的价格定得很低以吸引顾客，也可以定得很高来获得更多的利润。

### 8.3.3　附带产品的定价

附带产品是指必须和主要产品一起使用的产品，如照相机的胶卷、计算机软件、主机的辅助设备和零部件等。企业往往将主要产品的价格定得很低，将附带产品的价格定得较高，通过低价促进主要产品的销售来带动附带产品的销售，附带产品的高额利润不仅足以弥补主要产品降价的损失，还能增加企业的盈利。

## 8.3.4　副产品定价

肉类加工和石油化工等行业的企业在生产过程中，往往会有副产品。如果企业不能加以利用，那么就要花钱来处理这些副产品，这会影响企业主要产品的定价。因此，企业必须为这些副产品寻找买主。只要买主愿意支付的价格大于企业储存和处理这些副产品的费用，那么都是可以接受的。这样能够减少企业的支出，可以为主要产品制定更低的价格，增强竞争力。

## 8.3.5　组合产品的定价

企业可以将相关产品组合在一起，为它们制定一个比分别购买更低的价格，进行一揽子销售，如世界杯足球赛出售的套票、配套的茶具及餐具等。采用这种方式时，提供的价格优惠应该足以吸引原本只准备购买部分产品的顾客转而购买全套产品，同时也要注意不能搞硬性搭配，这样不但不利于产品的销售，反而会损害企业形象。

## 8.4　产品生命周期与价格策略

产品生命周期是指产品从进入市场到退出市场所经历的市场生命循环过程。产品只有经过研究开发、试销，然后进入市场，其市场生命周期才算开始。产品退出市场，标志着生命周期的结束。典型的产品生命周期一般可分为四个阶段，即投入期、成长期、成熟期和衰退期。在生命周期的不同阶段，采取的价格和营销策略是不同的。

当产品在介绍期的销售取得成功以后，便进入成长期，这时顾客对产品已经熟悉，大量的新顾客开始购买，市场逐步扩大。产品已具备大批量生产条件，生产成本相对降低，企业的销售额迅速上升，利润也迅速增长。在这一阶段，竞争者看到有利可图，将纷纷进入市场参与竞争，使同类产品供给量增加，价格随之下降，企业利润增长速度逐步减慢，最后达到生命周期利润的最高点。经过成长期以后，市场需求趋向饱和，潜在的顾客已经很少，销售额增长缓慢直至转而下降。在这一阶段，竞争逐渐加剧，产品售价降低，促销费用增加，企业利润下降。随着科学技术的发展，新产品或新的代用品出现，将使顾客的消费习惯发生改变，转向其他产品，从而使原来产品的销售额和利润额迅速下降。

## 8.4.1　投入期定价

投入期开始于新产品首次在市场上普通销售之时。新产品进入投入期以前，需要经历开发、研制、试销等过程。当新产品投入市场，进入投入期，顾客对产品还不了解，只有少数追求新奇的顾客可能购买，销售量很低。为了扩展销路，需要大量的促销费用，对产品进行宣传。在这一阶段，由于技术方面的原因，产品不能大批量生产，因而成本高，销售额增长缓慢，企业不但得不到利润，反而可能亏损。投入期产品的市场特点：产品销量少，促销费用高，制造成本高，销售利润常常很低甚至为负值。

**1. 撇脂定价法**

新产品上市之初，将价格定得较高，在短期内获取厚利，尽快收回投资。就像从牛奶中撇取所含的奶油一样，取其精华，称为"撇脂定价"法。这种方法特别适用于有专利保护的新产品的定价。

快速撇脂策略：这种策略采用高价格、高促销费用，以求迅速扩大销售量，取得较高的市场占有率。采取这种策略必须有一定的市场环境，如大多数潜在消费者还不了解这种新产品，已经了解这种新产品的人急于求购，并且愿意按价购买；企业面临潜在竞争者的威胁，应该迅速使消费者建立对自己产品的偏好。

缓慢撇脂策略：以高价格、低促销费用的形式进行经营，以求得到更多的利润。这种策略可以在市场面比较小，市场上大多数的消费者已熟悉该新产品，购买者愿意出高价，潜在竞争威胁不大的市场环境下使用。

撇脂方法适合需求弹性较小的细分市场，其优点：①新产品上市，顾客对其无理性认识，利用较高价格可以提高身价，适应顾客求新心理，有助于开拓市场；②主动性大，产品进入成熟期后，价格可分阶段逐步下降，有利于吸引新的购买者；③价格高，限制需求量过于迅速增加，使其与生产能力相适应。缺点：获利大，不利于扩大市场，并很快招来竞争者，会迫使价格下降，好景不长。

**2. 渗透定价法**

在新产品投放市场时，价格定得尽可能低一些，其目的是获得最高销售量和最大市场占有率。这种方法适用于没有显著特色的产品。

快速渗透策略：实行低价格、高促销费用的策略，迅速打入市场，取得尽可能高的市场占有率。在市场容量很大，消费者对这种产品不熟悉，但对价格非常敏感，潜在竞争激烈，企业随着生产规模的扩大可以降低单位生产成本的情况下适合采用这种策略。

缓慢渗透策略：这种策略是以低价格、低促销费用来推出新产品。这种策略适用于市场容量很大、消费者熟悉这种产品但对价格反应敏感，并且存在潜在竞争者的市场环境。

对于企业来说，采取撇脂定价还是渗透定价，需要综合考虑市场需求、竞争、供给、市场潜力、价格弹性、产品特性、企业发展战略等因素。

## 8.4.2 成长期定价

新产品经过市场介绍期以后，消费者对该产品已经熟悉，消费习惯业已形成，销售量迅速增长，这种新产品就进入了成长期。进入成长期以后，老顾客重复购买，并且带来了新的顾客，销售量激增，企业利润迅速增长，在这一阶段利润达到最大。随着销售量的增大，企业生产规模也逐步扩大，产品成本逐步降低，新的竞争者会投入竞争。随着竞争的加剧，新的产品特性开始出现，产品市场开始细分，分销渠道增加。企业为维持市场继续成长，需要保持或稍微增加促销费用，但由于销量增加，平均促销费用有所下降。在产品的成长阶段，价格制定应视导入期采用的是撇脂法还是渗透法而定。在适当的时机，可以采取降价策略，以激发那些对价格比较敏感的消费者产生购买动机和采取购买行动。

## 8.4.3 产品成熟期的价格策略

产品经过成长期的一段时间以后，销售量的增长会缓慢下来，利润开始缓慢下降，这表明产品已开始走向成熟期。进入成熟期以后，产品的销售量增长缓慢，逐步达到最高峰，然后缓慢下降；该产品的销售利润也从成长期的最高点开始下降；市场竞争非常激烈；各种品牌、各种款式的同类产品不断出现。对成熟的产品，只能采取主动出击的策略，使成熟期延长，或使产品生命周期出现再循环。此时，竞争激烈，企业的首要工作是降低价格。大量小型企业将在竞争中被淘汰，从而形成以大型企业为主的垄断局面。

> **营销案例 8-1　长虹的价格策略**
>
> 中国的彩电业第一品牌——"长虹"市场占有率达到 50%。仅"长虹"两个字就价值 245 亿元！自 1995 年以来，"长虹"连续 6 年居中国彩电市场销量榜首。
>
> 长虹电视机厂 1984 年生产电视机不过 7.6 万台。1989 年，长虹第一次降价，便将全国电视机生产厂家杀伤一大半！近 300 家电视机生产厂仅余 100 多家。1994 年，长虹电视机厂生产规模扩大到 308 万台，销售收入 80 亿元，当年国内市场占有率为 22%。
>
> 1996 年，"长虹"又一次首先发难，拉开了又一轮价格战序幕。当时，"长虹"就已达到国际公认的"规模经济"标准，跻身于国际彩电生产大型企业的行列。1996 年，中国的电视机生产已达到 2 000 万台，成为世界上首屈一指的彩电生产大国。国内市场竞争更加残酷。这次降价使中国市场的电视机品牌从 100 多个锐减到 30 多个。
>
> 到了 2000 年，当人们走进各大商场时，满目都是名牌产品，有谁还担心会买到假冒的电视机呢？通过一浪高过一浪的价格战，倪润峰成功地把"四川长虹"的市场占有率，从不到 10%，提高到了超过中国彩电市场的半壁河山。

## 8.4.4 产品衰退期的价格策略

在成熟期，产品的销售量从缓慢增加直到缓慢下降，如果销售量的下降速度开始加剧，利润水平很低，在一般情况下，就可以认为这种产品已进入市场生命周期的衰退期。衰退期的主要特点：产品的销售量急剧下降；企业从这种产品中获得的利润很低甚至为零；大量的竞争者退出市场；消费者的消费习惯已发生转变等。面对处于衰退期的产品，企业需要进行认真的研究分析，决定采取什么策略、在什么时间退出市场。

在价格上，根据企业的总体战略，一般可选择三种价格策略：一是减价；二是追随其他厂商的价格；三是在同一品牌下，以成本较低的同质产品来维持产品价格。

## ➲ 案例分析

> **【案例 1】　格兰仕的价格战**
>
> 格兰仕最为成功的营销策略之一是价格战，这是成就其在微波炉市场的霸主地位、走向成功的关键因素。
>
> 1996 年 8 月，格兰仕首先在上海，继而在全国范围内强力推进 40%大幅度降价的策略以抢占市场，确立市场领先者地位。

当月，格兰仕的微波炉市场占有率达到了 50.2.%的最高记录。在上海市场，据 74 家亿元大商场统计，格兰仕市场占有率高达 69.1%。尽管 1996 年 8 月份是销售淡季，格兰仕微波炉却经常脱销断货，当天生产的产品不用进仓库就被拉走，生产线上出现超负荷运行。格兰仕的市场地位日益明显，当年便以 34.5%的市场份额坐稳了全国市场份额老大的位置。

1997 年春节后，格兰仕看到了市场形势的变化，趁洋品牌尚未在中国市场站稳脚跟、国内企业尚未形成气候之际，抓住时机，发起了微波炉市场的阵地巩固战。

这次价格战格兰仕采用买一送一的促销活动，发动新一轮的让利促销攻势，凡购买格兰仕任何一款微波炉均赠送一个豪华高档电饭煲。1997 年 5 月底，格兰仕进一步"火上浇油"，突然宣布在全国许多大中城市实施"买一赠三"，甚至"买一赠四"的促销大行动。品牌销售的高度集中使得格兰仕的产销规模迅速扩大，1997 年，格兰仕已经成为一个年生产能力达到 260 万台微波炉的企业，市场占有率节节攀升，1998 年 3 月最高时达到58.69%，史无前例地创了行业新纪录。

在取得市场的绝对优势后，格兰仕并没有因此而停滞，反而乘胜追击，加紧了对市场的冲击力度，发动了微波炉市场的品牌歼灭战。

1997 年，东南亚爆发了金融危机，韩国企业受到重创，政府下令要调整亏损企业，这再度给格兰仕创造了一个绝好的市场契机。1997 年 10 月，格兰仕凭借其规模优势所创造的成本优势，再度将 12 个品种的微波炉降价 40%，全面实施薄利多销的策略，以抑制进口品牌的广告促销攻势，格兰仕微波炉在全国的市场占有率始终保持在 50%左右。1998 年 6 月 13 日，微波炉生产规模已经成为全球最大的格兰仕企业（集团）公司，在国内微波炉市场又一次实施"组合大促销"：购买微波炉除可获得高档豪华电饭煲、电风扇、微波炉饭煲等赠品外，又有 1998 年世界杯世界顶级球星签名的足球赠品和千万元名牌空调大抽奖。这种以同步组合重拳打向市场的营销策略，再度在全国市场引起巨大震动。

格兰仕成功地运用价格策略使自己成为微波炉行业的龙头企业。

问题：格兰仕是怎样成功地运用价格策略的？为什么可以这样应用？

**【案例2】　休布雷公司巧订酒价**

休布雷公司在美国伏特加酒的市场中属于营销出色的企业，他们生产的史密诺夫酒在伏特加酒的市场占有率达 23%。20 世纪 60 年代，另一家公司推出了一种新型伏特加酒，其质量不比史密诺夫酒低，而每瓶酒的价格却比史密诺夫酒低一美元。

按照惯例，休布雷公司面前有以下三条对策可用：

第一，降低一美元，以保住市场占有率。

第二，维持原价，通过增加广告费用和推销支出与竞争对手竞争。

第三，维持原价，听任市场占有率降低。

由此看来，不论休布雷采取上述哪种策略都很被动，似乎将是输定了。但是，该公司的市场营销人员经过深思熟虑后却采取了令人们大吃一惊、意想不到的第四种策略，那就是将史密诺夫酒的价格再提高一美元，同时推出一种与竞争对手的新伏特加价格一样的瑞色加酒和另一种价格更低的波波酒。

问题：你认为第四种价格策略是否恰当？为什么？

# 思考与练习

1. 产品基本价格的制定方法有哪些?
2. 产品价格的修订方法有哪些?
3. 相关产品定价策略有哪些?
4. 产品生命周期不同阶段的价格策略是怎样的?

# 第 9 章

# 分销渠道策略

- 了解分销渠道的职能与类型。
- 理解影响分销渠道选择的因素及分销策略。
- 掌握设计、管理和评估分销渠道的基本方法。

→ 实践项目

任务一　收集特许经营和连锁经营企业的信息，根据调研结果写一份书面报告。

任务二　访问两家包裹递送服务公司（其中一家为 EMS）的网站，收集每家公司为电子商务企业提供实体分销服务的相关信息，列表比较每家公司的分销活动。

→ 案例导入

### 打印机品牌的渠道变革

在中国 IT 市场中，85%以上的产品是通过渠道来进行销售的，从某种意义上说，"渠道就是供应商的生命线"。在产品同质化严重的今天，供应商在渠道的建设与维护上不遗余力，以增强对市场的把握力度，提高自身的竞争力。不仅如此，还要把握最恰当的时机，从内到外地适时变革。

1. 方正：区域独家代理

方正的多功能一体机是基于扫描仪的多功能一体机，在渠道建设上充分利用现有扫描仪的渠道，继续使用区域独家代理的渠道体制，原则上优先考虑让现有的扫描仪代理商做多功能一体机的总代理。

2. 联想：齐步走

联想多功能一体机的渠道与打印机的渠道基本上是重合的。在 2000 年以前，只有 IT 渠道；2000 年以后，联想开始开拓 OA 渠道。目前，在联想外设的 2 000 多家经销商中，有 20%～30%是 OA 渠道的经销商。

联想坚持 IT 与 OA 齐步走的渠道策略。当然，由于各有各的特点，因此在产品运作、渠道架构、管理政策、支持方式上，联想对 IT 与 OA 渠道会分别施以不同的方法。OA 渠道的经销商要想成为联想的合作伙伴，最重要的一条是他要认同联想的文化。

3. 佳能：营销区域化

佳能多功能一体机的渠道架构分为三层：一是供货商，即分销商，其主要作用是进口、分销货物；二是分销商，其主要作用是向零售商批发货物，同时自己也开店做零售；三是零售商。

佳能多功能一体机，既走基于复印机、传真机的 OA 渠道，也走基于打印机的 IT 渠道。今后，在渠道建设方面，佳能会加强区域管理的力度，以顺应营销区域化的大趋势。

4. 三星："俱乐部"式的渠道模式

2001 年 8 月，三星进军中国市场后，在其独家总代理北京万海科技的配合下，迅速建立起了自己的渠道销售体系，并推出了按俱乐部方式运作的独特渠道模式，吸引了一大批合作伙伴，成为当时中国 IT 渠道领域的一大亮点。

2002 年，三星一改以往的"经销商来一个就收一个，多销开一条路是一条"的传统做法，开始由其总代理万海公司组建"三星万海经销商俱乐部"，对经销商开始进行"封闭式"管理。三星万海俱乐部的建立，所有经营政策都是自上而下地统一执行，易于万海对下游渠道的管理，从而各个层面的销售效率也迅速提高。

这一模式对当时的三星销售起到了极大的促进作用。2002 年年底，三星的经销商渠道迅速壮大，销售业绩也开始呈急剧攀升的态势。到 2003 年年底，仅过了两年的时间，三星中低端激光打印机市场的占有率迅速迈进三甲，在多功能一体机的市场份额上更是名列前茅。

（资料来源：改编自蔡云锦. 三星电子渠道变革。中国经营报，2004）

问题：企业选择分销渠道的策略有哪些？

由以上案例可以看出，传统的营销渠道不能适应企业的发展时，创新与变革是企业新的出路。上述渠道变革有以下特点：通过对原有资源的整合对渠道体制进行大刀阔斧的改革；采取"渠道扁平化"原则，将渠道细化，提升渠道门槛走精细化管理；将渠道代理商变为战略联盟伙伴，实现共同发展；渠道架构多层化等。

# 9.1　分销渠道概述

## 9.1.1　分销渠道的概念

分销渠道，是指企业的产品（或劳务）从生产者向最后消费者或者工业用户直接转移所有权时，所经过的路线、途径或流转通道。它包括两层含义：一是指把商品从生产者转送到消费者手里的经营环节或经营机构，如批发商、代理商、零售商等分销商和生产企业自己的销售机构等；二是指产品实体从生产者到消费者手里的运输储存过程。分销渠道是企业最重要的外部环境。

## 9.1.2 分销渠道的功能及流程

### 1. 分销渠道的功能

分销渠道的基本功能是把产品从生产者手中转移到消费者的手中，其目的主要在于消除产品、服务与它们的使用者之间存在的差距。具体而言，分销渠道的主要功能有以下几种。

（1）调研，收集有关顾客、竞争对手以及商品、价格等信息。

（2）促销，传播有关商品或品牌的相关信息，吸引并与顾客沟通，促进产品销售。

（3）联系，寻找潜在的购买者，并与之进行联系沟通。

（4）分类，即按照购买者的要求调整供应物进行分拣、重新包装、分配、组合配货等。

（5）谈判，为了实现产品所有权的转移，而与顾客就产品的价格和有关条件商洽协议。

（6）实体分配，从事产品的运输、储存等活动。

（7）融资，通过银行或其他金融机构为买方付款，将信用延伸至消费者。

（8）风险承担，承担执行渠道任务过程中的有关风险，如存货损毁、跌价损失。

上述功能对于分销渠道来说都是非常重要的，必须由渠道成员共同努力执行。由谁来执行分销渠道的功能是企业分销决策中的一个重要问题，在制定具体的策略时，企业要优先考虑效率和效益原则，使企业能够获得较高的效率和效益。

164

**营销案例 9-1 丰田抢滩美国市场**

通过大量翔实的调查和研究，丰田公司断定美国汽车消费者正逐渐摆脱昔日的崇尚豪华、宽大的价值观，日益追求省油、耐用、价廉的实惠型汽车。于是 1965 年，丰田带着针对美国市场设计的节油且价格低廉的小型汽车再次登陆美国市场。但丰田没有忘记 1955 年首次进军美国市场惨败的情形。当时，公司没有充分意识到渠道战略的重要性，以至于第一年丰田在美国的经销商只有可怜的五家。因此，在这次卷土重来的时候，公司不遗余力地在分销渠道建设方面进行了长期投资活动，利用一切可能的手法，如博览会、培训班、研讨会以及佣金制度，广泛拉拢美国经销商，建立庞大的经销体系网络。1976 年，丰田汽车销售配售网络中的经销商就已经达到 1 000 多家。从此"质量可靠、服务优良、价格低廉"的丰田形象在美国市场得以确立。

（资料来源：徐蔚琴，谢国娥. 营销渠道管理. 北京：电子工业出版社，2001）

### 2. 分销渠道的流程

分销渠道的功能通过渠道流程完成，流程效率决定产出效率。按菲利普·科特勒的归纳，分销渠道的流程分为"五流"，即实物流、所有权流、付款流、信息流及促销流，如图 9-1 所示。

实物流是指实体原料及成品从制造商转移到最终顾客的过程；所有权流是指货物所有权从一个市场营销机构到另一个市场营销机构的转移过程；付款流是指货款在各市场营销中间机构之间的流动过程；信息流是指在市场营销渠道中，各市场营销中间机构相互传递信息的过程；促销流是指由一单位运用广告、人员推销、公共关系、促销等活动对另一单位施加影响的过程。

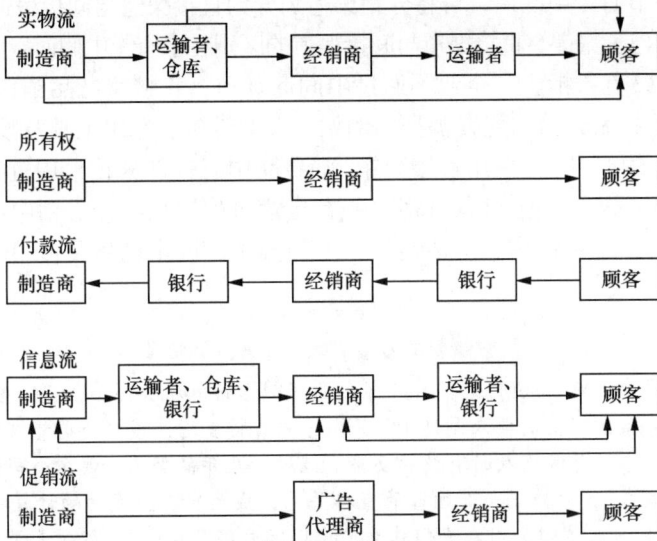

图 9-1 分销渠道流程

## 9.1.3 分销渠道的类型和结构

分销渠道系统可以按不同的标准划分出不同类型,传统的渠道划分需要首先区分分销的对象是消费品还是工业用品,因为这两类商品的分销渠道具有明显的差异(如图 9-2、图 9-3 所示)。

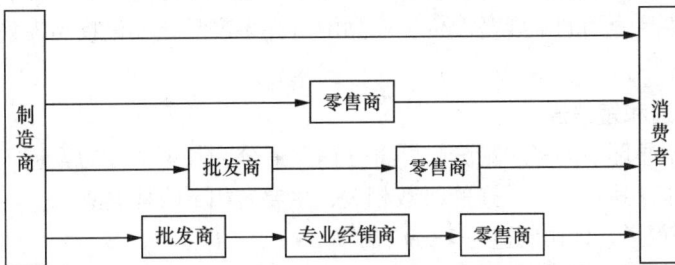

图 9-2 工业品分销渠道

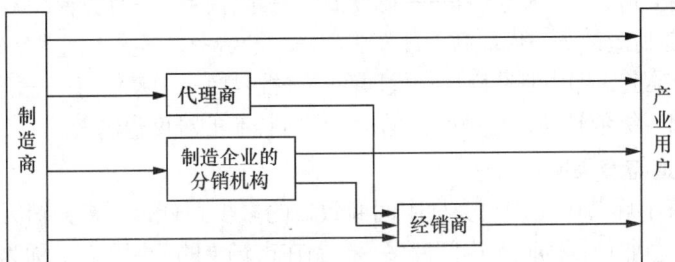

图 9-3 消费品分销渠道

### 1. 直接渠道与间接渠道

按流通环节有无中间商，可将分销渠道划分为直接渠道与间接渠道；间接渠道又分为短渠道与长渠道。直接渠道与间接渠道的区别在于有无中间商。

（1）直接渠道：指生产企业不通过中间商环节，直接将产品销售给消费者。直接渠道是工业品分销的主要类型。例如，大型设备、专用工具及技术复杂需要提供专门服务的产品，都采用直接分销。消费品中有一部分也采用直接分销类型，如鲜活商品等。从形式上讲，直销主要有自营机构销售（如直销中心）、无店铺销售（如邮购、传单销售、电话销售、上门推销、网上销售及传销等）、电子商务销售等。

**营销案例 9-2　戴尔计算机公司**

麦克·戴尔（Michael Dell）1984 年创立了戴尔计算机公司（Dell Computer），戴尔的理念是：按照客户的要求制造 PC 并向客户直接发货，戴尔公司能够事半功倍地了解客户的需求，并做出及时有效的反馈。经过十几年的努力，戴尔公司通过其开拓性的"直销模式"，培植了与其顾客的直接关系，成为世界上成功的计算机直销商。

1998 年 8 月，戴尔公司在厦门建立"中国客户服务中心"，投入大量资金建立顾客信息数据库，包括所有中国客户的信息。客户只需打电话来告诉戴尔公司工程师计算机的序列号，工程师便能准确地查出顾客所购计算机的所有配置，一般关于使用上的问题可以在 30 分钟内通过电话解决问题。

尽管这些成本都计入开支中，戴尔公司仍可拥有数目可观的利润。因为直销的模式节省了大量的花销（非直销模式的企业在培训和支持代理商以及库存上都需要消耗大量的现金）。戴尔公司通过直销模式与顾客建立一种互动的关系。

（2）间接渠道：指生产企业通过中间商环节把产品传送到消费者手中。间接分销渠道是消费品分销的主要类型，工业品中有许多产品诸如化妆品等采用间接分销类型。

### 2. 长渠道和短渠道

按通过流通环节的多少划分，可将分销渠道分为长渠道和短渠道。渠道长短的划分是相对的，其长度与渠道的级数相关，主要有如下四种类型。

（1）零级渠道，即由制造商——消费者。

（2）一级渠道，即由制造商——零售商——消费者。

（3）二级渠道，即由制造商——批发商——零售商——消费者，多见于消费品分销；或者是制造商——代理商——零售商——消费者，多见于消费品分销。

（4）三级渠道，即由制造商——代理商——批发商——零售商——消费者。

可以看出，级数越高，营销渠道越长，同时控制的难度也越大。

### 3. 宽渠道与窄渠道

按渠道每个环节中使用同类型中间商数目的多少划分，可将分销渠道分为宽渠道与窄渠道。企业使用的同类中间商多，产品在市场上的分销面广，称为宽渠道（如图 9-4 所示），如一般的日用消费品（毛巾、牙刷、开水瓶等）销售。它由多家批发商经销，又转卖给更多的零售商，能大量接触消费者，大批量地销售产品。

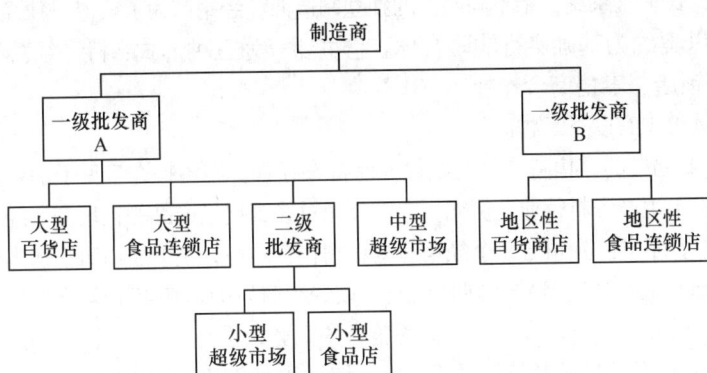

图 9-4　日本食品制造商的销售渠道

企业使用的同类中间商少，分销渠道窄，称为窄渠道。它一般适用于专业性强的产品，或贵重耐用消费品，由一家中间商统包，几家经销。它使生产企业容易控制分销，但市场分销面受到限制。

#### 4．单渠道和多渠道

按渠道的每一级选择中间商的多少划分，可将分销渠道分为单渠道和多渠道。当企业全部产品都由自己直接所设门市部销售，或全部交给批发商经销，称为单渠道。

多渠道则可能是在本地区采用直接渠道，在外地则采用间接渠道；在有些地区独家经销，在另一些地区多家分销；对消费品市场用长渠道，对生产资料市场则采用短渠道。

### 9.1.4　分销渠道系统

20 世纪 80 年代以来，分销渠道系统突破了由生产者、批发商、零售商和消费者组成的传统模式和类型，有了新的发展，如垂直渠道系统、水平渠道系统、多渠道营销系统等。

#### 1．垂直渠道系统

这是由生产企业、批发商和零售商组成的统一系统。垂直分销渠道的特点是专业化管理、集中计划，销售系统中的各成员为共同的利益目标，都采用不同程度的一体化经营或联合经营。它主要有以下三种形式。

（1）公司式垂直系统：指一家公司拥有和统一管理若干工厂、批发机构和零售机构，控制分销渠道的若干层次，甚至整个分销渠道，综合经营生产、批发、零售业务。这种渠道系统又分为两类：工商一体化经营和商工一体化经营。工商一体化是指大工业公司拥有、统一管理若干生产单位和商业机构，如中国石油化工有限公司拥有油田、炼油厂，还拥有油品销售的批发和零售机构，其销售网点遍布全国。商工一体化是指由大零售公司拥有和管理若干生产单位，如一些大型商业连锁机构同时也提供一些自有品牌的日常用品。

（2）管理式垂直系统：制造商和零售商共同协商销售管理业务，其业务涉及销售促进、库存管理、定价、商品陈列、购销活动等，如宝洁公司与其零售商共定商品陈列、货架位置、促销、定价。

（3）契约式垂直系统：指不同层次的独立制造商和经销商为了获得单独经营达不到的经济利益而以契约为基础实行的联合体。它主要分为三种形式：特许经营组织、批发商倡办的连锁店、零售商合作社。

特许经营组织有以下三种。

① 制造商倡办的零售特许经营或代理商特许经营。零售特许多见于消费品行业，代理商特许多见于生产资料行业。例如，丰田公司对经销自己产品的代理商、经销商给以买断权和卖断权，即丰田公司与某个经销商签订销售合同后，赋予经销商销售本公司产品的权利而不再与其他经销商签约，同时也规定该经销商只能销售丰田牌子的汽车，实行专卖，避免了经营相同牌子汽车的经销商为抢客户而竞相压价，以致损害公司名誉。

② 制造商倡办的批发商特许经营系统。该系统大多出现在饮食业，如可口可乐，百事可乐与某些瓶装厂商签订合同，授予在某一地区分装的特许权和向零售商发运可口可乐等的特许权。

③ 服务企业倡办的零售商特许经营系统。该系统多出现于快餐业（如肯德鸡快餐），汽车出租业。

### 2. 水平渠道系统

这是由两家或两家以上的公司横向联合，共同开拓新的营销机会的分销渠道系统。这些公司或因资本、生产技术、营销资源不足，无力单独开发市场机会；或因惧怕承担风险；或因与其他公司联合可实现最佳协同效益，因而组成共生联合的渠道系统。这种联合，可以是暂时的，也可以组成一家新公司，使之永久化。

### 3. 多渠道营销系统

这种系统指在同一或不同的分市场采用多条渠道营销系统。这种系统一般分为两种形式：一种是生产企业通过多种渠道竞争性地销售同一商标的产品，这种形式易引起不同渠道间激烈的竞争；另一种是生产企业通过多渠道销售不同商标的差异化产品。

## 9.2 中间商功能和类型

中间商是指在商品从生产者通向最终消费者或用户之间担负商品交换媒介的商业机构或个人，包括代理商、经纪人、批发商和零售商。

### 9.2.1 中间商的功能

在现代化大生产和市场经济条件下，商品由生产者直接销售给消费者（用户）的情况相对来说比较少。多数情况下，商品从生产者流向消费者（用户）的过程中，必须经过或多或少的中间环节，即要有各种类型中间商的参与。中间商的具体功能表现在以下几个方面。

### 1. 减少交易次数，降低流通费用

假设有 3 个生产者和 5 个消费者，如果不用中间商，生产者和消费者之间要进行 15 次交易，如图 9-5 所示。

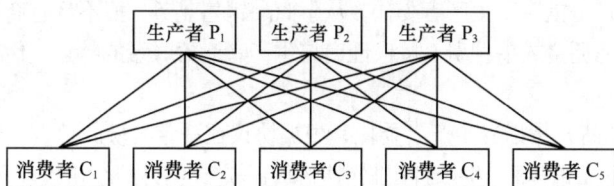

图 9-5　无中间商时生产者和消费者之间的交易

但是，如果有中间商插入其中，只需发生 8 次交易就可以代替原来的 15 次交易，如图 9-6 所示。

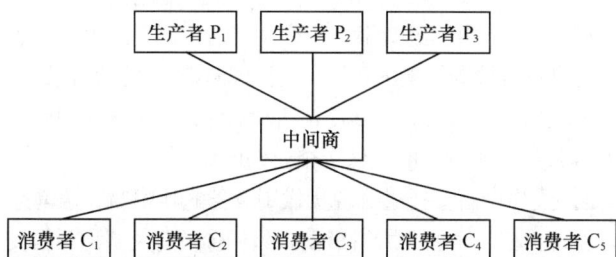

图 9-6　有中间商时生产者和消费者之间的交易

在实际的分销活动中，生产者和消费者以及生产者之间的交换，比这种假定复杂得多。交易次数的减少，节省时间和人力，降低了流通费用。

### 2. 代替生产企业完成营销的功能

如果没有中间商，生产企业就要担负起市场调查、广告宣传、商品储存和运输以及为消费者服务等职能，这样就会分散从事商品生产的精力，不能有效地完成生产和经营任务。而让中间商承担这部分功能，不仅可以降低成本，而且可以扩大商品流通，加快资金周转，增强企业的销售能力。

### 3. 集中、平衡和扩散商品的功能

集中功能就是通过采购活动把若干生产企业的产品集中起来；平衡功能就是将各种不同商品根据不同的细分市场需要加以平衡分配，满足各种需要；扩散功能就是将集中采购的大量商品运销各地，从而满足不同地区消费者的需要。

### 4. 沟通信息的功能

在现代社会，生产者既要随时掌握消费者对企业和产品的意见和要求，又要让消费者了解企业和产品，生产者和消费者之间需要信息沟通。而中间商连接产销双方，接触面广，最了解市场状况，掌握市场信息，可以随时向生产企业和消费者传达信息，使产品能适销对路，既可以避免生产的盲目性，又能指导消费。

## 9.2.2　中间商的类型

### 1. 按中间商是否拥有商品所有权划分

（1）经销商：是指在商品买卖过程中拥有商品所有权的中间商，其收益来源于批零差价。

（2）代理商：是指接受生产者委托，从事商品销售业务，但不具有商品所有权的中间商。其收益来源为佣金或手续费。按代理商与生产者业务联系的特点，代理商可分为以下几种。

① 企业代理商：是指受生产者委托，根据协议在一定区域内负责代销生产者生产的商品的中间商。商品销售后，生产者按照销售额的一定比例付给企业代理商佣金作为报酬。企业代理商与生产者是委托代销关系，它负责推销商品，履行销售业务手续，本身不设立仓库，由顾客直接向生产者提货。因此，企业代理商实际上类似生产者的推销员，生产者可同时委托若干代理商，分别在不同地区推销商品，亦可同时参与某一地区的直接销售活动。

② 销售代理商：是一种独立的中间商，受生产者委托负责代销生产者的全部商品，不受地区限制，并拥有一定的销售决定权。一个生产者在同一时期只能委托一家销售代理商，且本身也不能再进行直接的销售活动。销售代理商则不能同时代销其他企业的类似产品，要负责为生产者提供市场信息，开展促销活动。因此，销售代理商实际上是生产企业的全权独家代理商，其佣金比例一般不低于企业代理商。

③ 寄售商：是接受生产者委托进行现货代销业务的中间商，通常是生产者将商品交付给寄售商，双方议定价格，销售后所得货款扣除佣金及有关费用后再交付生产者。寄售商一般有自设的仓库或铺面，由于顾客可及时购到现货，易于成交，因此，寄售商在发掘潜在购买力、开辟新市场、处理滞销商品等方面，都能发挥较好的销售推广作用。

④ 经纪商：也称"经纪人"，它既无商品，又无店铺，只是为买卖双方达成交易牵线搭桥，通常是拿着货物说明书或样品把买卖双方结合在一起。经纪人具有法人资格，与买卖双方都不签订合同，但在买卖过程中又可代表买卖的任何一方。在交易达成之后，经纪商按协议获取一部分佣金，但其佣金比例一般较低。

**2. 按中间商在流通领域中的作用划分**

（1）批发商：是指向生产者或商业单位购进商品，供应其他商业单位进行转卖或供应生产者进行加工制造的中间商。

批发商有许多类型，不同类型的批发商，其发挥功能的形式和程度有一定差别。一般的，批发商类型的复杂程度，与该国家或地区的经济及市场的发达程度密切相关。批发商可以按不同的标准进行分类，按其经销的商品分类，可分为一般批发商和专业批发商；按其服务的地域分类，可分为地方性批发商、区域性批发商和全国性批发商。这里，仅按所有权关系和基本经营方式，把批发商分为以下四类。

① 商人批发商：是独立经营者，又称独立批发商，对其经营的产品拥有所有权，是批发商中最主要的部分。它又可以分为完全服务批发商（执行全部批发职能）和有限服务批发商（执行部分批发职能）。

② 居间经纪商：与商人批发商不同，居间经纪商对所经营的商品没有所有权，只为买卖双方提供交易服务，收取一定佣金，主要类型有代理商、经纪人、委托商、拍卖公司等。

③ 自营批发机构：是由制造商和零售商自设机构经营批发业务的批发商，主要类型有制造商与零售商的分销部和办事处。分销部有一定的商品储存，其形式如同商人批发商，只不过隶属关系不同；办事处没有存货，是企业驻外的业务代办机构，有些零售商在一些中心市场设立采购办事处，主要办理本公司的采购业务，也兼做批发业务，其功能与经纪

人和代理商相似。

④ 其他批发商：主要指存在于其他特殊经济部门、行业的专业批发商，如为农产品集散服务的农产品收购调运商、为石油集散服务的中转油库、为某些特殊购销方式服务的拍卖公司等。

（2）零售商。零售包括将商品或服务直接出售给最终消费者，供其非商业性使用的过程中所涉及的一切活动。零售商是指主要从事零售业务的企业。

我国的相关部门将零售商店分为八类：百货店、超市、综合超市、便利店、专业店、专卖店、购物中心、大卖场和家居中心。随着社会进步，零售商的新形式也不断涌现，可以把零售商分为商店零售商、无商店零售商和合作零售组织三大类进行研究（如表 9-1 所示）。

表 9-1 零售商类型

| 商店零售商 | 专业商店、百货商店、超级市场、便利商店、折扣商店、廉价零售商、工厂门市部、仓库俱乐部、超级商店、样品目录陈列室 |
| --- | --- |
| 无商店零售商 | 直销公司、直复营销、自动售货、购物服务 |
| 合作零售组织 | 公司连锁、自愿连锁店、零售商合作组织、消费者合作社、特许经营组织、商业联合大公司 |

① 商店零售商。这是有固定场所的零售商，主要有以下几种形式。

a. 专业商店。专业商店经营一条窄而深的产品线，通常专门经营一大类花色、品种、规格齐全的商品，如服饰商店、运动用品商店、家具店、花店、书店等。

b. 百货商店。一家百货商店要经营几条产品线，通常有服装、家庭用具和家常用品，每一条线都作为一个独立的部门，由一名进货专家或者商品专家管理。百货店一般坐落在闹市商业中心，如北京王府井百货大楼。

c. 超级市场。超级市场是一种相对规模大，低成本，低毛利，高销售量，自助服务式，为满足消费者对食品、洗衣和家庭日常用品的种种需求服务的零售组织。

d. 便利商店。便利商店规模相对较小，位于住宅区附近，营业时间长，一周每天开门，并且经营周转较快的方便商品或易耗品，主要满足顾客的不时之需，而商品的价格相对高些。

e. 折扣商店。折扣商店出售标准商品，价格低于一般商店，毛利较少，薄利多销，销售量较大。沃尔玛是这种类型的成功代表。偶然的价格折扣和临时的价格折扣以及低价出售廉价品或劣质品都不属于折扣商店的范畴。

f. 工厂门市部。工厂门市部由制造商自己拥有和经营，它们销售多余的、不正常和不规范的商品。这些门市部有时联合起来在工厂门市部大厅联销。

g. 仓库俱乐部（或批发商俱乐部）。它销售有限的有品牌名的杂货、器具、衣服和其他东西，参加者每年交纳一定额度的会费，便可得到高折扣。这种形式的仓库俱乐部主要为小企业服务，并为政府机构、非营利组织和某些大公司服务。仓库俱乐部以大量的、低管理费、类似仓储设施的方式来经营，销售种类少。其成本低，因为它们低价买进并且很少使用仓储劳动力，不送货上门和赊账买卖。但它们提供最低价——通常比超级市场和折扣商店低 20%～40%，如沃尔玛拥有的山姆俱乐部。

h. 超级商店。有比超级市场大得多的场地，主要满足消费者在日常购买的食品和非食品类商品方面的全部需要，它们通常提供诸如洗衣、干洗、修鞋、支票兑换和付账等服务。这种形式的种类有综合商店和巨型超级市场。

i. 样品目录陈列室。它应用于大量可供选择的毛利高、周转快的有品牌商品的销售，包括珠宝、电动工具、照相机、皮包、小型设备、玩具和运动器皿等。顾客在陈列室里开出商品订单，该商店的发货点对顾客送货上门。样品目录陈列室利用减少成本和毛利以吸引大量销售。

② 非商店零售商。这类零售商没有固定的营业场所，具体形式主要包括以下几种。

a. 直接推销。直接推销有三种形式：一对一推销、一对多（聚会）推销和多层次（网络）营销。

b. 直复营销。直复营销起源于邮购和目录营销，这种方式通过各种媒体与消费者进行沟通，以引起消费者的购买欲望和购买行为，如电信营销、电视直销、邮购营销以及网上直销等。

c. 自动售货。它是利用售货机向消费者出售货物的一种形式，已经用于多种商品，包括带有很大方便价值的冲动型商品（香烟、软饮料、糖果、报纸、热饮料等）和其他产品（袜子、化妆品、食品快餐、热汤和食品、纸面簿、唱片集、胶卷、T恤衫、保险单、鞋油，甚至还有鱼饵）。

③ 合作零售组织。

这是为竞争的需要而形成的零售商团体，主要有以下两种形式。

a. 公司连锁。两个或两个以上的商店同属一个所有者所有和管理，实行统一化、标准化的经营模式，它适合所有类型的零售业务，具有较强的竞争力。

---

**营销案例 9-3 桐君阁的连锁药店**

桐君阁下辖君阁药厂、重庆中药厂的生产总厂、五个专业性医药营销经营公司，通过一系列的收购（主要是对原太极集团所属的医药经销企业）和连锁加盟形式扩张了终端零售市场，占领了成都和重庆30%～40%的市场销售份额，其业务定位服从于太极集团的整体战略规划，在医药商业的业务活动主要集中在调拨、批发和零售等方面，零售业务是公司主要的利润来源之一。近两年，公司通过收购、合作完成了零售连锁药店的大量铺设工作，主要采取"加盟+直销"模式，目前总计有1 250家。

在加盟连锁药店的建设方面，2001年下半年，重庆市供销社下属932个售药网点整体加盟桐君阁，目前已整合400余家，未来估计有800余家可以正式运营。通过这种低成本、低风险的扩张方式，公司迅速占领了农村、城郊医药零售市场。正常运营后，年销售总额可达4亿～5亿元，给公司带来2 800万～3 000万元的营业利润。

目前，公司独立经营的连锁药店（直销）共有450家，其中，232家统一使用了"桐君阁药房"的字号，其余的尚未统一字号。这些药店中，最大的年销售收入可达800万元，小的在100万～200万元。公司还在开拓北京与上海市场方面取得了进展。

---

b. 特许经营组织。特许者和被特许者以合同的方式规定双方的权利和义务，被特许者在一定的条件下可以使用特许者的名字、商标、特定产品和经营风格等，特许者因此获得相应的报酬，如麦当劳的经营模式。特许经营与连锁经营有所区别（如表9-2所示）。

表 9-2　　　　　　　　　　　　　特许经营与连锁经营比较

| 经营方式<br>比较项目 | 连 锁 经 营 | 特 许 经 营 |
|---|---|---|
| 资本结构 | 自有资本 | 受许方资本 |
| 经营风险 | 自己承担风险 | 风险转移到受许方 |
| 发展速度 | 扩张速度慢 | 扩张速度快 |
| 管理模式 | 移植管理模式，全程管控 | 接受特许方管理输出及政策监管 |

# 9.3　分销渠道设计

## 9.3.1　分销渠道选择的原则

企业分销渠道选择一般应遵循三个方面的原则，即经济性、控制性和适应性原则。

### 1. 经济性原则

对分销渠道的选择遵循经济性的原则，是企业营销活动必须追求经济效益的需要。选择分销渠道时，需要将分销渠道决策所可能引起的销售收入增长同实施这一渠道方案所需要花费的成本进行比较，若生产企业自身销售渠道的投资报酬率低于利用分销商的投资报酬率，就宜选择分销商来开展销售；反之，则可以自销。

### 2. 控制性原则

企业选择分销渠道决策时，除考虑经济效益外，从长远看，还要考虑对分销渠道的有效控制问题，以利于建立一套长效的、稳定的分销系统来保证市场份额。生产企业自销系统是最容易控制的，但是成本较高，市场覆盖面较窄，不可能完全利用直接渠道分销。一般而言，建立特约经销或特约代理关系的分销商比较容易控制。但一般日用品分销环节多、渠道广，企业就比较难控制。同时，企业对分销渠道的控制也要适度，要将控制的必要性与控制成本进行比较，以达到良好的控制效果。

### 3. 适应性原则

分销渠道是企业营销的重要外部资源，除企业建立的直销渠道系统以外，分销商不是企业可完全控制的，因此企业分销渠道决策时必须考虑适应性。在销售区域上，要考虑不同地区的消费水平、市场特点、人口分布等；在时间上，要根据产品的特性、消费的季节性等因素，适应市场的客观要求；在分销商的选择上，要合理确定利用分销商的类型、数量及其对分销产品的态度，以避免分销商的渠道冲突，又调动其积极性。

总之，企业进行分销渠道决策时要保持灵活的适应性，做到多而不乱，稳而不死，以便最有效地实现企业的营销目标。

## 9.3.2　影响分销渠道设计的因素

企业决定所用分销渠道的长短、宽窄以及是否使用多重渠道，要受到一系列主、客观因素的制约。影响分销渠道选择的因素主要有：市场因素、产品因素、企业因素、中间商因素如营销环境因素等。

### 1. 市场因素

（1）目标市场范围。市场范围宽广，宜用较宽、较长渠道；相反，可用较短、较窄渠道。

（2）顾客的集中程度。顾客较为集中，可用较短、较窄渠道；顾客分散，多用较宽、较长渠道。

（3）顾客的购买量、购买频率。购买量小，购买频率高，宜采用较长、较宽的渠道，一般消费品多用此类渠道；反之，顾客一次购买量较大，购买频率低，如生产者、社会集团购买，则采用较短、较窄渠道。

（4）消费的季节性。消费有明显季节性的产品，一般应充分发挥中间商的调节作用，以便均衡生产，较多采用长渠道。

（5）竞争状况。通常，同类产品应与竞争者采取相同或相似的销售渠道；在竞争特别激烈时，则应寻求有独到之处的销售渠道。

### 2. 产品因素

（1）产品理化性质。体积小、较轻的产品，宜用较长、较宽的渠道；体积大、笨重的产品（如大型设备、矿产品），应努力减少中间环节，尽量采用直接渠道；易损易腐的产品、危险品，应尽量避免多次转手、反复搬运，宜用较短渠道或专用渠道。

（2）产品单价。一般来说，价格昂贵的工业品、耐用消费品、享受品应减少流通环节，采用较短、较窄渠道；单价较低的日用品，一般选购品，则可采用较长、较宽渠道。

（3）产品时尚性。式样、花色多变、时尚性程度高的产品（如时装、家具、高档玩具），多采用较短渠道；款式不易变化的产品，可用较长渠道。

（4）产品标准化程度。标准化程度高、通用性强的产品，渠道较长、较宽；非标准化产品，渠道较窄、较短。

（5）产品技术复杂程度。产品技术越复杂，用户对有关销售服务尤其是售后服务的要求越高，宜用直接渠道和短渠道。

### 3. 企业自身因素

（1）企业的财力、信誉。财力雄厚、信誉良好的企业，有能力选择较固定的中间商经销产品，甚至建立自己控制的分销系统，或采取短渠道；财力薄弱的企业，就更为依赖中间商。

（2）渠道的管理能力。有较强的市场营销能力和经验的企业，可以自行销售产品，采用短渠道或垂直渠道营销系统；反之，管理能力较低的企业，多采用较长渠道。

（3）企业控制渠道的愿望。有些企业为了有效控制销售渠道，而花费较高的渠道成本，建立短而窄的渠道；也有一些企业因为成本等因素不愿意控制渠道，而采取较长且宽的渠道。

### 4. 中间商因素

（1）合作的可能性。中间商普遍愿意合作，企业可以根据需要选择；如果中间商不愿合作，只能选择较短、较窄渠道。

（2）费用。利用中间商分销，要支付一定费用，如费用较高，只能采用较短、较窄渠道。

（3）服务。如果中间商能提供较多的高质量服务，企业可采用较长、较宽渠道；反之，若中间商无法提供所需服务，企业只有选择较短、较窄渠道。

**5. 经济形势及有关法规**

（1）经济形势。经济景气，形势看好，企业选择销售渠道的余地较大；当出现经济萧条、衰退时，市场需求下降，企业就必须减少一些中间环节，使用较短渠道。

（2）有关法规。国家的政策、法律，如专卖制度、进出口规定、反垄断法、税法等，都会影响销售渠道的选择。

## 9.3.3 选择分销渠道的策略

企业在选择分销渠道时，一般要确定几个方面：中间机构的类型、中间商的数目、每个渠道成员的条件及其相互的责任。

**1. 识别中间机构的类型**

识别中间机构的类型就是要公司识别有哪些类型的中间商组织供选择。例如，一家专门生产汽车用调频收音机的消费电子产品公司，可供选择的中间机构有 OEM 市场、汽车经销商市场、汽车部件零售商、汽车电话专业经销商和邮购市场等。

**2. 确定中间机构的数目**

它决定渠道的宽度，主要取决于产品的特性、市场容量的大小和需求面的宽窄，一般有三种策略可供选择：密集性分销、选择性分销和独家分销。

（1）密集性分销即通过尽可能多的分销商销售其产品，使渠道尽可能加宽。这种策略的重心是扩大市场覆盖或快速进入一个新市场，使众多消费者能随时随地买到该产品。消费品中的便利品（如香烟、日用品、食品等）、工业品中的标准件及辅助用品（办公用品等），适于采取这种分销形式，以提供购买上的最大便利。但这种策略也存在不足：由于中间商的经营能力、水平高低不同，生产者要花费较多精力和费用。

（2）选择性分销是指生产者在某一地区通过少数几个经过精心挑选的、最合适的中间商来经销商品。选择性分销能有效地维护制造商品牌信誉，建立稳定的市场和竞争优势。这类渠道多为消费品中的选购品和特殊品、工业品中的零配件等。这种渠道策略可以获得中间商的有效合作，有利于提高中间商的积极性；同时，也可以减少中间商之间的盲目竞争，有利于提高商品的声誉。

---

**营销案例 9-4　TCL 的"选择经销"战略**

广东 TCL 在短短的 4 年时间里，从默默无闻一跃成为国内彩电行业三巨头之一，较好地采用了"选择性经销"战略功不可没。TCL 目前在全国已建立 28 个省级分公司、125 个经营部、200 多个专营连锁店和 800 多个特约维修专营店，直属用户服务网更遍及全国，直属自营专卖店 200 余家。TCL 渠道已成为中国家电行业最为庞大、最为细腻的营销服务渠道。由此，TCL 的产品销售基本能做到稳定可靠，长期发展。

---

（3）独家分销是指生产者在一定的市场区域内，只选择一定的中间商为自己销售商品。它适用于新商品、名牌商品以及某种特殊性能和用途的商品。通常，生产者与经销者协商订有书面契约，规定在特定的区域内，不准许生产者再找其他中间商经销其商品，也不准

许所选定的中间商再经销其他企业生产的同类竞争性商品。独家分销渠道对生产者来说,其优点是:易于控制市场的营销价格;在促销、为顾客服务、商品运送、结算手续等方面能获得经销商的合作与协助;有利于带动新产品上市;有利于中间商花费一定的投资和精力开拓新市场。其不足之处是:在该地区过于依赖该经销商,容易受其支配;在一个地区选择一个理想的中间商十分困难,如果选择不当或客观条件发生变化,可能会完全失去许多潜在顾客。

### 3. 分销渠道成员的条件与责任

生产者在决定了渠道的长度和宽度之后,还必须规定各渠道成员参与交易的条件和应负的责任。在交易关系组合中,这种责任主要包括以下几点。

(1)价格政策。这是关系到生产者和中间商双方经济利益的一个重要因素。生产者必须制定出价格目录和折扣计划,该价格和折扣应是公平合理的,也是得到中间商认可的。

(2)销售条件,指付款条件和生产者保证。例如,对提前付款的分销商给予现金折扣、对产品质量的保证、市场价格下降时的降价或不降价的承诺等,以消除中间商的后顾之忧,促使其大量购买。

(3)经销区域权。这是渠道关系的一个重要组成部分。一般来说,中间商都希望了解生产者将在何地利用其他何种中间商,还希望在其区域内所发生的销售实绩能获得生产者的完全信任,而不论这些销售实绩是否是他们努力的结果。生产者对此应一一加以明确。

(4)各方应承担的责任。通常,应通过指定相互服务与责任条款,来明确各方责任。服务项目不明,责任不清,必然会影响到双方的经济利益及合作关系,不利于双方的共同发展,尤其是在选择特许经营和独家代理中间商时,更要尽量规定得具体、明确,如麦当劳向其特许经销商提供店面、促销支持、文件保管系统、培训、通用管理和技术支持等。与此对应,特许经销商必须达到有关物质设备标准、适应新的促销方案、提供所需信息及购买指定的食品原料等。

## 9.3.4 分销渠道设计的步骤

分销渠道设计主要有以下步骤。

### 1. 确定渠道目标

渠道的设计总要受到主客观条件的影响,主观条件主要指渠道的目标。渠道目标是指在企业营销目标的要求下,确定的分销渠道应该达到的目标,该目标一般包括企业希望达到的消费者服务水平、中间商应该具有的功能、计划投入的渠道费用等。企业在制订营销计划之初,要确定希望达到的渠道目标和想要进入的目标市场,了解目标市场中的消费者对渠道的要求,并考虑限制性因素,具体地设计和选择最佳的分销渠道。

### 2. 明确渠道方案

在研究渠道的目标与限制之后,渠道设计的下一步工作就是明确各主要渠道的方案,渠道的方案主要涉及几个基本因素:中间商的基本类型;每一分销层所使用的中间商的数目;确定渠道成员彼此的权利和责任。

### 3.　渠道方案评估

在这一阶段，企业要对已经形成的可供选择的渠道方案进行评估，挑选出最能满足企业长期目标的最佳方案。渠道方案的评估工作可以从三方面入手，即从经济性、可控性和适应性等方面进行评估。

（1）经济性。经济标准是一种重要的标准，因为企业最终追求的是经济效益。对每一种渠道方案要进行经济分析，即比较不同方案所能生产的销售额和所需花费的成本，从而判断哪些方案能给企业带来更高的经济效益。

例如，企业在进行渠道选择时可能会面临是采用本公司的销售人员，还是通过代理商销售的决策。首先，企业要估计两种方案可能的销售水平，必须针对具体问题做出具体的分析，考虑影响销售的各种因素，并征求经验丰富的管理人员和专家的意见。其次，企业要估计不同方案所需的费用。一般而言，采用代理商所需的固定成本要低于本公司设立销售机构的固定成本，但是，随着销售量的增加，代理商销售费用的上升速度要高于本企业销售机构的速度。

（2）可控性。评估工作还要从不同渠道对销售的控制能力方面进行。例如，采用代理商可能意味着企业控制程度的降低或者说控制难度的上升，因为代理商是一个独立的组织，它关心的是自己的利益和自己感兴趣的消费者，而较少从生产者的角度来考虑问题和进行销售。因此，企业要权衡各种渠道方案的利弊，进行综合的比较和分析。

（3）适应性。在评估渠道方案时，企业要考虑各种渠道适应环境变化的能力如何。每一种渠道都会因为存在固定期限的承诺而失去弹性。因此，对于一个涉及长期义务和责任的渠道方案，只有在经济性和可控性方面都很优越的前提下才能予以考虑。

# 9.4　分销渠道管理

## 9.4.1　分销商的选择

为了实现企业的市场营销目标，企业需招募合格的分销商来从事渠道分销活动，选择分销商有以下标准。

### 1.　市场覆盖范围

分销商的经营范围和销售活动涉及的地区应与公司的分销目标相一致，分销商现在的销售对象应与公司所界定的目标市场的潜在顾客相一致。

### 2.　产品政策

考察分销商的产品线、经销的产品组合有无竞争品牌的产品。一般应避免选用经销竞争品牌产品的代理商和批发商。

### 3.　地理区位优势

应选择处在理想区位即顾客流量较大的地点的零售商。应考虑批发商所处的位置是否利于产品的批量储存与运输，通常以处于交通枢纽为宜。

### 4.　产品知识

许多分销商被大公司选中，往往是因为它们在销售产品方面有专门的经验。选择有经验的分销商有利于很快打开销路。

**5. 预期合作程度**

分销商与制造商双方应很好地合作，对双方都有益处。有些分销商希望厂商参与促销，扩大市场需求，因为这样会带来高利润。

**6. 财务及管理状况**

分销商能否按时结算，包括在必要时预付货款，这取决于其财力的大小。整个企业销售管理是否规范、高效，关系着分销商营销的成败。

**7. 促销政策和技术**

采用何种方式推销商品及运用选定的促销手段的能力。要考虑到分销商是否愿意承担一定的促销费用，是否具备必要物质、技术基础和相应的人才。

**8. 综合服务能力**

有些产品需要分销商为顾客提供售后服务，有些在销售中要提供技术指导或财务支持（如赊购或分期付款），有些还需要专门的运输存储服务。

**9. 分销商的信誉**

目前，我国市场经济不十分健全，相关法律法规不完善，分销商的信誉显得尤其重要，不仅直接影响回款，还关系到市场的网络支持。

## 9.4.2 分销商的激励

鼓励分销渠道成员，使其最大限度地发挥销售积极性，是管理分销渠道的重要一环。生产商仅仅依靠与中间商签订合同来约束和要求中间商是不够的，还必须采用有效的策略对渠道成员进行鼓励和督促。具体措施如下。

**1. 建立良好的客情关系**

客情关系就是指生产商与中间商在诚信合作、沟通交流的过程中形成的人与人之间的情感关系。可口可乐公司将能否与中间商建立良好的客情关系定为企业考核指标之一。人情是交往的纽带，是维系分销渠道的成员紧密合作的润滑剂。企业应加强客情关系的培养，从而提高分销渠道运作的效率和效益。

**2. 建立相互培训机制**

相互培训机制是密切渠道成员关系、提高分销效率的重要举措，也是跨国公司构筑分销渠道时惯用的策略。一方面，生产商培训中间商的终端销售人员，使一线人员懂得商品知识、使用方法和相关的技术，提高他们顾问式销售的能力，更好地引导消费，扩大销售；另一方面，中间商也可以给生产商的营销人员、技术人员提供培训，传递市场知识、竞争者信息和消费需求特点，使制造商的产品、促销、售后服务得到改进，提高生产商适应市场的能力。

**3. 对渠道成员的激励**

为了更好地与中间商合作，生产商必须采取各种措施对中间商给予激励，以此来调动其经营企业产品的积极性。激励中间商的主要方式如下。

（1）提供促销费用。特别在新产品上市之初，为了激励中间商多进货、多销售，生产商在促销上应大力扶植中间商，包括提供广告费用、公关礼品、营销推广费用。

（2）价格扣率运用。在制定价格时，充分考虑中间商的利益，满足中间商所提出的要求，并根据市场竞争的需要，将产品价格制定在一个合理的浮动范围，主动让利于中间商。

（3）年终返利。对中间商完成销售指标后的超额部分按照一定的比例返还利益。

（4）实施奖励。对于销售业绩好、真诚合作的中间商成员给予奖励；奖励可以是现金，也可以是实物，还可以是价格扣率的加大。

（5）陈列津贴。企业产品在商场展示和陈列期间，给予中间商经济补偿，可以用货铺底，也可给予适当的现金津贴，其目的是降低中间商经销产品的风险。

---

**营销案例 9-5　东盛的零售终端激励**

"白加黑"是盖天力制药厂于 20 世纪 90 年代中期开发的感冒药。2000 年年底，盖天力被东盛科技收购。东盛以强大的情感攻势，与零售终端的经理、店员们建立了紧密的客户关系，使"白加黑"成为 2002 年店员向消费者推荐的感冒药第一品牌。

感冒药已成为一种居民日常用品，大多数人购买感冒药已不再是通过医院，而转向药店。这其中存在两类消费者：一是指定品牌购买；二是愿意接受药店店员的建议而购买。对于后一种消费者，东盛加大了对药店经理和店员的激励。

1. 启动了"春晖计划"

由东盛出资，邀请专家对与东盛合作的药店经理进行免费的经营管理相关培训。仅 2002 年一年，"春晖计划"遍及全国 49 个城市，巡回培训了数千名药店经理。这一活动受到了药店经理的广泛欢迎。

2. 组建"药店经理沙龙"

东盛借助其旗下康易网和某专业杂志在行业内的影响，以全国近万家药店经理为发展对象，组建中国第一家最具专业性、实用性和权威性的医药类俱乐部——"药店经理沙龙"。沙龙会员除了能够优先参与东盛"药店经理沙龙"举办的一切活动与专业培训，还可以在康易网上进行交流。

3. 推出了"东盛店员俱乐部"

与"药店经理沙龙"一并推出的还有"东盛店员俱乐部"。这个组织目的是与药店店员进行沟通交流和信息互动。"东盛店员俱乐部"的主要沟通平台是《东盛店员俱乐部》杂志。这份杂志主要刊登销售技巧等实用知识，以及店员自写的文章，也刊登一些化妆、餐饮等时尚信息为店员生活服务。

## 9.4.3　分销商绩效评估

生产商选择渠道成员之后，还必须定期考核渠道成员的绩效，以此为依据实行分销渠道的有效控制，通常是评估销售额完成情况、平均存货水平、向顾客交货的时间、对顾客的服务水平、与企业促销和培训的合作情况等。

测评中间商绩效，有以下两种方法可供使用。

**1. 纵向比较法**

将每一中间商的销售额与上期的绩效进行比较，并以整个群体在某一地区市场的升降百分比作为评价标准。对低于该群体的平均水平以下的中间商，找出其主要原因，帮助整改。

### 2. 横向比较法

将各个中间商的销售绩效与某一地区市场销售潜量分析所设立的配额相比较，即在一年的销售期过后，根据中间商实际销售额与其潜在销售额的比率进行对比分析，将各中间商按先后名次进行排列，对于那些比例极低的中间商，分析其绩效不佳的原因，必要时要予以取消。

## 9.4.4 分销渠道的调整

市场营销环节是在不断变化的，为了适应这种变化，企业应该对原有的分销渠道及时做出相应的调整。渠道调整策略一般有以下几种。

### 1. 增减渠道成员

增减渠道成员即决定增减分销渠道中的个别中间商。在调整时，既要考虑增加或减少某个中间商对企业的盈利方面的直接影响，也要考虑可能引起的间接反应，即渠道其他成员的反应。例如，生产商决定在某地区市场增加一家批发商，不仅要考虑这样做将为自己增加多少销售额，还要考虑对其他批发商的销售量、成本和情绪会带来什么影响。

### 2. 增减销售渠道

在某种情况下，各方面变化常常使企业感到只变动渠道中的成员是不够的，必须变动一条渠道才能解决问题，否则就会有失去这一目标市场的威胁。譬如，某化妆品公司发现其经销商只热衷成人市场的销售而忽视儿童市场，引起儿童护肤产品销路不畅。为了促进儿童化妆品市场开发，该公司就需要增加一条新的分销渠道。

### 3. 调整分销渠道模式

调整分销渠道模式即对以往的分销渠道作通盘调整。这种调整策略的实施难度较大，因为要改变生产商的整个分销渠道，而不是在原有基础上修修补补。例如，汽车生产商决定放弃原来的直销模式，采用通过代理商推销模式。分销渠道的通盘调整，不仅涉及渠道的改变，还会影响其他营销策略的改变，所以是一种重大的营销决策。

## 9.4.5 渠道窜货管理

所谓窜货，是指分销成员为了牟取非正常利润或者获取制造商的返利，超越经销权限向非辖区或者下级分销渠道低价倾销货物。分销渠道发生窜货会扰乱正常的渠道关系，引发渠道成员之间的冲突和市场区域内的价格混乱，破坏分销网络政策，分销成员因为窜货而受利益损害，被窜货的销售区域会出现销售下降。

窜货现象的发生主要是由内因和外因共同导致的。内因主要表现为企业分销渠道设计的缺陷，销售任务的压力导致销售人员窜货，不规范的销售管理导致区域之间窜货；而外因主要表现为渠道成员的利益驱使，分销任务的压力，分销系统的紊乱以及终端缺乏控制等方面。为此，企业必须对分销渠道出现的窜货现象采取有效措施。窜货预防和处理的主要措施如下。

### 1. 明确渠道销售政策

事先制定分销渠道的销售政策，明确分销成员的销售区域和销售权限，明确产品价格政策，明确界定每个销售区域的商品外包装的条码，便于检查。

### 2. 制定窜货处理政策

为防患于未然，企业事先必须制定窜货处理政策，因窜货对其他分销成员和制造商造成的损失由窜货方全权负责，按比例扣除窜货方的年终返利，减少给其的促销费用，降低客户等级和经销权限。

### 3. 成立销售管理小组

生产商需要成立销售管理小组，派专人负责管理，建立畅通的信息反馈渠道，经常抽查、听取中间商的意见反馈，发现有窜货现象及时处理解决。根据政策规定进行处理，并在考核指标时考虑对被窜货地区的损失，合理增加返利。

---

**营销案例 9-6　娃哈哈如何解决经销商之间的窜货**

娃哈哈谋划市场最头痛的问题之一，就是各区域市场之间的窜货。

中国市场幅员辽阔，各省区之间由于经济状况、消费能力及开发程度的不同，产品的销售量差异极大，如浙江与江西、安徽毗邻而居，经济总量却迥乎数倍。娃哈哈在三省的销量各有不同，为了运作市场，总部对各省的到岸价格、促销配套力度和给予经销商的政策也肯定有所差异。因而，各经销商根据政策的不同，偷偷地将一地的产品冲到另一地销售的情况难免发生。这种状况频繁出现，必将造成市场之间的秩序紊乱。如蚁噬大堤，往往在不经意间让一个有序的市场体系崩于一旦。

娃哈哈成立了一个专门的机构，巡回全国，专门查处窜货的经销商，其处罚之严为业界少有。宗庆后及其各地的分销经理到市场行走时，第一要看的便是商品上的编号，一旦发现编号与地区不符，便严令要彻查到底。

可是，要彻底解决窜货问题，治根之策还是要严格分配和控制好各级经销商的势力半径，一方面充分保护其在本区域内的销售利益；另一方面则严禁其对外倾销。近年来，娃哈哈放弃了以往广招经销商、来者不拒的策略，开始精选合作对象，从众多经销商中发展、扶植大客户；同时，有意识地划小经销商经销区域，促使其精耕细作，挖掘本区域市场的潜力。

---

## ⊙ 案 例 分 析

**【案例 1】　卡夫食品公司的分销渠道**

中美合资北京卡夫食品公司是美国卡夫通用食品有限公司与北京华冠乳品公司合资兴建的。卡夫在京率先推出的新产品——卡夫雪凝酸牛奶，采用独特的配方制作，吸引了众多消费者。酸奶属于市场畅销品，零售量很大又不易久储，产销周期较短，所以要求有较短的流通时间，尽可能采取较短的营销渠道。根据这一特性，该公司采用以下销售渠道以达到广泛分销目的。

（1）一阶渠道。公司设有专门针对零售商的销售代表，每人向约 500 个零售商开展业务，通过这一渠道销售的产品约占总销量的 2/3。

（2）二阶渠道，即产品经过批发商、零售商到达消费者手中。公司以批发商为对象的销售代表，每人掌握约 10 个批发商，每个批发商分别联系的零售商数目为 20～150 个不等。

公司要求自己的每个销售人员做到进柜台协助零售商开展销售及公关工作，并随时将批发商、零售商的反映及意见反馈回公司，以提供尽可能完善的服务。1996 年 5

月，由于需求量大增，公司还赠送了 800 台保鲜柜给北京各地的零售商，以保证产品质量。

但公司发现其销售渠道也存在许多问题。

（1）某些零售商进货时索取回扣，否则就不进货或对外销售时态度消极，如将产品放到柜台下消费者看不到的地方。因此，仍然有几家北京较大的零售点卡夫产品未能进入。

（2）某些批发商为了控制更多零售商，私自降价，扰乱了市场。这实际上是少数批发商之间在争夺零售商，导致公司无法有效地对中间商进行控制，反而受制于某些批发商。

（3）中间商每天或隔天向公司进货，待每月底结清货款，但某些中间商仍拖欠货款，使公司资金周转困难。

据此，公司对销售渠道策略作了如下调整。

（1）卡夫公司的产品属当地产当地销的商品，生产者对批发商依赖较小。因此，公司决定不再给批发商以厚利，而以吸引零售商为重点。价格上给零售商以幅度较大的让利，建立现行出厂价 2.00 元/瓶、对批发商再让利 10%即 1.80 元/瓶的价格制度，这样批发商只有 10%的差价，有效地控制了其私自降价。

（2）在直接向消费者促销的同时，向中间商促销，对大量购货的批发商、零售商按比例免费提供一定数额的产品，用合法的销售折扣鼓励中间商经销。

（3）严格挑选批发商，与有实力、讲信誉的批发商建立良好的合作关系，对于好的批发商，公司提供储运条件加以扶持。

问题：企业选择渠道策略的影响因素是什么？

---

**【案例 2】 深度渗透整合：奇瑞 A5 开创汽车营销新模式**

在巨大市场井喷的前夜，如何锁定千万客户，成为各个厂商思考的关键问题。单兵作战显然乏力，发展必须合纵连横。日前，奇瑞与国内电器巨鳄苏宁开始的"创享新生活——奇瑞 A5·苏宁电器双重大礼送不停"活动首创了国内轿车进超市的营销模式，届时，奇瑞 A5 将全面进入苏宁电器北京 24 家卖场，苏宁电器全面进入奇瑞 A5 在北京的 16 家网点。据悉，消费者到苏宁电器在北京任意一家卖场都将可以和奇瑞 A5 零距离接触，而"进店有礼"抽奖活动的最大奖项——价值 71 800 元的奇瑞 A5 实力型（金属漆）轿车 1 辆也作为诱人的奖品，给苏宁带来更多客源。幸运者即可获苏宁电器 50 元购物券，并可享受"购物更有礼"，在苏宁电器活动现场预定奇瑞 A5 可获增 5 次免费保养；购奇瑞 A5 还可获得苏宁电器 VIP 会员资格，享受苏宁电器 VIP 会员权益。

选择奇瑞 A5 作为奇瑞轿车进超市的"排头兵"，奇瑞是经过深思熟虑的。作为奇瑞 2008 年的拳头产品，奇瑞 A5 搭载低油耗、强动力的 ACTECO 发动机配置，可将全车配置的各传感器所提供的信息进行整合处理的先进的高速 CAN-BUS 局域网控制系统、行车电脑、倒车雷达、恒温空调、方向盘音响控制等具有高科技含量的人性化配置，采用激光焊接、机器人作业等先进的生产工艺。奇瑞 A5 定价 6.98 万～10.98 万元覆盖各个消费人群，同时"2006 CCTV 中国年度汽车评选"、实现了"中国自主品牌第一碰"的社会效应也让奇瑞 A5 获得了更多的人气。

专家认为，奇瑞与家电超市的密切合作为企业用户带来的显著好处在于，获得了双倍的产品与服务，并降低了交易成本，苏宁电器遍布北京市区，免去了消费者去城郊的汽车城看车的长途跋涉，电器超市超长的营业时间，让一家大小在饭后散步时便完成了对爱车的赏鉴；而汽车用户属于高端消费，奇瑞 A5 用户成为苏宁的会员，也能提高苏宁消费人群的层次，为其带来更大的收益。此次渠道的合作无疑是双赢。

据悉，奇瑞、苏宁的合作模式还将推行到全国，并将推广到更多的零售市场，实现深度渗透整合。这样，桎梏汽车企业发展的渠道之难将迎刃而解。奇瑞"杀手级"轿车时代的到来，中国汽车行业市场的营销格局必将受到重大冲击，整个行业的竞争格局恐怕也将发生巨大改变！

（资料来源：太平洋汽车网）

问题：奇瑞 A5 汽车营销新模式给我们什么启示？

# 思考与练习

1. 分析密集性分销、选择性分销和独家分销三类分销渠道各自的优缺点。
2. 影响分销渠道选择的因素有哪些？
3. 试述分销渠道设计的基本过程。
4. 企业选择中间商的主要标准有哪些？
5. 如何管理分销渠道？

# 第 10 章

# 促 销 策 略

## 学习目标

- 了解人员推销的特点、广告的分类、公共关系促销和营业推广的内容。
- 理解促销、促销组合、人员推销、营业推广、广告及公共关系的概念。
- 掌握促销策略的组合技巧。

## 实践项目

促销能力训练

任务一　以消费者需求为切入点，提出本模拟公司产品的推销策划方案。

任务二　在市场研究基础上，提出本模拟公司的广告方案（包括广告市场分析、广告目标、目标受众、广告诉求、广告创意、广告媒体组合等）。

任务三　在对消费者需求、市场状况、竞争对手、企业自身公关目标分析的基础上，设计并策划公司的公共关系方案（包括公关策略、方式、活动设计与组织实施）。

## 案例导入

### 苏泊尔、金龙鱼的联合促销

2003 年的冬天，是许多年来最冷的一个冬季，但是举国上下却暖意融融。中国成功战胜了

"非典"，国民生产总值不断上升，人们信心倍增。一年中最隆重的节日——春节来临，家家户户乐开怀，都在忙着做好吃的，烹煮炸炒，芳香扑鼻。当家的男女主人一边忙碌，一边说着"金龙鱼"，"苏泊尔锅"……这是怎么回事？原来正值春节期间（2003 年 12 月 25 日~2004 年 1 月 25 日），苏泊尔和金龙鱼在全国联合开展了大型促销活动——"好油好锅、健康新食尚"。

活动期间，消费者只要在任何商场购买一瓶金龙鱼第二代调和油或 AE 色拉油，可领取红运刮卡一张，就有机会赢得新年大奖，奖品包括琳琅满目的苏泊尔高档套锅、叫你动心的 14 厘米奶锅、小巧可爱的苏泊尔"一口煎"，以及丰富多彩的健康美食菜谱、新春对联等。而活动期间，凭任何一张红运刮卡，购买 108 元以下的苏泊尔炊具，就可抵现金 5 元；购买 108 元以上苏泊尔炊具，还可以获赠 900 毫升金龙鱼第二代调和油一瓶。

金龙鱼是香港嘉里粮油旗下著名的食用油品牌，多年来，一直努力改变着国人的食用油健康条件。新近开发的"金龙鱼"第二代调和油、AE 色拉油更注重营养和健康。

健康营养的美食当然离不开好的锅。苏泊尔是中国最大的炊具制造商，炊具健康潮流的领导者，在全行业率先通过美国 UL 安全体系认证，先后获得"中国驰名商标"，有"中国厨具第一品牌"的美誉。

此次苏泊尔与金龙鱼联手举办大型促销活动，是基于双方在"提倡优质生活、倡导健康美食"品牌理念上的契合，集中双方优势，共同打造健康饮食文化，提升消费者的健康生活水平。"好油好锅"这一联合促销活动一经推出，立刻受到了广大消费者的欢迎。活动在全国 36 个城市同步举行。因为正值春节前后，人们买油买锅的需求高涨，"好油好锅"活动不仅给予消费者更多的让利，而且通过强强联合的品牌促销，给消费者更健康、更理性的选择，同时教给了消费者健康生活的理念。

好油，吃得放心；好锅，炒得放心；好油好锅，完美搭配，烹调更出色。家人欢欣，健康有保障。消费者纷纷解囊购买，苏泊尔各种系列的炊具销量不断上涨，金龙鱼二代调和油更是趁这股东风，业绩达到历史新高。

本案例中，苏泊尔与金龙鱼集中双方优势，强强联合，大张旗鼓开展的促销活动，取得了显著效果。不难看出，企业运用促销策略，可以激发潜在顾客的购买欲望，影响顾客的购买决策，进而引发顾客的购买行为。

# 10.1　促销概述

促销组合是市场营销管理中最复杂、最富技巧，也最具风险的一个环节，当然也是有才华的营销人员最能大显身手的领域。每家企业、每个策划人都可以在这个领域中显示其独特个性和突发奇想，以创造市场营销的奇迹。"信息爆炸"的时代，企业如何将产品和服务信息有效送达目标顾客，促销组合策略的运用显得尤为重要。

## 10.1.1　促销的含义

现代市场营销要求企业必须与其顾客、供应商、中间商、金融机构、政府和社会公众进行广泛、迅速和连续的信息沟通活动。

### 1. 促销

促进销售（即促销）是通过人员推销或非人员推销的方式，传递商品或服务的存在及其性能、特征等信息，帮助顾客认识商品或服务所能带来的利益，从而达到引起顾客注意和兴趣、唤起需求、采取购买行为的目的。因此，促销的实质是营销者与购买者之间的信息沟通。

企业要有效地与购买者沟通信息，必须通过一定的促销方式进行。促销方式一般来说包括两大类：人员推销和非人员推销。非人员推销又包括营业推广、公共关系和广告。一方面，企业作为商品的供应者或卖方，可以通过广告传递有关企业及产品的信息；通过各种营业推广方式加深顾客对产品的了解、注意和兴趣，进而促使其购买；通过各种公共关系手段改善企业及产品在公众心目中的形象；还可以派推销员面对面地说服顾客购买产品。也就是说，企业可采取多种方式来加强与顾客之间的信息沟通。另一方面，在促销过程中，作为买方的消费者，又把对企业及产品或服务的认识和需求动向反馈给企业，促使企业根据市场需求进行生产。这种由买方向卖方的信息传递，是企业了解并适应市场需求的重要保证。由此可见，促销的信息沟通不是单向式沟通，而是一种由卖方到买方和由买方到卖方的不断循环的双向式沟通。

### 2. 信息沟通

沟通本质上是一种信息传播活动，传播目的都在于沟通，信息沟通模式揭示了市场营销的沟通过程。信息沟通过程模式如图 10-1 所示。

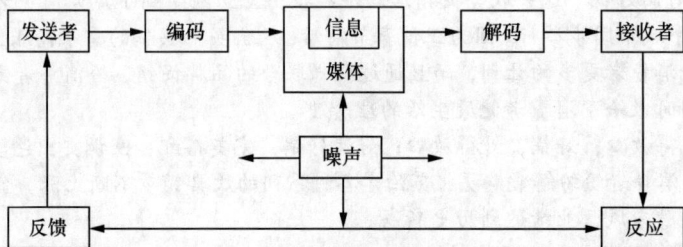

图 10-1　信息沟通过程模式

信息沟通模式由九个要素构成，其中两个要素表示沟通的主要参与者——发送者和接收者，另两个表示沟通的主要工具——信息和媒体，还有四个表示沟通的主要职能——编码、解码、反应和反馈，最后一个要素表示系统中噪声。

营销信息沟通模式强调了有效的市场营销沟通过程中关键性的因素，揭示了有效的营销沟通过程要求沟通者必须明确目标沟通对象是谁；应该期待目标沟通对象何种反应；为使目标沟通对象做出预期的反应，应该传递何种信息；必须通过能触及目标沟通对象的有效媒体传播信息；必须建立反馈渠道，以了解沟通对象对信息的反应。营销信息沟通模式如图 10-2 所示。

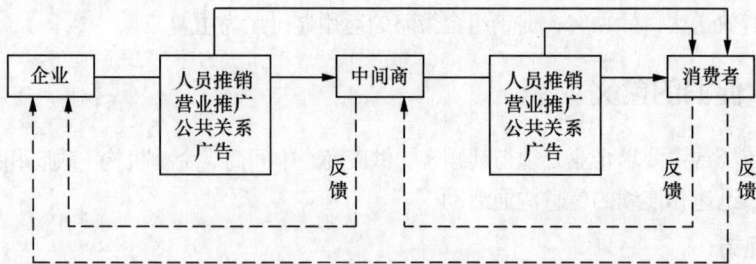

图 10-2　营销信息沟通模式

## 10.1.2 促销的作用

促销是企业整体市场营销活动的组成部分。在行业、企业、产品飞速发展的今天，在瞬息万变的国际、国内市场中，在竞争日益激烈的环境下，企业与顾客或公众之间的信息沟通对于企业的生存与发展日益显示出关键性作用，成为营销活动的重要组成部分。

### 1. 传递信息，沟通产需

在产品正式进入市场之前，企业必须把有关的产品信息传递给目标市场的消费者、中间商。对消费者来说，传递信息的作用是引起他们的注意；对中间商而言，则是为他们的采购行为提供信息。因此，沟通信息是争取顾客的重要环节，也是密切营销企业与供应商、经销商、顾客之间的关系，强化分销渠道中各个环节之间的协作，加速商品流通的重要途径。

### 2. 诱导需求，扩大销售

企业通过促销沟通活动，力求激发起潜在顾客的购买欲望，引发他们的购买行为，影响他们的购买决策。有效的促销沟通不仅可以诱导和刺激需求，在一定条件下还可以创造需求，从而使市场需求朝着有利于企业产品销售的方向发展。

### 3. 突出产品特点，强化产品优势

在激烈竞争的市场环境下，消费者或用户往往难以辨别或察觉许多同类产品的细微差异。此时，企业可以借助于促销沟通活动，传播本企业产品较竞争者产品的不同特点及其给消费者带来的特殊利益，从而在市场上树立起本企业产品与众不同的、独特和良好的产品形象。

### 4. 塑造企业形象，扩大企业的市场份额

在许多情况下，企业的销售额可能出现上下波动，这将不利于企业的市场地位。此时，企业可以有针对性地开展各种促销活动，使更多的消费者了解、喜欢、信任企业，爱屋及乌，进而信任企业的产品，从而稳定乃至扩大企业的市场份额，巩固企业的市场地位。

## 10.1.3 促销组合

促销组合是企业将主要的促销工具、人员推销、营业推广、广告和公共关系有机地结合起来的过程。促销组合最佳化是企业沟通决策的追求目标。

### 1. 促销策略

促销策略分为推式策略和拉式策略两类。

（1）推式策略主要是指上游企业直接针对下游企业或目标顾客开展的营销传播活动。活动过程主要是运用人员推销、营业推广等手段，把产品从制造商推向批发商，由批发商推向零售商，再由零售商将产品推向最终消费者，如图 10-3 所示。

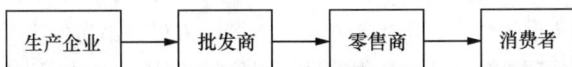

生产企业 → 批发商 → 零售商 → 消费者

图 10-3 "推式"策略模型

运用这一策略的企业，通常有完善的推销队伍，或者产品质量可靠、声誉较高。这种策略的促销对象一般是中间商，它要求推销人员针对不同的销售对象采取不同的方法和技巧。

（2）拉式策略主要是指制造商直接针对最终消费者施加营销传播影响，以扩大产品或品牌的知名度，刺激消费者的购买欲望，进而产生购买行为。

拉式策略一般以广告为主要手段，通过新创意、高投入、大规模的广告轰炸，直接诱发消费者的购买欲望，由消费者向零售商、零售商向批发商、批发商向制造商求购，由下游至上游，层层拉动以实现产品销售，如图 10-4 所示。运用这种策略的企业一般具有较强的经济实力，能够花费高额的广告和公关费用。

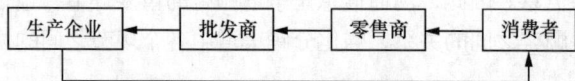

生产企业 ← 批发商 ← 零售商 ← 消费者

图 10-4 "拉式"策略模型

"推式"策略与"拉式"策略都包含了企业与消费者双方的能动作用。但前者的重心在"推"，着重强调了企业的能动性，表明消费需求是可以通过企业的积极促销而被激发和创造的；而后者的重心在"拉"，着重强调了消费者的能动性，表明消费需求是决定生产的基本原因。

企业在经营过程中要根据客观实际的需要，综合运用两种基本的促销策略。一般来说，对于需求比较集中、技术含量高、销售批量较大的产品，宜用"推"的策略，对于需求分散、销售批量较小的产品，宜用"拉"的策略。

### 2. 促销策略的影响因素

促销策略的制订是企业根据外部市场环境和企业自身因素做出的理性选择，主要的考虑因素如下。

（1）促销目标。促销的总目标是通过向消费者的宣传、诱导和提示，促进消费者产生购买动机，影响消费者的购买行为，实现产品由生产领域向消费领域的转移。不同企业在同一市场、同一企业在不同时期及不同市场环境下所进行的特定促销活动，都有其具体的促销目标。促销目标是制约各种促销形式具体组合的重要因素，促销目标不同，促销组合必然有差异。例如，迅速增加销售量（扩大企业的市场份额）与树立或强化企业形象（为赢得有效的竞争地位奠定有利基础）是两种不同的促销目标。前者强调近期效益，属于短期目标，促销组合往往更多地选择使用广告和营业推广；后者则较注重长期效益，需要制定一个较长远的促销方案，建立广泛的公共关系和强有力的广告宣传显得相当重要，但后者的广告宣传从手段到内容与前者都会有很大差别。

（2）产品性质。不同性质的产品，购买者和购买目的就不相同，因此，对不同性质的产品必须采用不同的促销组合和促销策略。一般说来，在对消费品促销时，因市场范围广而更多地采用拉式策略，尤其以营业推广和广告形式促销为多；在对工业品或生产资料促销时，因购买者购买批量较大，市场相对集中，则以人员推销为主要形式。

（3）产品生命周期。在产品生命周期的不同阶段，促销的目标不同，因此，要相应制定不同的促销组合。投入期促销的主要目标是使消费者认识新产品，所以多用营业推广和广告；而到了成长期和成熟期，促销目标应调整为增进消费者对产品的兴趣和偏好，这就需要采取多种广告形式突出产品的特点、效用，或利用公共关系；衰退期的促销目标则是要促成持续的信任和刺激购买，宜采取营业推广增进购买，如表 10-1 所示。

表 10-1　　　　　　　　　　产品生命周期与促销组合

| 产品生命周期 | 促 销 目 标 | 促 销 手 段 | |
| --- | --- | --- | --- |
| | | 消 费 资 料 | 生 产 资 料 |
| 投入期 | 促使消费者和用户了解认识产品 | 广告为主，人员推销为辅 | 人员推销为主，广告为辅 |
| 成长期 | 促使消费者对产品产生偏爱 | 广告 | 人员推销 |
| 成熟期 | 保持已有市场占有率 | 营业推广 | 人员推销 |
| 衰退期 | 巩固市场，争取少量购买 | 营业推广 | 人员推销+营业推广 |

（4）市场条件。市场条件不同，促销组合与促销策略也有所不同。从市场地理范围大小看，若促销对象是小规模的本地市场，应以人员推销为主；而对广泛的全国甚至世界市场进行促销，则多采用广告形式。从市场类型看，消费者市场因消费者多而分散，多数靠广告等非人员推销形式；而对用户较少、批量购买、成交额较大的生产者市场，则主要采用人员推销形式。此外，在有竞争者的市场条件下，制定促销组合和促销策略时还应考虑竞争者的促销形式和策略，要有针对性地不断变换自己的促销组合及促销策略。

（5）促销预算。企业究竟以多少费用用于促销活动，要根据市场竞争情况、企业的实力和产品的特点决定。企业制定促销预算的方法主要有：量力支出法、销售额比例法、竞争对等法和目标任务法。不同的预算额度，从根本上决定了企业可选择的促销方式。一般说来，促销预算大，就可选择电视广告、大型展销会、新闻发布会等费用较大的促销方式；反之，就选择直接邮寄广告、销售点广告、商场展销等花费少的方式。

此外，制定促销组合策略还应考虑企业所采取的产品渠道、价格策略及企业资源、竞争环境等因素，从更高层次上配套组合，以期收到更好的促销效果。

### 3. 促销的新变化

作为企业市场营销组合中一种重要的手段和策略，促销是如此引人注目，以至于常常会有人将促销（甚至仅仅是广告）等同于市场营销。传统意义的促销包括广告、人员推销、营业推广和公共关系等一些基本手段，企业广泛地使用促销策略，目的在于将有关产品及企业的信息通过人员或非人员的渠道传递到目标消费者，以影响或引导其购买心理和购买行动。

随着科学技术的发展、市场环境的变化，促销策略出现了新的变化，主要表现在以下三个方面。

（1）互联网络技术的发展为沟通提供了新的手段和发展空间。

信息媒体最具革命性的发展就是互联网络，网络广告正以迅雷不及掩耳之势，渗透到现代生活的各个方面，展示出魅力无穷的网上商机。

（2）促销策略更强调互动、可控和效果的可测性。

传统的促销是单方面的：卖方拥有信息的优势，为使消费者了解对卖方有利的信息，卖方需要进行信息沟通。现在，企业不仅要向消费者传递有关自己产品和企业的信息，还要尽可能地获得消费者的有关信息。消费者不再是被动的信息接收者，消费者可以根据自己的偏好来选择企业传递过来的信息，从而使沟通更强调卖方和买方之间的互动。

企业通过有效的媒体或形式，如有线电视、直邮广告、电话沟通、网络广告等与目标客户进行信息传播。同时，为提高信息传播的有效性，企业越来越重视客户资料的收集和管理。

科学技术的发展实现了信息传播效果的可测量性。例如，发布网络广告，可以及时统计出每条广告被多少用户浏览，以及这些用户浏览这些广告的时间分布、地理分布和用户反映等，广告主可以实时评估广告效果，进而审定企业广告策略的合理性，并进行相应调整；同时，根据广告的有效访问量进行评估，并按效果付费。

（3）形式上更强调整合营销传播。

传统营销中的促销组合，即综合性地运用广告、人员推销、营业推广和公共关系等沟通手段，来影响消费者。但在实际的沟通操作中，却很少能做到这一点。现代营销，更强调双向整合传播。首先，在传播中，居于核心的是消费者的心理，必须对消费者的动机、认知、记忆、联想和态度等有更充分的认识。其次，整合传播强调真正意义的综合，就像打篮球，各种沟通传播工具如同球场上的后卫、前锋、中锋，各司其职，且讲究战法，通过纯熟的默契与教练的调度，发挥大兵团的作战能力。再次，整合传播的目的不是一次性交易，而是希望与消费者维系长期的关系，即实现关系营销。这就要求企业在促销中，有条不紊地与消费者进行适时适地的双向交流沟通，同时要建立其全面的顾客数据库，实现数据库营销。

# 10.2　广告策略

广告是促销组合中受到普遍重视和应用的方式，作为信息和信息传播手段之一，广告在现代市场营销中占有越来越重要的地位，特别在促进产品销售方面发挥着极其显著的作用。

广告作为一种沟通方式，是广告主为了推销其商品、劳务或观念，在付费的基础上，通过媒介向特定的对象进行的信息传播活动。

理解广告的含义，要注意如下几点：广告是一种非人际传播；广告有明确的广告主；广告是付费传播；广告的对象是有选择的；广告是说服的艺术。

## 10.2.1　广告的分类

广告具有多种形式和内容。对广告进行分类是市场营销人员运用广告开展促销活动的基本前提，有助于提高广告的针对性。

### 1. 根据广告的内容分类

根据广告的内容分为商品广告、促销广告、消费观念广告、形象广告、服务广告、公益广告和事件广告。

（1）商品广告：商品广告的目的是宣传和推荐某种或某类商品。

商品广告具有下列明显特征：广告上明确地标示品牌；广告上的商品清晰可见、可闻；广告上清楚地说明商品信息。

（2）促销广告：是为传播促销活动的信息、吸引更多消费者参与而进行的宣传。

促销广告中标明促销活动名称、活动的时间和期限、赠品、活动的办法、参加促销的方式。促销活动组合方式包括：减价优待、随货附赠、抽奖或猜奖、折价券、加量优待、以旧换新折价优惠、免费送样品等。促销广告送出方式包括：定点分送、逐户投递、邮寄样品、广告截角赠送、零售点分送、商品附赠、媒体分送等。

（3）消费观念广告：帮助建立或改变消费者对企业或某一产品在心目中的形象，从而形成一种消费习惯或消费观念的广告。这种观念的建立是有利于广告者获取长久利益的。

（4）形象广告：以塑造和传播富于魅力与个性的品牌形象为主旨的广告。在商品和服务同质化、消费个性化的时代，品牌形象以及企业形象越来越受到重视。

形象广告的主要特征：广告着重表现一个品牌的风格、特质；广告要传达一个企业的理念、精神、历史、文化；广告着力塑造一个企业的整体形象；广告刻意强调一个团体的思想、理念、目标。

（5）服务广告：经济活动的活跃和消费水平的提高使服务业日趋发达。通常，服务业提供的不是有形的物质产品，而是一种消费者能从中获得所期望利益的服务。金融、通信、运输、工商服务等为扩大宣传所作的广告均属服务广告。

（6）公益广告：为推动公益活动而诉诸媒体宣传的做法。

公益广告的特征包括：广告内容与商品和企业无关，旨在传达特定的关心；告知与公众福利有关的信息；传达助人、健康的活动场景；传播政令、共识、理念，以取得全民的认同；教导一种正确的生活方式或观念；以公众利益为主题，唤起大家的共鸣；广告主居次要地位。

（7）事件广告：经过精心策划的、对组织的活动或事件所进行的广告宣传。特征：广告上说明活动或事件的名称、地点、时间、期限、参加的条件或方式、意义和目的、参加活动的奖金、奖品、免费赠品、主办、协办以及赞助单位。

事件广告的类别：展览会、演唱会、竞赛活动、体育运动、集会活动、文化活动。

**2．按照广告使用的媒体分类**

按照广告使用的媒体分为视听广告、印刷广告、户外广告、销售现场广告。

（1）视听广告：包括广播广告、电视广告等。

（2）印刷广告：包括报纸广告、杂志广告和其他印刷品广告等。

（3）户外广告：包括路牌广告、招贴广告、交通工具上的广告以及布置在文体活动场所的广告等。

（4）销售现场广告：包括企业在销售现场设置的橱窗广告、招牌广告、墙面广告、柜台广告、货架广告等。

**3．按照广告覆盖的范围分类**

按照广告覆盖的范围分为全国性广告、区域性广告。

（1）全国性广告：指选用全国性传播媒体，如全国性报纸、杂志、电台、电视台进行的广告宣传，其范围覆盖与影响都比较大。

（2）区域性广告：指选用区域性传播媒体，如地方报纸、杂志、电台、电视台开展的广告宣传，这种广告的传播范围仅限于一定的区域内。

### 4. 按照广告的对象分类

按照广告的对象分为消费者广告、产业用品广告和商业批发广告、专业广告。

（1）消费者广告：面向广大消费者的广告，在各类广告中所占比例较大。

（2）产业用品广告和商业批发广告：即针对生产企业、商业批发企业或零售企业的广告。

（3）专业广告：即针对教师、医生、律师、建筑师或会计师等专业工作人员的广告。

## 10.2.2  广告策略

广告作为信息传播手段之一，在促进产品销售和塑造企业形象方面发挥着极其重要的作用。广告策略即企业在总体营销战略的指导下，对企业的广告活动进行一系列的规划与控制。在确定企业目标市场和明确购买动机的前提下，广告决策制定过程包括以下五项内容。

广告目标是什么？（任务，Mission）

可用费用有多少？（资金，Money）

应传送什么信息？（信息，Message）

应使用什么媒体？（媒体，Media）

如何评价效果？（衡量，Measurement）

### 1. 确定广告目标

企业的广告目标，取决于企业的整个营销目标，但在企业实现其整体目标的每个阶段，广告都起着不同的作用，即有着不同的目标，归纳起来有如下三种。

（1）以告知为目标，即只向目标顾客说明产品，使顾客对产品产生初步的认识和了解。例如，向顾客介绍一种新产品；说明某种产品的新用途，告知某种产品的价格或包装已发生变化；解释产品的使用方法；纠正顾客的误解，减少顾客的疑虑；树立企业和产品形象等。这种广告常用于产品生命周期的投入期。例如，××香波打入市场的广告就是："还有半个月，一种全新型洗发水将与消费者见面"，然后依次递减天数，"还有 10 天……""还有一周……""还有一天……"然后在预定的那天再打出全面介绍该种品牌香波的广告。

（2）以说服为目标，即强调特定品牌的产品与竞争产品的差异，突出该产品的优点和特色，目的是使顾客形成品牌偏好。这种广告常用于产品生命周期的成长期，以不断争取新顾客，扩大企业的市场份额。例如，"达克宁"药膏通过"不但治标，还能治本"来暗示其同类产品只能治标，不能治本，从而劝说消费者进行选择。

（3）以提醒为目标。这有两种情况：一种是在成熟期对已经畅销的产品做广告，目的是为了加深消费者的印象，提醒其购买，如××饮料的广告词就是："你今天喝了没有？"另一种是对季节性商品在过季或淡季时做广告，起到提示作用。

### 2. 编制广告预算

广告目标确定之后，企业即可编制广告预算。编制广告预算可以采用量力支出、销售额比例法、竞争对等法或目标任务法。此外，还要考虑产品生命周期、市场份额、竞争的激烈程度、广告的频度等因素。

### 3. 确定广告信息

确定广告信息即设计广告内容，一般要经过以下三个步骤。

（1）信息创作：即广告内容创作，可采用多种方法，如创作人员通过与顾客、营销专家、竞争对手或企业管理者交谈，从中搜集素材，产生灵感，再进行创作。

（2）信息的评估选择：评估有许多标准，有人建议用讨人喜欢、独具特色和令人信服这三个标准来评估信息。

（3）信息的表达：一则广告信息的效果不仅取决于"说什么"，还有赖于"怎么说"，特别是那些差异性小的产品（如文具、啤酒、日用品等），广告信息的表达方式更为重要，能在很大程度上决定广告效果。

广告信息的表达方式很多，可以利用生活片段表现产品的用途；用音乐、美术手法强调产品名称；制造幻想情景、气氛或形象，给人以暗示；运用科学证明突出产品质量；请权威人士、权威机构或普通用户现身说法，证实产品功能等。另外，在表达广告信息时，应注意运用适当的文字、语言和声调，广告标题尤其要醒目易记，新颖独特，以尽量少的语言表达尽量多的信息。例如，雀巢咖啡的"味道好极了"，柯达傻瓜相机的"你按快门，其余工作我来做"，"金利来，男人的世界"，"车到山前必有路，有路必有丰田车"等，都给人留下了深刻印象。

### 4. 选择广告媒体

广告所发出的各种信息，必须通过或负载到一定的媒介载体上才能传达到消费者。广告媒体是在广告主与广告接收者之间起媒介作用的物体。常见的广告媒体如表 10-2 所示。

表 10-2　广告媒体分类

| 电波媒体 | 广播、电视、电影、因特网、电话、短信 |
|---|---|
| 印刷媒体 | 报纸、杂志、书籍、传单、画册、说明书 |
| 户外媒体 | 广告牌、路牌、霓虹灯、灯箱、交通工具、招贴、街头装饰、气球 |
| 邮寄媒体 | 商品目录、订单、销售信、说明书 |
| 售点媒体 | 门面、橱窗、货架陈列、实物演示、店内广告 |
| 人体媒体 | 时装模特、广告宣传员 |
| 包装媒体 | 包装纸、包装盒、包装袋 |
| 礼品媒体 | 年历、手册、小工艺品、印刷品 |
| 其他媒体 | 烟火、飞艇、激光 |

不同的广告媒体有不同的特点，作用不同，在广告活动中应根据实际情况选择。

（1）报纸广告：优点是读者的广泛性；有较大的伸缩性，可选择某类报纸，且可精读和泛读；有较高的可信性。缺点是不易保存；不易从造型、音响方面创新；各报费用差异大。

（2）杂志广告：优点是针对性强；有较长的时效性，可以反复阅读、过期阅读；比之报纸在色彩、造型方面有创新的良好条件。缺点是因专业性强，传播范围有限。

（3）广播广告：优点是传播速度快；传播范围广；费用较之电视等广告便宜。缺点是较难保存；听众过于分散；相对于电视来说创新形式有所限制，只闻其声，不见其形。

（4）电视广告：优点是具有直观性，有听觉、视觉的综合效果；具有传播的广泛性，深入千家万户；具有趣味性。缺点是针对性不强；竞争者较多；价格昂贵。

（5）网络广告：网络，作为新兴的广告媒体，对传统的广告和营销的影响是伴随着互联网和网民的快速增长而产生影响的。这种广告媒体和传统的上述四大媒体相比，有着巨大的优势，包括针对性强、费用相对低廉以及多感官刺激和双向互动等特征。其缺点在于可能引起浏览者的不满。

选择广告媒体时应着重考虑的因素如下。

（1）产品的性质。工业品和消费品，高技术性能产品和一般性产品，应分别选用不同的媒体。例如，服装广告，重要的是显示其式样、颜色，最好在电视和杂志上用彩色画面做广告，可以增加美感和吸引力；高技术性能的机械电子产品，则宜用样品做广告，可详细说明其性能。

（2）目标顾客的媒体习性。不同媒体可将广告传播到不同的市场，而不同的消费者对杂志、报纸、广播、电视等媒体有不同阅读、视听习惯和偏好。广告媒体的选择要适应消费者的这些习惯和偏好才能成功。例如，女性用品广告，刊登在女性杂志上较好；学龄前儿童广告，最好的媒体是电视。

（3）媒体的成本。广告活动应考虑企业的经济负担能力，力求在一定预算条件下，达成一定的触及、频率、冲击与持续。

（4）媒体的影响力。报刊杂志的发行量，广播电视的收听、收视率，互联网广告的点击率，是媒体影响力的标志。媒体的影响深入到市场的每一个角落，但越出目标市场则浪费发行；需要一定频率才能加深消费者印象的，消费者接触少就不易收效；需要把握季节性宣传的，不能及时刊登就会丧失机会。

（5）媒体的寿命因素。广告媒体触及受众的时间有长有短，这就是媒体的寿命因素，它直接影响着广告媒体的选择。总体来说，播放类媒体寿命最短，印刷类媒体寿命长短不一。例如，报纸媒体的寿命为3～5天，杂志媒体的寿命为1～2个月，电话号码簿上的广告寿命为1～2年。媒体寿命期一过，受众便难以或很少再触及这一媒体上的广告了。因此，若要广告发挥更大的效果，就应多次重复推出，以延长整体的广告触及受众的时间。可见，广告媒体的时间要求、信息传播的速度与持久性等问题，是广告媒体策划时需要认真考虑的。

（6）媒体的流通性。不同的媒体传播的范围有大有小，能接近的人口有多有少。市场的地理范围关系到媒体的选择。目标市场面向全国的产品，宜在全国性报刊杂志和广播、电视上做广告；局部地区销售的产品，则可选用地方性的广告媒体。

### 5. 评估广告效果

企业应对广告效果进行持续的评估。

（1）信息传递效果评估，即评估广告是否将信息有效地传递给目标顾客。这种评估在事前和事后都可以进行，事前邀请顾客代表对已经准备好的广告进行评估，请他们提出问题和建议，以便改进；事后企业可随机访问一些目标顾客，向他们了解是否见到或听到过这一广告，是否喜欢，是否有回忆起广告内容等。

（2）销售效果评估，即评估广告使销售额增长了多少。这种评估比较困难，因为销售额的增长，不仅取决于广告，还取决于其他许多因素，如经济发展，顾客收入增加、产品本身功能改进，渠道效率提高、价格合理调整以及其他促销方式等。因此，单独以销售额来衡量广告效果并不精确。

对广告效果的评估，还可以运用以下定量指标。

触及率（Reach，简称 R）：指在某一特定期间内，从某一特定媒体上至少看到一次广告信息的目标视听众的数目。

频率（Frequency，简称 F）：指在某一特定期间内，平均每一个目标视听众所接触到信息的次数。

冲击度（Impact，简称 I）：指某一特定媒体展露所产生的定性价值，亦即其展露质量。

毛评点（Gross Rating Point，简称 GRP）：触及率与频率的乘积，又称为总展露次数（GRP = R × F = E）。不过，GRP 只考虑定量因素，没有考虑定性因素，亦即没有考虑广告的质量。

加权后总展露冲击（Weighted Exposures，简称 WE）：考虑广告的质量后的总展露冲击（WE = R × F × I）。

每千人成本（Cost Per Thousand Persons Reached，简称 CPM）：指平均每接触 1 000 位目标视听众所花费的成本。

# 10.3　人员推销策略

人员推销是企业委派自己的销售人员直接向用户推销某种商品和提供某种服务。人员推销的核心问题是如何说服用户，使其接受所推销的商品和服务。与其他促销形式比较，人员推销策略更灵活，是一种信息的双向交流；宣传目标能够选择，针对性强；高素质的人员推销具有公共关系的作用。其不足是费用较高。

## 10.3.1　推销人员应具备的素质

现代企业十分重视推销人员的素质，一个理想的推销人员应具备以下素质。

### 1. 强烈的事业心和高度的责任感

推销工作是一项很辛苦的工作，有许多困难和挫折需要克服，有许多冷酷回绝需要去面对，这就要求推销人员必须具有强烈的事业心和高度的责任感，把自己看成是"贩卖幸福"的人，有一股勇于进取、积极向上的劲头，发扬为人民服务的精神，过千山万水，进千家万户，尝千辛万苦，讲千言万语，想千方百计，达到开拓市场的目的。

### 2. 敏锐的观察力

一个有敏锐观察能力的推销人员，能眼观六路，耳听八方，及时发现和抓住市场机会，揣摩顾客的购买意图和购买心理，提高推销的成功率。

### 3. 良好的态度

推销人员应真正树立"用户第一"、"顾客是上帝"的思想，想顾客所想，急顾客所急，积极为顾客服务，这样才能较快地赢得顾客的信任。

#### 4. 说服顾客的能力

推销人员要能熟练地运用各种推销技巧，成功地说服顾客。要熟知推销工作的一般程序，了解顾客的购买动机和购买行为，善于展示和介绍自己的产品，善于接近顾客，善于排除顾客的异议直至达成交易。

#### 5. 宽泛的知识

推销人员经常与各种各样的顾客打交道，需要具有宽泛的知识。一个优秀的推销人员应该具备下列几方面的知识。

（1）产品知识。推销人员必须全面了解所推销商品的技术性能、结构、用途、用法、维修与保养；不同规格、型号、式样的差别；本行业中的先进水平；产品性能的发展趋势；现有用户的反应；使用中应注意或避免的问题；与竞争对手产品相比的特征及其他有关的商品知识。

（2）企业知识。推销人员应掌握本企业的历史背景、在同行业中的地位、生产能力、产品种类、技术水平、设备状况、企业发展战略、定价策略、销售政策、交货方式、付款条件、服务项目等。

（3）用户知识。谁参与影响消费者购买决策？企业的实力信誉如何？对交易条件、交易方式和交易时间有什么要求？

（4）市场知识。推销人员应能够研究和分析目标市场环境变化，发现市场需求并找出满足需求的方法，同时考察其盈利能力。

（5）社会知识。推销人员应了解市场所在地区的经济地理知识和社会风土人情以及和推销活动有关的民族、宗教、心理等多方面的知识。

（6）美学知识。追求美是人类的天性，任何一位顾客都是追求美的。推销人员必须具有美学知识，用美的眼光欣赏人，用美的语言赞美人。

## 10.3.2 人员推销的组织形式

为了保证人员推销工作的有效进行，企业应根据实际需要搞好人员推销的组织结构设计，一般说来，人员推销组织结构主要有以下四种类型。

#### 1. 区域型推销组织结构

区域型推销组织结构，即按销售区域分配推销人员，一个推销人员专门负责一个区域的推销工作，在该地区常驻。

这种推销组织结构的优点包括：推销人员责任明确；有利于鼓励推销人员努力工作；便于推销人员熟悉所在销售区域的情况，可以提高推销工作的针对性和连续性；能够节省差旅费开支。区域型推销组织结构最适合那些产品的相关度比较高、目标市场大致相同的企业，不适合那些产品种类多、市场结构复杂的企业，因为产品多、市场复杂使推销人员很难熟悉情况，将影响推销工作的效率。

#### 2. 产品型推销组织结构

产品型推销组织结构，即以产品为基础进行组织内部的分工，要求一个推销人员专门负责一种或一类产品的推销工作。这种推销组织结构比较适合于那些产品技术性强、工艺复杂、型号繁多的企业。该推销组织结构的缺陷是，当用户面比较窄、一个用户购买同一企业的多种产品时，就会出现多名推销人员同时面对一个用户，推销同一个企业的不同种类产品的情况，不仅会引起用户的反感，而且很不经济。

### 3. 用户型推销组织结构

用户型推销组织结构，即按用户的类型来划分销售组织，确定推销人员的分工。在确定用户类型时，企业可根据自身情况和用户特点来进行，通常可以按产业类别、用户规模、销售途径划分。这种推销组织结构的优点是：推销人员面向具体的用户，了解他们的需求，增加了推销工作的针对性，有利于提高工作效率，同时还可以密切与用户的关系，便于提供优质售后服务，促成用户重复购买。但是，如果用户过于分散就不宜采取这种结构，否则将给推销工作带来许多不便，而且会增加推销费用。

### 4. 复合式推销组织结构

这种推销组织结构是以上三种组织结构的混合运用，具体又可以分为区域—产品复合式、区域—用户复合式、产品—用户复合式、区域—产品—用户复合式四种类型。当企业产品的销售范围较广、针对的用户类型较复杂时，就可以根据自身的情况选择其中的一种。

## 10.3.3　人员推销的工作过程

人员推销过程一般包括寻找顾客、约见准备、接近顾客、介绍示范、排除异议、办理成交、售后服务等。

### 1. 寻找顾客

寻找顾客，即挖掘和发现潜在需求，创造新的市场，这一环节往往决定整个推销工作的成败。潜在的顾客应当是有需要、有购买力、有购买决策权、有使用能力及可接近的。营销实践中，有很多寻找顾客的方法可供参考。

（1）普遍寻找法：在特定的市场区域范围内，针对特定的群体，用上门、邮件或者电话、电子邮件等方式对该范围内的组织、家庭或者个人无遗漏地进行寻找与确认的方法。

（2）广告寻找法：向目标顾客群发送广告，吸引顾客上门展开业务活动或者接受反馈展开活动。

（3）介绍寻找法：通过各种社会关系的直接介绍或者提供的信息进行顾客寻找。

（4）资料查阅寻找法：通过查阅各种现有的信息资料（如客户资料、传播媒体资料等）来寻找顾客。

（5）委托助手寻找法：通过有偿的方式委托特定的人收集信息，了解有关客户和市场、地区的情报资料，从中获得潜在顾客的线索。

（6）交易会寻找法：通过参加国际及国内每年召开的各种交易会寻找客户。

（7）企业各类活动寻找法：通过公共关系活动、市场调研活动、促销活动、技术支持和售后服务活动等，扩大接触面，寻找潜在顾客。

（8）咨询寻找法：通过咨询的方式，取得行业组织、技术服务组织、咨询单位掌握的大量客户资料和资源以及相关行业和市场信息，从中寻找潜在顾客。

### 2. 约见准备

在确定了拜访对象后，推销员应当事先邀约并做好相关资料的准备工作。除了事先了解顾客的相关资料外，重点要熟悉所推销产品的知识，包括该商品能给顾客带来什么好处；它的生产方法；它的用途和使用方法；它与其他企业同类产品之间、不同类型产品之间的比较（优缺点、价格等）；它的市场状况如何；企业的交易条件、售后服务规定、财务结算知识等。

### 3. 接近顾客

这是正式接触顾客的第一步。这一过程中，第一印象非常重要，因此要注意自身形象及礼仪，选择合适的接近方式，及时消除顾客疑虑和戒备心理，控制好接近的时间。

### 4. 介绍示范

运用恰当的方式介绍演示产品，突出产品的优势，刺激顾客购买欲望。

### 5. 排除异议

面谈中，顾客会提出各种各样的购买异议，如需求异议、财力异议、权力异议、产品异议、价格异议、货源异议、购买时间异议等。推销人员在处理购买异议时应注意语言技巧，如汽车加油站的职员，与其说"您需要加多少油？"不如说"我为您把油加满吧！"饮食店招待员把"您喝点什么？"改为选择问句"您是喝咖啡，还是果汁？"这样的问话使顾客感到难以完全拒绝；而"来点果汁吧"和"来一杯咖啡吧"这两句话却达不到那样的效果。

### 6. 办理成交

在与顾客就产品达成一致时，要不失时机地为顾客办理成交手续，如填写相关资料、安排送货、结算等。

### 7. 售后服务

产品销售之后，帮助顾客解决产品使用过程中的问题，了解使用的情况，收集顾客的意见和建议。及时周到的售后服务并不是推销工作的终点，而是新的起点，是维持客户关系的重要途径。

# 10.4  营业推广策略

营业推广又称销售促进，是指企业在特定的目标市场中为迅速刺激需求和鼓励消费而采取的沟通措施。近年来，由于受到品牌数目增加，产品日趋类似，竞争对手经常使用销售促进，消费者、经销商要求厂商提供更多优惠，广告因成本上升、媒体干扰和法律约束而效率下降等因素的影响，加之营业推广具有产品与市场针对性强、短期沟通效果明显、可供选择的沟通手段灵活多样等优点，销售促进获得了迅速发展。

## 10.4.1  营业推广的种类

### 1. 针对消费者的营业推广

可以鼓励老顾客继续使用，促进新顾客使用，动员顾客购买新产品；引导顾客改变购买习惯，或培养顾客对本企业的偏爱行为等。

（1）赠送。向消费者赠送样品或试用样品。样品可以挨户赠送，在商店或闹市区散发，在其他商品中附送，也可以公开广告赠送。赠送样品是介绍一种新商品最有效的方法，同时费用也最高。

（2）优惠券。在购买某种商品时，持券可以获得一定金额的优惠。

（3）奖励。可以凭奖券买一种低价出售的商品或凭券免费获取某种商品，诸如此类。

（4）廉价包装。在商品包装或招贴上注明，比通常包装减价若干，它可以是一种商品单装，也可以把几件商品包装在一起。

（5）现场示范。企业派人将自己的产品在销售现场当场进行使用示范表演，把一些技术性较强的产品的使用方法介绍给消费者。

（6）组织展销。企业将一些能显示企业优势和特征的产品集中陈列，边展边销。

### 2．针对中间商的营业推广

针对中间商的营业推广，目的是鼓励批发商大量购买，吸引零售商扩大经营，动员有关中间商积极购存或推销某些产品。

批发回扣：企业为争取批发商或零售商多购进自己的产品，给予批发商的回扣。

推广津贴：企业为促使中间商购进企业产品并帮助企业推销产品，支付给中间商的推广津贴。

销售竞赛：企业根据各个中间商销售本企业产品的业绩，给予优胜者的不同奖励，如现金奖、实物奖、免费旅游、度假奖等。

针对中间商的营业推广，除上述方式外，还有交易会、博览会或业务会议等。

### 3．针对销售人员的营业推广

针对销售人员的营业推广，目的主要是鼓励他们热情推销产品或处理某些老产品，或促使他们积极开拓新市场。其方式可以采用销售竞赛（如有奖销售、比例分成）以及免费提供人员培训、技术指导等。

## 10.4.2 营业推广策略的实施过程

一个公司在运用营业推广策略时，必须经过确定目标、选择工具、制订方案、实施和控制方案及评价结果等程序。

### 1．确定营业推广目标

就消费者而言，营业推广目标主要包括：争取未使用者试用；吸引竞争者品牌的使用者；鼓励消费者更多地使用商品和促进大批量购买等。就零售商而言，营业推广目标则主要包括：吸引零售商经营新的商品和维持较高水平的存货；建立零售商的品牌忠诚和获得进入新的零售网点的机会。就销售队伍而言，营业推广目标则是鼓励推销人员支持一种新产品，激励他们寻找更多的潜在顾客和刺激他们推销商品。

### 2．确定营业推广方案

（1）推广规模。推广规模的确定要考虑成本与效益的关系。推广活动要获得成功，一定规模的奖励是必要的。但如果超过一定限度，规模的扩大不一定会带来效益的递增。

（2）推广对象。各种营业推广手段对于不同的对象，其作用有很大差别。实践证明，营业推广的对象主要是那些"随意型"顾客和价格敏感度高的消费者。对于已经养成固定习惯的老顾客，营业推广的作用不大。

（3）推广途径。推广途径即决定如何把营业推广方案向目标对象传送。比如，一张优惠券，既可以放在产品包装袋里赠送，也可以在购买产品时当场分发，或附在报刊广告中传送、分发。又如，为了扩大某种商品销售，企业拟给予顾客10%的价格折扣，但这一信息通过什么媒体传播出去值得考虑。一般来说，媒体的选择必须考虑普及率及费用支出等因素。

（4）推广期限。营业推广的持续时间长短必须符合整体营销策略，并与其他经营活动相协调。如果时间太短，不少有希望的潜在买主还未来得及购买，从而收益甚微；如果推广时间太长，又会给消费者造成一种印象，认为是变相减价或产生对质量的怀疑。因此，持续时间的选择要恰到好处，既要给消费者"欲购从速"的吸引力，又要避免草率从事。

（5）推广时机。选择何时举行营业推广活动，要结合产品的生命周期、消费者的收入状况、购买心理、竞争状况等因素；同时还要考虑不同的营销传播工具、各部门之间的协调配合等。

（6）推广预算。预估营业推广的费用，可以有两种方法：一是自下而上，先确定各种具体营销传播方式的费用，然后相加得出总预算；二是先确定企业营销传播的总费用，然后按一定比例进行分配，确定营业推广费用。

### 3. 营业推广方案实施与评估

营业推广是一种促销效果较显著的促销方式，但若使用不当，不仅达不到促销的目的，反而会影响到产品销售，甚至损害企业的形象。因此，企业在使用营业推广方式时，必须予以控制，具体应从以下四个方面来实施。

（1）销售促进方式很多，各种方式方法都有各自的适应性，选择恰当的销售促进方式是促销获得成功的关键。面向消费者市场的营业推广，可邀请消费者对几种不同的、可能的优惠办法做出评价和分等，也可以在有限的地区进行试用性测试。

（2）控制好销售促进时间的长短也是取得预期促销效果的重要一环，确定合理的销售促进期限，防止过长或过短，否则都不可能收到最佳的促销效果。实施营业推广方案的期限包括前置时间和销售延续时间。前置时间指实施方案前所必需的准备时间。销售延续时间是指从开始实施营业推广方案到约95%促销商品被消费者购买所经历的时间。

（3）企业在销售全过程中一定要控制弄虚作假、欺骗顾客的错误观念和行为，各种徇私舞弊的短视行为将会使企业失去商誉。

（4）营业推广容易出现虎头蛇尾的状况，必须通过控制手段加强中后期宣传，以保证营业推广的圆满完成，取得消费者的信任。

此外，销售促进控制也体现在推广预算上，力争用最少的投入获取更大的产出。

营业推广评估常用的方法是把推广前、推广中和推广后的销售业绩情况进行比较。此外，也可以通过对消费者行为分析、消费者调查等方法来评估营业推广活动的实际效果。

# 10.5  公共关系策略

公共关系是社会组织为了塑造组织形象，通过传播沟通手段来影响公众的科学与艺术。在现代社会中，没有公共关系意识的社会组织，不可能成为优秀的组织，没有公共关系能力的企业，不可能赢得社会公众的信赖而取得市场竞争的主动权。

## 10.5.1　公共关系的含义

公共关系策略是企业在进行产品（服务）促销活动中常采取的有效的手段，它能改善企业与公众的关系，提高企业的知名度、美誉度，扩大产品市场占有率，使企业在日益激烈的市场竞争中立于不败之地。

可以从如下几方面理解公共关系的含义。

（1）公共关系是一定社会组织与其相关的社会公众之间的相互关系。

（2）公共关系的目标是为企业广结良缘，在社会公众中创造良好的企业形象和社会声誉。

（3）公共关系的活动以真诚合作、平等互利、共同发展为基本原则。

（4）公共关系是一种信息沟通，是创造"人和"的艺术。

（5）公共关系是一种长期活动。

## 10.5.2　公共关系策略的实施

### 1．确定公关活动目标

开展公共关系活动要有明确的目标。目标的确定是公共关系活动取得良好效果的前提。企业的公关目标因企业面临的环境和任务不同而不同。一般来说，企业的公关目标主要有以下几类。

（1）新产品、新技术开发之中，要让公众有足够的了解。

（2）开辟新市场之前，要在新市场所在地的公众中宣传组织的声誉。

（3）转产其他产品时，要树立组织新形象，使之与新产品相适应

（4）参加社会公益活动，增加公众对组织的了解和好感。

（5）开展社区公关，与组织所在地的公众沟通。

（6）本组织的产品或服务在社会上造成了不良影响，需要开展公共关系活动以挽回影响。

（7）创造良好的消费环境，在公众中普及同本组织有关的产品或服务的消费方式等。

### 2．确定公关对象

公关对象的选择就是公众的选择。不同的公关目标决定了公关传播对象的侧重点有所不同。如果公关目标是提高消费者对本企业的信任度，毫无疑问，公关活动应该重点根据消费者的权利和利益要求进行。如果企业与社区关系出现摩擦，公关活动就应该主要针对社区公众进行。选择公关对象要注意两点：一是侧重点是相对的，企业在针对某类对象进行公关活动时不能忽视了与其他公众沟通；二是在某些时候（如企业出现重大危机等），企业必须加强与各类公众的沟通，以赢得各方面的理解和支持。

### 3．选择公关活动方式

在不同的公关状态和公关目标下，企业需要选择不同的公关模式，以便有效地实现公共关系目标。一般来说，供企业选择的公关活动方式主要有以下两类。

（1）战略性公关方式。

① 建设性公关：主要适用于企业初创时期或新产品、新服务首次推出之时，主要功

能是扩大知名度，树立良好的第一印象。

② 维系性公关：适用于企业稳定发展之际，用以巩固良好企业形象的公关模式。

③ 进攻性公关：企业与环境发生摩擦冲突时所采用的一种公关模式，主要特点是主动。

④ 防御性公关：企业为防止自身公共关系失调而采取的一种公关模式，适用于企业与外部环境出现了不协调或摩擦苗头的时候，主要特点是防御与引导相结合。

⑤ 矫正性公关：企业遇到风险时采用的一种公关模式，适用于企业公共关系严重失调，从而企业形象严重受损的时候，主要特点是及时。

（2）策略性公关方式。

① 宣传性公关：运用大众传播媒介和内部沟通方式开展宣传工作，树立良好企业形象的公共关系模式，分为内部宣传和外部宣传。

② 交际性公关：通过人际交往开展公共关系的模式，目的是通过人与人的直接接触，进行感情上的联络。其方式是开展团体交际和个人交往。

③ 服务性公关：以提供优质服务为主要手段的公共关系活动模式，目的是以实际行动获得社会公众的了解和好评。这种方式最显著的特征在于实际的行动。

④ 社会性公关：利用举办各种社会性、公益性、赞助性活动开展公关，带有战略性特点，着眼于整体形象和长远利益。其方式有三种：一是以企业本身为中心开展的活动，如周年纪念等；二是以赞助社会福利事业为中心开展的活动；三是资助大众传播媒介举办的各种活动。

⑤ 征询性公关：以提供信息服务为主的公关模式，如市场调查、咨询业务、设立监督电话等。

### 4. 实施公关方案

实施公共关系方案的过程，就是把公关方案确定的内容变为现实的过程，是企业利用各种方式与各类公众进行沟通的过程。实施公关方案是企业公关活动的关键环节。

实施公关方案，需要做好以下工作。

（1）做好实施前的准备。任何公共关系活动实施之前，都要做好充分的准备，这是保证公共关系实施成功的关键。公关准备工作主要包括公关实施人员的培训、公关实施的资源配备等方面。

（2）消除沟通障碍，提高沟通的有效性。公关传播中存在着方案本身的目标障碍，实施过程中语言、风俗习惯、观念和信仰的差异以及传播时机不当、组织机构臃肿等多方面形成的沟通障碍和突发事件的干扰等影响因素。消除不良影响因素，是提高沟通效果的重要条件。

（3）加强公关实施的控制

企业的公关实施如果没有有效的控制，就会产生偏差，从而影响到公关目标的实现。公关实施中的控制主要包括对人力、物力、财力、时机、进程、质量、阶段性目标以及突发事件等方面的控制。公关实施中的控制一般包括制定控制标准、衡量实际绩效、将实际绩效与既定标准进行比较和采取纠偏措施四个环节。

### 5. 评估公关效果

公共关系评估，就是根据特定的标准，对公共关系计划、实施及效果进行衡量、检查、评价和估计，以判断其成效。需要说明的是，公共关系评估并不是在公关实施后才评估公关效果，而是贯穿于整个公关活动之中。

（1）公共关系程序的评估：即对公共关系的调研过程、公关计划的制定过程和公关实施过程的合理性和效益性做出客观的评价。

（2）专项公共关系活动的评估：主要包括对企业日常公共关系活动效果的评估、企业单项公共关系活动（如联谊活动、庆典活动等）效果的评估、企业年度公共关系活动效果的评估等方面。

（3）公共关系状态的评估：企业的公共关系状态包括舆论状态和关系状态两个方面。企业需要从企业内部和企业外部两个角度对企业的舆论状态和关系状态两个方面进行评估。

## ➡ 案 例 分 析

### 【案例 1】 海尔世博营销

2010 年 10 月 18 日，在上海举行的世博创新营销论坛上，海尔世博营销凭借一系列颇具智慧的创新之举，赢得了与会专家一致好评，被认为是"世博营销的一个经典案例"。

亮点之一是创新赞助形式，百年世博史上，第一家由全球各地分公司同时赞助多个世博馆的企业创新技术应用。亮点之二是开设物联之家，推出庞大阵容物联网家电的创新技术创新营销方式。数字化整合营销，园内与园外联动，线下实体活动与线上网络活动实现互动。

1. 赞助形式创新，彰显海尔全球化战略

在 2010 年上海世会上，海尔"入园"形式另辟蹊径，极富创新。青岛海尔、美国海尔、欧洲海尔、澳洲海尔，先后与山东馆、美国馆、意大利馆、新西兰馆、世贸中心协会馆建立赞助合作关系。海尔成为百年世博史上，第一家由全球各地分公司同时赞助多个世博馆的企业。专家们认为，这种创新凸显了海尔在全球各地的本土化实力，也借助世博平台向世界展示了海尔全球化战略的成果，同时也把世界多元文化和消费理念带入了世会。

海尔世博营销是海尔继 2008 年北京奥运营销活动后启动的又一次重大的营销活动。海尔全球品牌运营总监张铁燕表示："海尔参与世博会这一全新的方式，功底源于稳健的全球化品牌战略的成功。"

据了解，海尔成功实施其"走出去，走进去，走上去"的国际化品牌战略，独创了"海尔全球化模式"。如今，海尔已为全世界 160 多个国家和地区的消费者提供产品和绿色生活解决方案。据世界知名市场调查机构欧睿国际（Euromoni-tor）发布的全球家用电器市场调查结果显示，2009 年年底，海尔品牌以 5.1%的全球市场份额成为全球第一白色家电品牌。2010 年 2 月 26 日，美国《福布斯》杂志文章称，"海尔是中国企业海外品牌建设的典范"。

2. "物联网家电"，凸显技术创新实力

成功的品牌营销，必须要与借助平台的主题高度契合。面对世博会这个总是在追寻前沿技术的悠久传统，面对"城市，让生活更美好"这一全新主题，海尔推出"物联网家电"，通过一系列的技术创新和应用，真实地勾勒出未来物联网下全新的生活图景，从而成为本届世会上的一大亮点。

在山东馆尾厅，海尔描绘未来数字家庭生活图景，运用海尔 U-home 物联网技术，将物联网家电带来的美好生活生动地呈现在观众面前。更为精彩的是，海尔在世博会世贸中心馆，开设"海尔物联之家"绿色智能生活展区，从具有能自动给手机发短信的智能安防功能的空调，能自动检测食物储备的冰箱，到可扫描衣物材质、洗涤剂和水质并智能计算

203

洗涤时间的节能洗衣机，能控制家电、电灯和窗帘的电视等50多款物联网家电精彩亮相。

海尔借助世博会，设立"海尔物联之家"，掀起物联网之风，抢占物联网先机，为世博会增添了技术创新亮点，更引领了行业发展，开启了一个精彩的未来市场。

3. 数字化整合营销，创造用户精彩体验

时间跨度大（长达180多天）、地点分散，是世博会与其他任何重大活动最大的不同。如何使营销活动保持持续的关注度和富有吸引力的互动内容，成为世博营销面临的一大挑战。

在本次世博会上，海尔用一个个热点串联，始终吸引着观众的眼球。从2010年3月27日，海尔与世博山东馆举行签约仪式，正式拉开海尔世博营销活动帷幕开始，海尔世博营销伴随着一个个签约仪式启动，以及"海尔周"、"海尔日"、全球新品鉴赏会、"希望小学走进世博"等精彩活动，持续不断地在5大合作场馆展开，加之"海尔物联之家"展区，更吸引了数百万观众的热情参与，为观众留下了难忘的世博记忆。

更重要的是，海尔通过数字化整合营销，实现了园内与园外联动，线下实体活动与线上网络活动实现互动，给消费者创造精彩体验，最终拉动了对品牌的美好认知。

据了解，在网上，海尔打造了一场精彩的"海尔把世界带回家"的网络世博盛宴活动，让网民直接体验精彩世博。以网为媒，海尔网络世博活动直接与消费者进行互动营销，截至目前吸引了1 800万网民直接参与。在国内市场，海尔同步开展了系列"把世界带回家"的终端营销活动，启动规模空前的"世博精品巡展"，直达卖场，直抵消费终端，使世博营销走出世博园，让全球消费者在家门口就能够体验到家电产业的最新科技，最俏的世博精品，与各地市场营销体系结合，形成良好互动。

与会专家认为，从奥运营销到世博营销，海尔以国际化视野和创新思维彰显了全球化品牌影响力。海尔世博营销活动园内园外、网上网下有机的精彩联动，充分体现了海尔不断创新的数字化整合营销实力，为更多企业提供了一个借鉴范本，启迪了思路。全球著名市场研究机构益普索（Ipsos）公司，对中国城市消费者钟爱的世博概念品牌进行的调查报告数据显示，海尔在总评榜上排名第一。此外，海尔在"最契合'以人为本'的品牌"、"最契合'富有社会责任感'的品牌"等7个分项指标中，囊括了5项第一。

问题：请分析海尔的世博营销理念。

【案例2】　可口可乐的世博营销

早在1964年的纽约世博会上，可口可乐便开设了专门的体验场馆宣传产品。游客们很快被场馆中播放的广告吸引住了。广告里，可口可乐俨然成了美国人生活的必需品，并被包装成一种积极向上、乐观健康的商品形象。已经成为美国最热销饮料的可口可乐，获得了走向世界的机遇。

奥运营销大赢家可口可乐公司再次出战上海世博会，在2007年12月宣布成为上海世博会全球合作伙伴后就随即推出印有世博吉祥物"海宝"的纪念罐。在上海世博会 184 天的举办期间，世博园区内接待 7 300 万人次参观者，根据可口可乐享有的排他性权益，这些参观者只能购买到可口可乐系列饮品，包括汽水、果汁、果味饮料、饮用水、草本饮料、茶饮料、功能饮料、即饮咖啡等。如果每人购买一瓶可口可乐饮品，就是 7 300 万瓶，这一数量远远超出北京奥运。

善于营销的可口可乐当然不会仅仅满足于在世博园区卖饮料的直接收益，他们希望在与各层次消费者尤其是年轻一代消费者的互动中，让可口可乐的品牌和产品赢得更深远的影响。

"可口可乐快乐工坊"是世博园里最热门的场馆之一，在世博局每日统计的十大热门场馆中，它经常榜上有名。快乐测量仪下，参观者们开怀大笑，"快乐之声"达到一定分贝时，快乐工坊的门就会自动打开。进入场馆后，在 8 米长、4.5 米宽的大屏幕上，一段充满梦幻色彩的可口可乐生产流程跃然屏上，这部《快乐工坊》影片的浓缩版就是曾享誉全球的可口可乐广告片。"魔幻旅程"结束，当游客仍沉浸在影片的精彩创意中时，一瓶精巧的、仅有 200 毫升的小可乐会发放到每位游客手中，这个小瓶子是由高达 30% 的植物原料制成，可 100% 循环再生。

可口可乐等跨国公司不仅在展馆设计上经验丰富，在策划活动上也很引人注目。

早在 1999 年 1～2 月间，可口可乐选择中国新年的大好时机，在上海开展了号称可能是上海有史以来最大型的联合促销活动：消费者只要购买可口可乐公司的饮料至规定数量，即可获赠红包 1 个及贺年礼品 1 份。礼品包括"酷极"糖果、"台丰"花生或"奇巧"巧克力。红包中印有幸运号码，可参加每周连环大抽奖，赢取现金压岁钱，最高为 5 000 元。另外，在此红包中还有至少 7 张优惠券，包括吃穿玩乐等多种休闲娱乐项目，如四驱车游戏券、卡丁车游戏券、游乐园门票、电影票、保健品优惠券、服装优惠券、麦当劳快餐优惠券、新年糖果优惠券等。

在之后的 3～4 月间，活动进一步举办，主题改为"吃喝玩乐送不停"，并且购买标准降低一半，兑奖凭证由收集外箱包装改为收集产品包装，礼品改为轻便像架或记事本或玻璃杯，红包内优待券由原来的至少 7 张改为 4 张，凭红包号码继续可以抽奖。

问题：

1. 可口可乐在 2010 年上海世界博览会的营销目标有哪些？取得了什么成效？
2. 可口可乐常运用哪些促销策略？

【案例 3】　腾讯的世博营销

2010 年 5 月份，延续了万众 8 年喜悦和期盼的上海世博会，终于在风景如画的世

博园绚丽开场。这个拥有 159 年历史的世博会，首次引入了"网上世博"的概念。借助互联网媒体的传播优势，上海世博会采用创新的展览模式，弥补了现场体验的不足，实现了实体世博会和网上世博会的有机联动，打破了时间的局限与空间的藩篱，最大限度地发挥了互联网的"长尾力量"，使上海世博会成为"永不落幕的世博会"。这一次扮演主要推动者角色的是腾讯网。这个在线人数 2010 年突破 1 亿的互联网平台，在北京奥运之后迅速发力上海世博会，成为世博历史上也是本届世博会上唯一的互联网高级赞助商。也许正因为有了腾讯网的大力投入，以及在腾讯网刺激下其他网络媒体和新媒体的加入，上海世博会才成为迄今为止观众关注度和参与度最高的一届世博会。可以预见，官方公布的 7 000 万游客极有可能仅是上海世博会全部受众的一小部分。

尽管"城市，让生活更美好"的世博口号不绝于耳，但对大多数人来说，网络才是带领他们走进世博的窗口。作为世博会唯一互联网服务高级赞助商，腾讯在 2009 年 5 月 1 日上海世博会倒计时一周年之际，推出世博频道（2010.QQ. com），依托其独有的"IM 门户社区"互动平台，开启了世博历史上的全新传播新模式。你可能无法忽略电脑屏幕右下角腾讯实时推送的最新世博消息，无论是迎接世博会倒计时 200 天"群星唱世博"中的豪华明星阵容献礼世博，或是倒计时 100 天"百日许愿"，还是如火如荼进军世界吉尼斯纪录的"宝马—腾讯世博网络志愿者接力"，网民们发现，世博每天以各种各样的方式活跃在他们的身边。这正是腾讯希望借助世博所要达到的效果：任何一个关注世博的网民，都无法绕开小企鹅跳动的身影。

"让腾讯用户甚至让所有互联网用户体会到腾讯在高端服务的技术能力和服务延展性，这是腾讯拓展企业形象和调整用户结构的有效手段。"赛迪顾问互联网与电子商务产业研究中心副总经理何潇说。而腾讯控股董事会主席兼首席执行官马化腾表示，与世博会的合作主要是考虑到腾讯网未来的转型，这是腾讯向主流影响力方面的努力推进。

而对于企业来说，腾讯网通过网上世博，可以形成一种多接触点整合的规模效应，为企业带来了高流量的有效曝光。

问题：腾讯网世博营销有哪些特征？

**【案例 4】 情真意切车有"路"**

美国的乔·吉拉德是汽车推销员。一次，一位中年女士到他的展销室，说想买一辆白色的福特车，就像她表姐开的那辆。但对面福特车行的推销员却让她过一小时再去，所以她就先到吉拉德这儿看看。她说这是她送给自己的生日礼物："今天是我55 岁生日。"

"生日快乐！夫人。"吉拉德一边说一边请她进来看看，接着出去交代了一下，然后回来对她说："夫人，您喜欢白色车，我给您介绍一下我们的双门式轿车，也是白色。"正说着，女秘书走了进来，递给他一束玫瑰花，他把花送给这位女士说："祝您长寿，尊敬的夫人。"这位女士很感动，眼眶都湿了。"已经很久没有人给我送礼物了。"她说，"刚才那位福特推销员一定是看我开了一部旧车，以为我买不起新车，我刚要看车，他却说要去收一笔款，于是我就上这儿来等他。现在想想，不买福特也可以。"她当即买走了一辆雪佛莱。吉拉德凭着他那颗真诚的心，感动了"上帝"，打开了销路，成为世界上最伟大的推销员，15 年里他卖出了 13 001 辆汽车，并创下了一年卖出 1 425 辆车的记录。吉拉德的推销秘诀包括以下几点。

1. 250 定律：不得罪一个顾客

在每位顾客的背后，都大约站着 250 个人，这是与他关系比较亲近的人：同事、邻居、亲戚、朋友。吉拉德说得好："你只要赶走一个顾客，就等于赶走了潜在的 250 个顾客。"

2. 名片满天飞：向每一个人推销

每一个人都使用名片，但吉拉德的做法与众不同，他到处递送名片。吉拉德认为，每一位推销员都应设法让更多的人知道他是干什么的，销售的是什么商品。

3. 建立顾客档案：更多地了解顾客

吉拉德说："不论你推销的是何种东西，最有效的办法就是让顾客相信——真心相信——你喜欢他，关心他。"要使顾客相信你喜欢他、关心他，那你就必须了解顾客，搜集顾客的各种有关资料。

4. 猎犬计划：让顾客帮助你寻找顾客

吉拉德认为，干推销这一行，需要别人的帮助。吉拉德的很多生意都是由"猎犬"（那些会让别人到他那里买东西的顾客）帮助的结果。吉拉德的一句名言就是"买过我汽车的顾客都会帮我推销"。

5. 推销产品的味道：让产品吸引顾客

每一种产品都有自己的味道，吉拉德特别善于推销产品的味道。与"请勿触摸"的做法不同，吉拉德在和顾客接触时总是想方设法让顾客先"闻一闻"新车的味道。他让顾客坐进驾驶室，握住方向盘，自己触摸操作一番。根据吉拉德本人的经验，凡是坐进驾驶室把车开上一段距离的顾客，没有不买他的车的，即使当即不买，不久后也会来买。

6. 诚实：推销的最佳策略

诚实，是推销的最佳策略，而且是唯一的策略。但绝对的诚实却是愚蠢的。推销容许谎言，这就是推销中的"善意谎言"原则，吉拉德对此认识深刻。推销过程中有时需要说实话，一是一，二是二。说实话往往对推销员有好处，尤其是推销员所说的，顾客事后可以查证的事。吉拉德还善于把握诚实与奉承的关系。少许几句赞美，可以使气氛变得更愉快，没有敌意，推销也就更容易成交。

7. 每月一卡：真正的销售始于售后

吉拉德有一句名言："我相信推销活动真正的开始在成交之后，而不是之前。"推销员在成交之后继续关心顾客，将会既赢得老顾客，又能吸引新顾客，使生意越做越大，客户越来越多。吉拉德每月要给他的 1 万多名顾客寄去一张贺卡。凡是在吉拉德那里买了汽车的人，都收到了吉拉德的贺卡，也就记住了吉拉德。

问题：吉拉德是如何进行推销的？

【案例 5】　橱窗内陈列的半瓶子酒

香港的不少酒店，在餐厅的主要部位都设有一个装潢考究的橱窗。橱内陈列的不是新酒，而是顾客未喝完的各式半瓶子酒。瓶颈上都挂着一张精致的小卡片，上面写着存酒主人的姓名。

这是一种独特的广告方式，效果是奇妙的。

其一，它显示了酒店的诚实，不占顾客便宜。诚招天下客，使顾客对店家增加了信任感。

其二，显示了酒店对顾客的周到服务，剩酒免费代存，下次来继续饮用。不够再买，剩下再存，橱窗里有永远吃不完的半瓶子酒，老顾客被牵住了心，新顾客又被好奇心驱使而来。

其三，它又巧妙地利用了顾客的好胜心理。酒瓶子上挂名，是优是劣，一看便知。要面子的顾客都点高档酒，酒店盈利自然越来越多。

橱窗陈列样品，也是广告。半瓶子酒的广告，既宣传了酒家的诚实、周到，又满足了顾客的心理，真是一举数得，到头来最得益的自然还是酒家。

问题：结合本例分析，选择广告媒体时需要考虑的因素。

# 思考与练习

1. 试比较人员推销、广告、营业推广、公共关系这四种促销方式的特点。
2. 联系实际，说明促销手段在诱导消费方面发挥的作用。
3. 说出你印象最深的广告，并指出其成功之处和问题所在。
4. 针对下列产品，请列举出最合适的三种促销工具，并说明理由。

①洗发精；②婴儿奶粉；③美容健身；④商用计算机；⑤升学补习班；⑥五星级观光旅馆。

第 11 章

# 市场营销计划、执行与控制

## 学习目标

- 掌握市场营销计划、执行与控制的基本概念、程序和方法。
- 了解企业市场营销过程中常见的计划、执行与控制的问题。
- 学会用相关理论、方法解决企业问题。

## 实践项目

**营销计划能力训练**

### 1. 实践项目教学目的

（1）加深学生对相关理论知识的理解，通过实践项目启发学生，吸引学生关注，加强教学效果。

（2）提高学生市场营销计划撰写能力。

（3）提高学生市场营销计划执行、控制能力。

（4）在实践中开拓学生的视野。

### 2. 实践项目组织形式

（1）实践项目教学形式：以小组或者团队形式完成，每组 6～8 人。

（2）实践项目教学结果：提出市场营销计划报告和 PPT。

（3）实践结果汇报：按照小组或团队，以演讲的形式进行汇报。

### 3. 实践项目教学内容

任务一：以本地市某一房地产企业某一楼盘为背景，对该地市房地产行业进行市场调研，了解该楼盘的特征与市场定位，结合企业的楼盘实际销售现状和目标，对该项目进行定位；通过对调研数据、资料的分析整理，确定营销目标，提出市场营销计划和具体实施方案；最后提出对计划的实施情况进行控制的方法。

任务二：以创办"网上鞋城"为背景，完成网络营销的创业设计、实施和控制。通过对零售、批发等鞋业市场销售渠道的调查，结合我国电子商务业的发展特征，进行市场环境和竞争分析，提出具体的创业计划和执行方案。同时为学生以后的就业提供思路，做好创业的基础。

### 4. 实践项目教学要求

（1）各小组或者团队任选一个项目作为实践项目，也可以提出新的项目。

（2）通过调研和分析，提出调研报告，必须以多媒体演示的方式进行汇报。

（3）在整个实践过程中，指导老师要提出具体操作方法，并进行方向性的指导。

（4）在汇报中，各小组之间互相交流，对方案进行完善。

### 5. 实践项目考核

（1）项目组织讨论占 10%。

（2）实践报告内容占 50%。

（3）实践项目汇报占 40%。

## 案例导入

### 蓝色巨人的兴衰

IBM 一度被称为世界上最了不起、行业中最了不起的企业，IBM 的形象也一直是身穿西服岿然屹立的蓝色巨人。但 20 世纪 90 年代初，这家公司重重地跌了一跤：公司首次亏损，亏损额高达 50 多亿美元，公司市值下降 68%，并裁员近 20 万人。在 IT 业中，市场领袖已经成了微软和英特尔。IBM 怎么了？

1981 年前，IBM 的年增长率一直在 10% 以上，1980 年，销售额达到 400 亿美元。如果公司继续以这个速度增长，预计到 1990 年，IBM 销售额将达到 1 000 亿美元。经过分析和讨论，IBM 的高层经理们认为，IBM 应该并且能够实现这一目标。为了实现这一目标，公司加速了在 20 世纪 70 年代即已开始的生产能力和员工扩张计划。1990 年年初，IBM 为每年 1 000 亿美元的大生意做好了准备，但不幸的是，当年销售额只有 500 亿美元，过剩的生产能力和员工压得公司透不过气来！

有人将 IBM 的衰落归咎于技术落伍。但实际上，公司的研发力量接近行业内其他企业研发力量的总和。对 IBM 的兴衰，仁者见仁，智者见智，但有一点却是不容忽视的：IBM 忽略了自己的业务。多年来，IBM 一直是大企业的一站式信息服务商，承诺提供有效、优质的技术和卓越的整套服务支持，并通过与顾客保持紧密的联系成为顾客不可缺少的"信息、办公、计算"的顾问和伙伴。因此，可以说 IBM 销售的是一种信息处理和办公能力。但后来，受计算机市场的诱惑和过分膨胀的生产能力的压力，IBM 错误地走上了"销售产品"之路。他们错误地认为，IBM 与顾客的关系基础是 IBM 的产品，是机器，而不是可靠的系统服务。因此，当 IBM 转向"销售产品"时，旗下客户很快发现其他公司所提供的产品更加物美价廉，因此他们离开了 IBM。

后来，IBM 新任行政总监重新调整了策略。一方面，重新致力于全方位服务供应商。把为顾客解决问题摆到了重要位置，而不仅仅是销售机器。带领大企业进入网络世界，在咨询、系统集成、网络服务、教育培训等方面为客户提供帮助。另一方面，重新构建客户关系和员工关系，1996 年，收入达 760 亿美元，增长率达 9%。

在本案例中，人们将 IBM 的衰落归于技术等因素，但主要是由企业发展战略和短期经营目标不一致造成的。当 IBM 为了实现短期销售目标而转向"销售产品"时，企业经营目标和企业战略不一致，IBM 业务发展出现问题。当 IBM 重新调整策略，和企业发展战略相一致时，"IBM 重新站了起来"。可以看出，企业的营销计划在企业战略中具有重要作用。

# 11.1　市场营销计划

市场营销计划、执行和控制是营销管理过程中基本的、关键性的步骤，在实现企业营销战略中起着关键性的作用，为实现企业整体战略规划服务。企业确定营销战略后，应该制订更为具体的市场营销计划，使得企业目标、内外部资源和它的各种环境机会之间能够建立与保持一种可行的适应性，从而实现企业的市场战略目标。

营销战略对企业而言是"做正确的事"，而市场营销计划则是"正确地做事"，它是企业的战术计划。企业营销管理中最重要的任务之一就是制订市场营销计划。计划是对行动方案作详细而系统的阐明。每位营销管理人员都应懂得如何实地制订一项市场营销计划。

## 11.1.1　市场营销计划的定义

市场营销计划是指在对企业市场营销环境进行调研分析的基础上，制订企业及各业务单位的营销目标，以及实现这一目标所应采取的策略、措施和步骤的明确规定和详细说明。

市场营销计划发挥作用的基础和前提是正确的战略，市场营销计划的正确执行可以创造完美的战术，而完美的战术则可以弥补战略的欠缺，还能在一定程度上转化为战略。市场营销计划的重要性表现在以下四个方面。

（1）有助于避免企业在经营管理上的盲目性。

（2）能够取得较好的经济效益。

（3）有利于协调企业内部各部门之间的关系。

（4）分工明确，各司其职。

## 11.1.2　市场营销计划的内容

市场营销计划（Marketing Planning）的内容包括计划概要、营销状况分析、机会与风险分析、拟定营销目标、营销策略、行动方案、营销预算和营销控制八个方面内容。

### 1. 计划概要

计划概要是对主要营销目标和措施的简短摘要，目的是使高层主管迅速了解该计划的主要内容，抓住计划的要点。例如，某企业年度市场营销计划的内容概要是："本年度计划销售额为 5 亿元，利润目标为 8 000 万元，比上年增加 11%。这个目标经过改进服务、加强销售渠道、降低价格、加强广告和促销努力是能够实现的。为达到这个目标，今年的营销预算要达到 1 000 万元，占计划销售额的 2%，比上年提高 13%。"

### 2. 营销状况分析

这部分主要提供与市场、产品、竞争、分销以及宏观环境因素有关的背景资料。具体内容如下。

（1）市场状况：列举目标市场的规模及其成长性的有关数据、顾客的需求状况等，如目标市场近年来的年销售量及其增长情况、在整个市场中所占的比例等。

（2）产品状况：列出企业产品组合中每一个品种近年来的销售价格、市场占有率、成本、费用、利润率等方面的数据。

（3）竞争状况：识别出企业的主要竞争者，并列举竞争者的规模、目标、市场份额、产品质量、价格、营销战略及其他的有关特征，以了解竞争者的意图、行为，判断竞争者的变化趋势。

（4）分销状况：描述公司产品所选择的分销渠道的类型及其在各种分销渠道上的销售数量，如某产品在百货商店、专业商店、折扣商店、邮寄等各种渠道上的分配比例等。

（5）宏观环境状况：主要对宏观环境的状况及其主要发展趋势做出简要的介绍，包括人口环境、经济环境、技术环境、政治法律环境、社会文化环境，从中判断某种产品的命运。

### 3. 机会与风险分析

首先，对计划期内企业营销所面临的主要机会和风险进行分析；再对企业营销资源的优势和劣势进行系统分析。在机会与风险、优劣势分析基础上，企业可以确定在该计划中必须注意的主要问题，如中国电信在竞争环境下的 SWOT 分析。

（1）劣势。

① 中国电信的移动业务发展遇到困难：一是客户的增长速度慢；二是用户的质量不高，中国电信的移动用户大部分都是低端用户，对于政企客户行业信息化应用上没有很大的突破。

② 中国电信服务能力和服务水平与市场上的竞争对手存在着差距。中国电信提供的服务和品牌的客户忠诚度不高。

③ 中国电信营销能力与市场竞争所需能力不相匹配，用户对中国电信的 3G 理解与应用很多都不十分了解。

④ 中国电信的专业管理人才和营销人才不足，制约了中国电信的飞速发展。

⑤ 中国电信在信息化能力方面有待提升，目前中国电信提供的信息化服务更多的是大众化的产品，与竞争对手的产品同质化。

（2）挑战。

① 中国电信没有实现较高的信息化应用，政企用户更熟悉的是电信的宽带和电话，给用户提供的信息化方案没有做到量身定做。

②　作为移动竞争市场上的后进入者，市场份额不到 10%，是市场的追随者。

③　移动行业作为一个饱和的市场，中国电信切入这个市场十分有难度。

（3）机遇。

①　国家全面推进五化，特别是信息化的推进，对电信来说是一个难得的机遇。中国电信可以利用自身的固有优势，可以提供各行业的信息化解决方案。例如，不久的将来国家社保网要覆盖到每个乡镇，医疗系统需要优化，教育信息化（特别是校园安全）、城市信息化需求（数字城市、数字城管）等，都将推动中国电信的发展。

②　中国电信推进无线 WIFI 的覆盖，中国电信的 C+WIFI 的结合，将为用户提供高达50MB～100MB 的带宽，信息化应用将变得无所不能。

（4）优势。

①　明确的差异化战略与具体可行的执行策略，以及中国电信完善、规范的管理体制，是中国电信飞速发展的巨大支撑。

②　核心的技术优势和宽带资源优势，以及政企客户的长期发展，是中国电信发展的助推器。

③　中国电信 C 网覆盖相比于其他两大运营商有着明显的竞争优势。移动和联通现在只能覆盖到各个城市层面上，而中国电信已经是点面覆盖，所有的乡镇都达到了全覆盖。

④　中国电信的 3G 网络是平缓过渡，而竞争者移动和联通则需求要重新建立一个网，两大运营商同时经营两张网便存在以下的问题：一是网络完全覆盖和网络的优化需要几年的时间完成；二是两个网络之间切换的技术需要解决；三是网络的同频干扰问题急需解决；四是两张网络的维护需要很高的运营成本。

### 4. 拟定营销目标

拟定营销目标是企业市场营销计划的核心内容，在市场分析基础上对营销目标做出决策。计划应建立财务目标和营销目标，目标要用数量化指标表达出来，要注意目标的实际、合理，并应有一定的开拓性。

（1）财务目标。财务目标即确定每一个战略业务单位的财务报酬目标，包括投资报酬率、利润率、利润额等指标。

（2）营销目标。财务目标必须转化为营销目标。营销目标可以由以下指标构成，如销售收入、销售增长率、销售量、市场份额、品牌知名度、分销范围等。

### 5. 营销策略

拟定企业将采用的营销策略，包括目标市场选择和市场定位、营销组合策略等。明确企业营销的目标市场是什么市场，如何进行市场定位，确定何种市场形象；企业拟采用什么样的产品、渠道、定价和促销策略。

（1）目标市场。在营销策略中应首先明确企业的目标市场，即企业准备服务于哪个或者哪几个细分市场，以及市场定位。

（2）营销组合。企业准备在各个细分市场采取哪些具体的营销策略，如产品、渠道、定价和促销等方面的策略。

（3）营销费用。根据上述营销策略确定营销费用水平。

### 6. 行动方案

对各种营销策略的实施制定详细的行动方案，即阐述以下问题：将做什么？何时开始？何时完成？谁来做？成本是多少？整个行动计划可以列表加以说明，表中具体说明每一时期应执行和完成的活动时间安排、任务要求和费用开支等。使整个营销战略落实于行动，并能循序渐进地贯彻执行。

### 7. 营销预算

营销预算即开列一张实质性的预计损益表。在收益的一方要说明预计的销售量及平均实现价格，预计出销售收入总额；在支出的一方说明生产成本、实体分销成本和营销费用，以及再细分的明细支出，预计出支出总额；最后得出预计利润，即收入和支出的差额。企业的业务单位编制出营销预算后，送上层主管审批。经批准后，该预算就是材料采购、生产调度、劳动人事以及各项营销活动的依据。

营销预算常用两种方法：一是目标利润计划法，二是最大利润计划法。

### 8. 营销控制

对市场营销计划执行进行检查和控制，用以监督计划的进程。为便于监督检查，具体作法是将计划规定的营销目标和预算按月或季分别制定，营销主管每期都要审查营销各部门的业绩，检查是否完成实现了预期的营销目标。凡未完成计划的部门，应分析问题原因，并提出改进措施，以争取实现预期目标，使企业市场营销计划的目标任务都能落实。

## 11.1.3 市场营销计划的分类

市场营销计划按照计划的时间、涉及的范围和计划的重要程度可以进行不同的划分。

### 1. 按计划时期的长短划分

可分为长期计划、中期计划和短期计划。

长期计划的期限一般 5 年以上，主要是确定未来发展方向和奋斗目标的纲领性计划；中期计划的期限为 1～5 年；短期计划的期限通常为 1 年，如年度计划。

### 2. 按计划涉及的范围划分

可分为总体市场营销计划和专项市场营销计划。

总体市场营销计划是企业营销活动的全面、综合性计划；专项市场营销计划是针对某一产品或特殊问题而制定的计划，如品牌计划、渠道计划、促销计划、定价计划等。

### 3. 按计划的程度划分

可分为战略计划、策略计划和作业计划。

战略性计划是对企业将在未来市场占有的地位及采取的措施所做的策划；策略计划是对营销活动某一方面所做的策划；作业计划是各项营销活动的具体执行性计划，如一项促销活动，需要对活动的目的、时间、地点、活动方式、费用预算等做策划。

## 11.1.4 制定市场营销计划常见问题

在企业的实际经营过程中，市场营销计划往往碰到无法有效执行的情况，一种情况是营销战略不正确，市场营销计划只能是"雪上加霜"，加速企业的衰败；另一种情况则是市场营销计划无法贯彻落实，不能将营销战略转化为有效的战术。

### 1. 市场营销计划缺乏制度的保障

市场营销计划被企业当作是纸上的内容，实际过程中缺乏具体的要求。市场营销计划不仅是一种方法体系，同时也应该是一种制度体系，也就是说，市场营销计划一旦执行，就必须按照相应的要求来加以保障。现实之中很多企业在实施市场营销计划时，并没有落实到具体的制度上，一方面，营销人员找不到开展工作的规范，无法衡量自身业绩的好坏；另一方面，部分人员只是满足于现状，不能按照要求开展工作。

### 2. 市场营销计划执行缺乏绩效考核的约束

在企业的实际运作过程中，绩效考核制度是企业的基本管理制度，其他职能性的管理制度都要在此基础上发挥作用。在市场营销计划执行过程中，都是营销管理职能在起作用，而要充分发挥这些职能，使市场营销计划有效执行，就必须将绩效考核制度与市场营销计划的完成效果结合起来，这样才能使营销人员可以对自己的绩效进行评估，否则市场营销计划的执行将缺乏规范性。在实际运作中，更往往发生绩效考核制度与市场营销计划目标有差异的情况，使市场营销计划形同虚设。

### 3. 市场营销计划缺乏过程管理

市场营销计划执行时只重视结果，而不重视达成结果的过程。在市场营销计划的执行过程中，往往最受关注的是一些硬指标，如销售额、铺货率、知名度等，但是还有其他的一些软指标，如市场价格体系、市场秩序、与竞争对手的对比等，往往会受到忽视，也就是说，在市场营销计划执行时，缺乏对执行过程进行的地管理，就算达到了硬指标，但软指标中存在的问题将会对企业造成根本性的伤害。

### 4. 市场营销计划执行过程中缺乏整合和协调

市场营销计划执行的各个职能部门之间协调出现问题，各自为战，主要表现在市场部门和销售部门、销售一线和销售后勤部门等，这在很大程度上依赖于营销组织架构的合理。

不同部门对市场营销计划的理解不同，造成这个问题能主要原因在于企业内部的沟通渠道不通畅，对于市场营销计划实施效果的衡量标准不统一。

执行过程中缺乏统一的协调。这主要是在市场营销计划执行过程中，缺乏一个领导部门来推动整个计划的进行，各部门的本位主义比较严重，职能性的部门结构影响到了企业整体业绩的实现。比如，对于多产品结构的企业而言，对于不同种类的产品总是缺乏管理的，各个部门只是注重各自职能工作的完成，而对于一个产品的发展过程却缺乏综合的管理，从而造成各个部门的专业优势并没有转化为企业的整体优势，有可能还会造成企业资源的损耗和业绩的衰退。

### 5. 企业业务流程不合理

市场营销计划执行过程中的业务流程过于复杂，造成企业的反应速度降低，整个业务运作过程效率低下，使市场营销计划的时效性差。

执行过程中的审批环节过多。一方面造成对市场机会的丢失；另一方面影响了营销人员积极性的发挥，不利于发挥主动性和灵活性，对市场营销计划执行的有效性也不能充分保证。

执行过程中各部门的业务分配不合理。这主要是指部门之间的职能分配模糊，没有贯彻最大化提高效率的原则，在市场营销计划执行过程中出现专业技能不够或者是承揽了过多的职能，无法使市场营销计划得以有效执行。

### 6. 企业分支机构对区域市场营销计划缺乏系统性

区域营销人员的专业技能有欠缺。对总部下达的市场营销计划无法进行进一步规划，对整个区域市场缺乏整体性的计划，对各个小区域之间也缺乏系统的拓展计划，造成整体市场营销计划一到下面就开始变形，无法真正落实。

区域人员注重结果而不注重过程。由于部分企业的销售政策导向是以销量为核心，因此区域人员也会只注重结果而不关心过程，他们采取的措施都是短期内提高销量的，但是否能满足市场营销计划的战略要求则不在考虑之中。

## 11.2 市场营销执行

企业营销活动是企业一项重要的职能活动，为了使这项活动能有效进行，必须有专门的部门对这项活动负责，就形成了企业的营销部门。

企业营销部门是实现企业市场营销计划和企业目标的主要职能部门。社会的宏观环境和国家经济体制，企业的营销管理哲学即企业经营的指导思想，企业自身所处的发展阶段、经营范围、业务特点等内在外在因素都影响着企业营销组织设计。

### 11.2.1 市场营销组织

#### 1. 市场营销组织的含义

企业营销组织可以包括静态和动态两种含义。

从静态看，它是企业在一定时期内，对企业的营销活动过程的组织、实施和控制负责的相对稳定的组织机构形式、结构和组织制度。

从动态看，营销组织是一种行为，涉及企业营销活动的全过程，目的是执行企业的整体市场营销计划，实现企业营销目标。

本文所讨论的营销组织指的是静态意义上的营销组织，即企业的营销部门。

营销组织是指企业内部涉及市场营销活动的各个职位及其结构。理解这一概念必须注意以下两个方面。

（1）并非所有的市场营销活动都发生在同一组织内部。

（2）不同企业其市场营销活动的重点不同。

企业营销部门是企业实现其经营目标的核心职能部门，具有系统性、适应性的特点。

（1）系统性是指企业内部各职能部门如财务、生产等组成一个完整的系统，通过市场营销部门指挥与协调各部门满足消费者需求，实现企业利润目标。

（2）适应性是指企业的营销组织机构必须适应外界环境的变化，对多变的市场环境能做出迅速反应及决策。

市场营销组织的目标如下。

（1）对市场需求做出快速反应。

（2）使市场营销效率最大化。

（3）代表并维护消费者利益。

### 2. 市场营销组织的演化

现代企业营销组织是长期演化而来的。从早期在西方企业无足轻重的地位，到今天在企业中复杂的功能，营销组织已经成为企业组织中的核心部门，其发展过程可以划分为五个阶段。

（1）简单的销售部门。在生产理念指导下，企业集中力量发展生产，轻视市场营销，实行以产定销；商业企业集中力量抓货源，工业生产什么就收购什么，工业生产多少就收购多少，也不重视市场营销，大部分营销组织都采用简单的销售部门形式。最初的销售职能部门只负责产品的推销工作，习惯由企业主雇佣一两位推销员承担，后来企业内有了简单的销售部门——一位主管销售的副总经理领导几位销售人员，同时兼顾其他营销功能，如图 11-1 所示。

（2）销售部门兼营其他营销职能。20 世纪 30 年代大萧条以后，市场竞争日趋激烈，销售工作日益复杂，企业大多数以推销观念作为指导思想，需要进行经常性的市场营销研究、广告宣传以及其他促销活动。这些工作逐渐变成专门的职能，当工作量达到一定程度时，需要一名营销主管对这些职能进行管理，销售部门通常由一位销售经理负责，管理推销人员，并兼管若干市场调研和广告宣传工作。随着这方面工作量的增加，便需要设立市场营销主管，负责这些具体、专门的工作，如图 11-2 所示。

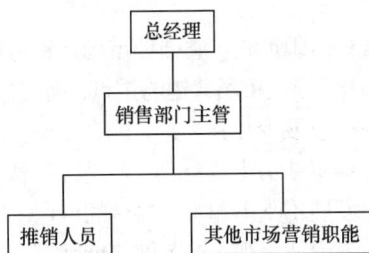

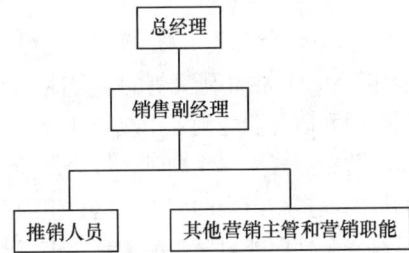

图 11-1　简单销售部门　　　　图 11-2　兼具其他营销职能的简单销售部门

（3）独立的市场营销部门。随着市场竞争的加剧以及企业生产经营规模和业务范围的进一步扩大，销售部门作为辅助性职能的市场调研、广告促销甚至产品开发等工作的重要性亦日益扩大，原有的推销部门工作量和管理难度大大增加，于是市场营销部门随着一系列工作的独立而脱离出来，成为一个与推销并立的职能部门，由一位市场营销副总经理负责，与推销副总经理同时直接由总经理领导（见图 11-3）。这种组织结构将保证营销职能不致被忽视，高层决策可能对企业的发展机会和存在问题有一个比较正确的看法，不仅从销售的角度，还从市场和顾客的角度。

（4）现代市场营销部门。销售部门与营销部门的工作要求互相配合、密切联系，工作目标是一致的，但平行和独立又常常使它们的关系充满竞争和矛盾。例如，销售经理注重短期目标和眼前销售额，而市场营销经理注重长期目标和开发满足消费者长远需要的产品。这两个部门由于立场和利益不同，发生工作矛盾和摩擦是常有的事，两部门都想把自已摆在更重要的地位上。由于二者之间冲突太多，最终导致公司总经理将它们合并为一个部门，于是企业变更了组织结构，即由一位营销副总经理主管一切营销部门，管理全部的营销功能，形成了现代营销的基础，如图 11-4 所示。

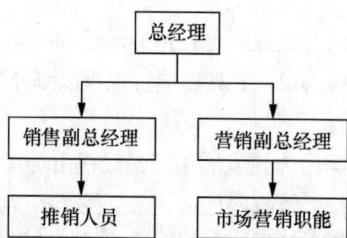

图 11-3　独立营销部门

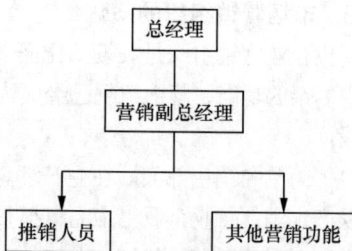

图 11-4　现代市场营销部门

（5）现代市场营销公司。现代市场营销公司的外在组织形式与现代营销部门基本相同。当企业在现代市场营销观念的指导下，内部各级管理者和员工形成全面的"为顾客服务"，围绕"满足顾客需求"而开展企业各个环节的活动，这才能称为现代市场营销公司。如果它们仅仅把营销视为营销部门的事，该企业就不可能有效地执行营销功能。只有企业有了全员营销认识，营销是整个企业的指导思想的时候，这样的公司才算是有效的营销公司。

**3. 市场营销部门的组织形式**

为了实现企业目标，市场营销经理必须选择合适的市场营销组织。大体上，市场营销组织的类型有以下五种。

（1）职能型组织。这是最古老也最常见的市场营销组织形式。它强调市场营销各种职能如销售、广告和研究等的重要性。该组织把销售职能当成市场营销的重点，而广告、产品管理和研究职能则处于次要地位。当企业只有一种或很少几种产品，或者企业产品的市场营销方式大体相同时，按照市场营销职能设置组织结构比较有效。但是，随着产品品种的增多和市场的扩大，这种组织形式就暴露出发展不平衡和难以协调的问题。既然没有一个部门能对某产品的整个市场营销活动负全部责任，那么，各部门就强调各自的重要性，以便争取到更多的预算和决策权力，致使市场营销总经理无法进行协调，如图 11-5 所示。

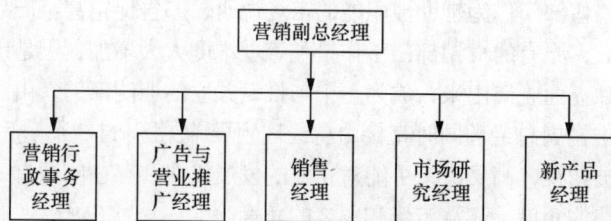

图 11-5　职能型组织

（2）产品型组织。产品型组织是指在企业内部建立产品经理组织制度，以协调职能型组织中的部门冲突。在企业所生产的各产品差异很大、产品品种太多，以致按职能设置的市场营销组织无法处理的情况下，建立产品经理组织制度是适宜的。其基本做法是，由一名产品市场营销经理负责，下设几个产品线经理，产品线经理之下再设几个具体产品经理去负责各具体产品，如图 11-6 所示。

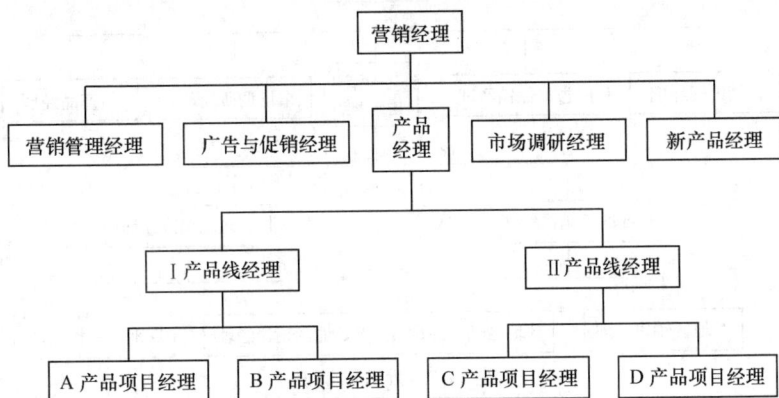

图 11-6 产品型组织

最早的产品管理组织形式出现于 1927 年的宝洁公司。当时开发的一种新肥皂景况欠佳，一位名叫纳尔·麦克埃尔罗伊的年轻人（后来升任宝洁公司总经理）受命统筹开发和推销，他取得了成功，于是公司随之增设了其他产品经理。从那时起，许多公司，特别是生产食品、肥皂、化妆品和化工产品的公司，都建立了产品管理组织。

产品经理的主要任务，是制定发展产品的长期经营和竞争策略，编制年度市场营销计划，并负责全面实施计划和控制执行结果。

产品管理组织形式的优点如下。

① 产品经理能够将产品营销组合的各种要素较好地协调起来。

② 能对市场上出现的问题迅速做出反应。

③ 较小的品种或品牌由于有专人负责而不致遭忽视。

④ 由于涉及企业经营的各个领域，对年轻经理们是经受锻炼的好位置。

然而，这种组织形式也有以下不便之处。

① 产品经理未能获得足够的权威，以有效履行自己的职责，只有靠劝说的方法取得广告、销售、生产等部门的配合；

② 只能成为本产品的专家，很难成为职能专家。

③ 这种管理形式的费用常常高出原先的预料。

④ 产品的经理任职期限较短，故使市场营销计划缺乏长期连续性。

（3）地区型组织。如果一个企业的市场营销活动面向全国，那么它会按照地理区域设置其市场营销机构。例如，一家在全国各地区市场上均销售其产品的企业，通常按地理区域组织其销售力量，甚至在某些顾客集中的地区设置销售办事处或分公司。该机构设置包括：一名负责全国销售业务的销售经理、若干名区域销售经理、地区销售经理和地方销售经理。地区销售经理的工作不仅是推销产品，还要负责分析该地区的市场情况、营销机会，为该地区市场制订营销年度计划和长期规划，并负责计划的贯彻实施，如图 11-7 所示。

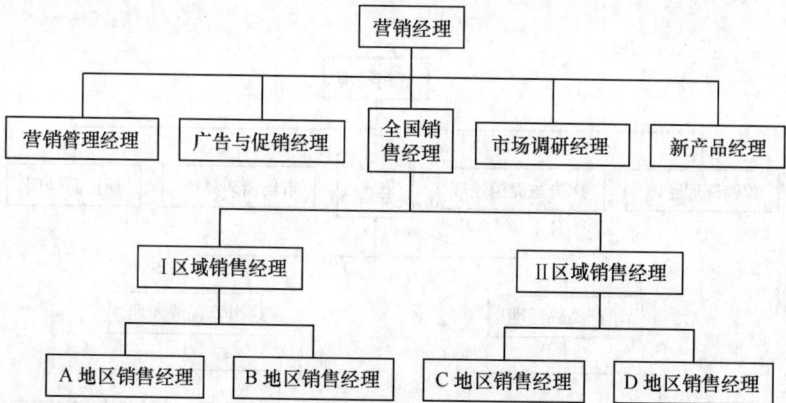

图 11-7　地区型组织

（4）市场型组织。许多大企业将产品出售给不同的细分市场，如某钢铁公司将钢材分别出售给铁路部门、建筑业和加工业等，于是出现与产品经理式组织的结构类似的市场管理式组织，它能解决各级销售经理如何与各职能部门协调合作的问题。由一位总市场经理管辖若干细分市场经理，每位市场经理的职责除包括产品经理的职责外，还为自己负责的市场制订长、短期计划，分析市场趋势，组织实施计划，负责市场顾客服务、不同市场独具特色的营销战略与策略的制定等，如图 11-8 所示。例如，亨氏公司原是以产品为中心的组织形式，设有调味品、布丁等产品经理。但亨氏公司产品的客户既有食品杂货商，还有各类机关团体，因此每位产品经理要同时负责这两类市场的销售。

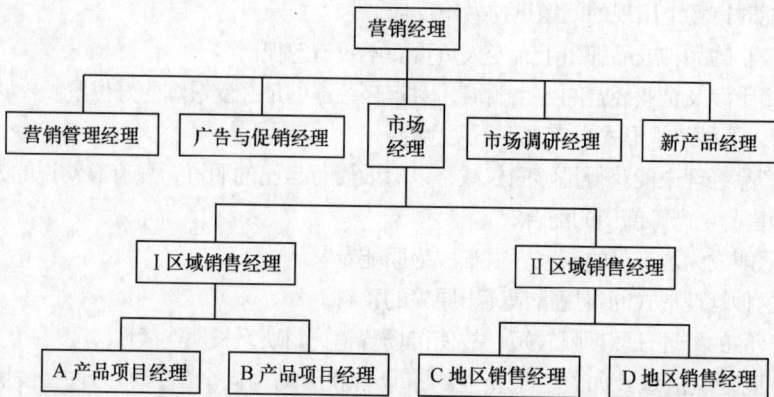

图 11-8　市场型组织

市场型组织的优点在于，企业的市场营销活动是按照满足各类不同顾客的需求来组织和安排的，这有利于企业加强销售和市场开拓。其缺点是，存在权责不清和多头领导的矛盾，这和产品型组织类似。

（5）矩阵型组织。矩阵型组织是职能型组织与产品型组织相结合的产物，它是在原有的按直线指挥系统为职能部门组成的垂直领导系统的基础上，又建立一种横向的领导系统，两者结合起来就组成一个矩阵。在市场营销管理实践中，矩阵型组织的产生大体分两种情形：第一种情形，企业为完成某个跨部门的一次性任务（如产品开发），就从各部门抽调人员组成由经理领导的工作组来执行该项任务，参加小组的有关人员一般受本部门和小组负责人的共同领导。任务完成后，小组撤销，其成员回到各自的岗位。这种临时性的矩阵型组织又叫小组制。第二种情形，企业要求个人对维持某个产品或商标的利润负责，把产品经理的位置从职能部门中分离出来并固定化；同时，由于经济和技术因素的影响，产品经理还要借助于各职能部门执行管理，这就构成了矩阵。矩阵型组织能加强企业内部门间的协作，能集中各种专业人员的知识技能又不增加编制，组建方便，适应性强，有利于提高工作效率。但是，双重领导，过于公权化，稳定性差和管理成本较高的缺陷又多少抵消了一部分效率。

## 11.2.2　营销计划执行过程

营销计划执行指将营销计划转化成具体的行动和任务的过程，并保证这些行动的有效实施和任务的完成，以实现营销计划所制定的目标。

一个好的营销计划，如果执行不当，就会使整个计划受损。一个有效的营销计划执行过程包括以下几个步骤。

### 1．制订行动方案

为了有效地实施市场营销计划，必须制订详细的行动方案。计划执行方案包含具体的决策和任务，落实执行人及其责任，列出行动时间进度表。

### 2．建立组织结构

企业的营销计划不同，企业战略不同，建立的组织结构也应有所不同，营销组织结构必须同营销目标相一致，同企业本身的特点和环境相适应。

建立营销组织结构应充分发挥组织结构的两大职能，首先是分工职能，将全部工作分解成管理的几个部分，分配到部门和人；其次是协调职能，通过正式的组织联系沟通网络，协调各部门和人员间的行动。

### 3．人力资源配置与开发

人力资源配置与开发是组织根据目标和任务需要正确选择、合理使用、科学考评和培训企业员工，以合适的人员去完成组织结构中规定的各项任务，从而保证整个组织目标和各项任务完成的职能活动。

人力资源配置与开发涉及人员的考核、选拔、安置、培训和激励等问题。在考核、选拔管理人员时，要注意做到人尽其才；为了激励员工的积极性，必须建立完善的工资、福利和奖惩制度。在设计报酬制时要注意长期目标和短期目标的激励相结合，避免只以短期的经营利润为标准，营销人员缺少为实现长期战略目标而努力的积极性。此外，企业还必须决定行政管理人员、业务管理人员和一线工人之间的比例。

人力资源配置与开发的方法有以下三种方式。

（1）以员工为标准进行配置。按员工岗位测试的每项得分，选择最高分任用，缺点是可能同时多人针对此岗位上测试得分都较高，结果仅选择一人，另外，忽略性格等因素，可能使优秀人才被拒门外。

（2）以岗位为标准进行配置。从岗位需求出发，为每个岗位选择最合适的人。此方法组织效率高，但只有在岗位空缺的前提下才可行。

（3）以双向选择为标准进行配置。就是在岗位和应聘者之间进行必要的调整，以满足各个岗位人员配置的要求。此方法综合平衡了岗位和员工两个方面的因素，现实可行，能从总体上满足岗位人员配置的要求，效率高。但对岗位而言，可能出现得分最高的员工不能被安排在本岗位上，对员工而言，可能出现不能被安排到其得分最高的岗位上的情况。

### 4. 培育和建设企业文化

企业文化是指一个企业内部全体人员共同持有和遵循的价值标准、基本信念和行为准则。企业文化一旦形成，就具有相对稳定性和连续性特点，不易改变。由于企业文化体现了集体责任感和集体荣誉感，它甚至关系到职工的人生观和他们所追求的最高目标，能够起到把全体员工团结在一起的"黏合剂"作用，因此，塑造和强化企业文化是执行企业战略不容忽视的一环。它包括企业环境、价值观念、模范人物、仪式、文化网五个要素。

### 5. 市场营销战略实施系统各要素间的关系

为了有效地实施市场营销战略，企业的行动方案、组织结构、决策和报酬制度、人力资源、企业文化和管理风格这五大要素必须协调一致，相互配合。

在计划执行过程中，对内要特别注意营销部门和其他部门之间的协调配合，对外要动员经销商、零售商、广告代理商等给予有力的配合和支持。

## 11.2.3  市场营销计划有效执行的保障

### 1. 基础性管理制度

（1）绩效考核制度。将市场营销计划要达到的目标与营销人员的绩效考核联系起来，由此来规范营销人员的行为围绕营销目标开展工作，使市场营销计划落到实处。比如，市场营销计划要开展深度分销，可以制定一个铺货率的考核要求，使营销人员的工作重点放到提高铺货率上来。

（2）部门协作制度。围绕市场营销计划的重点，解决好各部门之间的协作关系，在部门之间确立合同关系，明确责权利，另外，也可以采取项目小组的形式开展工作，提高市场营销计划的运作效率。比如，在市场营销计划中的新产品开发业务，关系着企业的持续竞争力提升，其参与的部门涉及市场、生产、技术、供应等，要提高新产品开发的速度和效率，一方面要确立市场部在新产品开发过程中的领导关系，另一方面又可以通过责任书的确认，使其他部门都能按照要求完成新产品开发各环节的工作。

### 2. 职能性管理制度

重点是提高市场营销计划实施效率的管理制度，如营销推广管理制度、区域管理制度、渠道管理制度、销售业务管理制度等,这些制度一方面是为销售人员提供了开展工作的规范,另一方面则是为衡量销售人员的工作成效提供了标准,另外,管理制度还影响着销售人员的思想意识和行为模式,其根本点都是围绕着市场营销计划的有效执行而进行的。

### 3. 流程保障

围绕市场营销计划的关键业务内容优化运作流程:营销关键业务流程的优化甚至重组,将对市场营销计划的有效实施有着重要的作用,往往一份市场营销计划是好的,但在实际运作过程中,由于业务流程的运作不合理,造成市场营销计划实施的效率低下,直接影响到营销目标的实现。

通过重组业务流程调整部门结构:在一些关键性的业务流程中,如产品研发流程、营销推广流程、市场营销计划流程、订单处理流程等,其运作效率的高低,反映着整个组织结构和部门职能是否合理,因此要真正做到业务流程重组后企业能够高效运转,就要根据业务流程的要求,从组织和职能上加以保障,确保业务流程能为企业带来根本性的利益。

### 4. 权限保障

权限保障是对各部门业务职能的落实。市场营销计划的有效执行有很大程度是取决于各部门能否充分发挥各自的职能,市场营销计划在实施时,一定要赋予各职能部门相应的权限,否则将会影响到市场营销计划执行的效率。

总部和分部之间的权限分配:总部对于市场营销计划应该强化专业方面的权限,而分部对于执行市场营销计划则应该加强针对性方面的权限,使市场营销计划在执行过程中可以得到很好的整体配合。

市场营销计划各项业务活动的权限分配:也就是对市场营销计划中的业务内容进行合理分配,使各个职能部门都能找到相对应的工作内容,主要是解决业务活动开展过程中的决策权限,如新产品研发由哪个部门领导和推动,销售计划由哪个部门分析、整合和落实等。

### 5. 资源保障

市场营销计划的制定是一回事,而在执行中对计划的资源保障又是一回事,虽然市场营销计划中包含了费用预算,但往往有些项目所分配到的资源并不能保障计划的实现,而且有的企业在面对销量下滑的状况时,往往坚持不住按计划进行,总是会把费用倾斜到能立即提升销量的项目上,如渠道返利促销,但这只是一种短期行为,并不会对企业的长期发展带来根本的帮助。

对关键项目的资源保障:比如,有的企业在市场营销计划中准备开发大型超市和卖场,但是在开发费用上却没有相应的分配,如进场费、条码费、陈列费、堆头费、促销费等,只能使终端的开发工作举步维艰;又如,有的企业在市场营销计划中准备实施深度分销,但在区域市场只派驻了少量的人员(如一省一人或数人),根本无法做到深度分销,只能采用依靠经销商的粗放经营模式。因此,在市场营销计划实施中,一定要通过制度对关键项目进行确定,并与绩效考核结合起来,通过政策来加以保障,使营销目标能够得以顺利实现。

## 11.2.4 现代企业市场营销应注意几个方面

在现代企业营销管理中,大多数企业都会存在营销计划、组织方面的问题。建立适应企业发展的营销组织是营销管理的重要组成部分。现代市场营销应该注意以下几方面问题。

（1）设置独立的市场营销调研部门，以确定消费者的需求和企业应提供什么样的产品或服务来满足消费者的需求。但是，许多企业还没有设立市场调研部门或专职的市场调研人员。

（2）市场营销部门应参与新产品的开发。在企业内部，市场营销部门对消费者的需求了解最多。而一种新产品能否开发成功，不仅取决于先进的技术，而且还要看是否符合消费者需要。因此，市场营销部门在决定开发产品的种类、功能结构、外形、规格、花色等方面均负有指导性的责任。

（3）应给市场营销经理相当大的权力和相当高的地位，能够直接参与最高领导层的决策。

（4）市场营销部门应统一负责企业的全部市场营销职能，而不应将其中一部分职能分散到其他部门负责。

# 11.3　市场营销控制

在营销计划实施过程中会出现许多问题，营销部门必须不断地监督和控制各项营销活动，使既定的营销目标得以顺利实现。

市场营销控制是市场营销管理者用于跟踪企业营销活动过程每一环节，以确保其计划目标运行而实施的一套工作程序或工作制度。营销控制可帮助管理者及早发现问题，采取措施防患未然，并对营销人员起着监督和激励的作用。但相当多的企业对营销控制的重要性还缺乏足够的认识，也没有建立起一套有效的控制制度。

市场营销控制有四种主要类型，即年度计划控制、盈利能力控制、效率控制和战略控制。

## 11.3.1　年度计划控制

所谓年度计划控制，是指企业在本年度内采取控制步骤，检查实际绩效与计划之间是否有偏差，并采取改进措施，以确保市场营销计划的实现与完成。

其目的在于保证企业实现在年度计划中所制定的销售、利润以及其他目标，年度计划控制的中心是目标管理。

### 1. 年度计划控制的内容

（1）目标分解，即将年度计划指标按月或季分解为次一级指标，如销售目标、利润目标等。

（2）绩效测量，即管理者随时掌握营销活动的进程、绩效，并将实际成果与预期成果相比较。

（3）偏差分析，即研究所发生偏差，找出造成严重偏差的原因。

（4）修正计划，即针对问题采取修正措施，以减小实际业绩与计划之间的差距，或者是改变行动方案，或者是修改计划。

### 2. 年度计划控制方法

企业经理人员常用五种方法来检查计划的执行情况，即销售额分析、市场占有率分析、市场营销费用与销售额比率分析、财务分析和顾客满意度追踪。

（1）销售额分析。销售额分析主要用于衡量和评估经理人员所制定的计划销售目标与实际销售之间的关系。这种关系的衡量和评估有以下两种主要方法。

① 总量差额分析法，这种方法用于分析不同影响因素对销售业绩的不同作用。

例如，AB 企业在销售计划中列出前半年销售目标，第一季度产品销售 10 000 件，每件 1 元，即销售额 10 000 元，但实际该季度只销售了 9 000 件，每件 0.90 元，即实际销售额为 8 100 元。那么，销售绩效差为 −1 900 元。

可见，总销售额降低既有销售数量减少的原因，也有价格降低的原因。那么，二者各自对总销售额的营销有多大呢？计算如下：

$$价格降低的差距 = （Sp-Ap）AQ = （1-0.90）\times 9\,000 = 900$$

$$价格降低的影响 = 900 \div 1\,900 = 47.4\%$$

$$销量下降的负差 = （SQ-AQ）Sp = （10\,000-9\,000）\times 1 = -1000$$

$$销量下降的影响 = 1\,000 \div 1\,900 = 52.6\%$$

（式中：Sp 为计划售价；Ap 为实际售价；SQ 为计划售价；AQ 为实际售价）

可见，销售差额应归因于没有完成预期销售数量和降价。找出原因后，企业可以进一步细分原因，并思考需要做哪些工作提高销售数量和价格。

② 单个产品销售分析法，即着眼于单个产品或地区销售额未能达到预期份额的分析。

例如：某企业产品在三个地区销售，计划销售额分别是 1 500 元、500 元、2 000 元，总额为 4 000 元，但实际销售额分别为 1 400 元、525 元、1 075 元，总额为 3 000 元，与计划销售额的差距分别是 −6.67%、+5%、−46.25%。可见，引起不良绩效的主要原因是第三个地区销售量大幅度下降。企业应集中注意力分析第三个地区的销售管理状况，可能是销售员工的问题，可能是进入有力的竞争者，也可能是该地区消费水平下降。

（2）市场占有率分析。销售额的绝对值并不能说明企业与竞争对手相比的市场地位怎样。

企业的销售绩效并未反映出相对于其竞争者企业的经营状况如何。可能是整个经济环境引起销售绩效的变动，也可能是其市场营销工作较之其竞争者有相对改善。如果企业的市场占有率上升，表明它较其竞争者的情况更好；如果下降，则说明其相对于竞争者绩效较差。有效市场占有率分析有三种指标。

① 全部市场占有率：用企业的销售额占全行业销售额的百分比来表示。利用这一指标必须作两项决策：一是要用单位销售量或以销售额来表示市场占有率；二是正确认定行业的范围，即明确本行业所应包括的产品、市场等。

② 单个市场占有率：指企业在某个市场即某个销售区域内的销售额占全行业在该地区市场销售额的比重。

③ 相对市场占有率：即将本企业的市场占有率与行业内领先的竞争对手的市场占有

率进行比较，大于 1，表示本公司为行业的领先者；等于 1，表示本公司与最大竞争对手平起平坐；小于 1，表示本公司在行业内不处于领先地位。如果相对市场占有率不断上升，则表示公司正不断接近领先的竞争对手。

（3）市场营销费用与销售额比率分析。年度计划控制要确保企业不会为达到其销售额指标而支付过多的费用，关键就是要对市场营销费用与销售额的比率进行分析。

（4）财务分析。市场营销管理人员应就不同的费用对销售额的比率和其他的比率进行全面的财务分析，以决定企业如何以及在何处展开活动，获得盈利，尤其是利用财务分析来判断影响企业资本净值收益率的各种因素。

（5）顾客态度追踪。年度计划控制所采用的分析都是采用定量分析的控制手段，而定性分析也同样重要。企业还需要一些定性标准，向管理部门提供市场份额变化的早期警告。营销管理健全的公司建立专门机构，用以追踪顾客、经销商以及营销系统中其他参与者的态度。在顾客态度对销售产生影响作用之前就对其变化进行监控，以便管理部门能及早采取行动。

顾客满意度的程度可通过建立以下制度来获得。

① 一是建立投诉和建议制度。例如，通过设意见簿、建议卡等，企业对顾客书面的或口头的抱怨应该进行记录、分析，并做出适当的反应。对不同的抱怨应该分析归类做成卡片。较严重的和经常发生的抱怨应及早予以注意。企业应该鼓励顾客提出批评和建议，使顾客经常有机会发表意见，才能收集到顾客对企业产品和服务所作反应的完整资料。

② 固定顾客样本。公司可与某些顾客建立长期固定的联系制度，定期通过电话或邮寄意见征求表征求他们的意见和建议。这种方法因访问对象具有连续性，有时比抱怨和建议系统更能代表顾客态度的变化及其分布范围，因此所得资料更完整、更全面。

③ 顾客随机调查。公司还可定期通过随机抽样方式了解顾客对企业产品及服务的满意程度。问卷包括职员态度、服务质量等。通过对这些问卷的分析，企业可及时发现问题，并及时予以纠正。

## 11.3.2 盈利能力控制

取得利润是所有企业最重要的目标之一，盈利能力控制可以用来测定不同产品在不同区域、不同顾客群体、不同渠道以及不同订货规模的盈利能力。尤其当企业在若干地区市场上经营多种不同产品时，这种微观的盈利能力分析将帮助公司就哪些产品或市场该扩展，哪些该缩减以至放弃等做出正确决策，因此极具实用价值。下面拟就市场营销成本以及盈利能力的考察指标等作一阐述。

### 1. 市场营销成本

市场营销成本直接影响企业利润，它由如下项目构成。

（1）直接销售费用：包括直销人员的工资、奖金、差旅费、培训费、交际费等。

（2）促销费用：包括广告媒体成本、产品说明书印刷费用、赠奖费用、展览会费用、促销人员工资等。

（3）仓储费用：包括租金、维护费、折旧、保险、包装费、存货成本等

（4）运输费用：包括托运费用等。如果是自有运输工具，则要计算折旧、维护费、燃料费、牌照税、保险费、司机工资等。

（5）其他市场营销费用：包括市场营销管理人员工资、办公费用等。

上述成本连同企业的生产成本构成了企业的总成本，直接影响到企业经济效益。其中，有些与销售额直接相关，称为直接费用；有些与销售额并无直接关系，称为间接费用。有时二者也很难划分。

### 2．盈利能力指标

销售利润率：是指利润与销售额之间的比率，表示每销售 100 元使企业获得的利润。其公式是：

$$销售利润率 = 本期利润/销售额 \times 100\%$$

资产收益率：是指企业所创造的总利润与企业全部资产的比率。其公式是：

$$资产收益率 = 本期利润/资产平均总额 \times 100\%$$

净资产收益率：是指税后利润与净资产所得的比率。净资产是指总资产减去负债总额后的净值。这是衡量企业偿债后的剩余资产的收益率。其计算公式是：

$$净资产收益率 = 税后利润/净资产平均余额 \times 100\%$$

资产管理效率包括资产周转率和存货周转率。

资产周转率：是指一个企业以资产平均总额去除产品销售收入净额而得出的全部资产周转率。其计算公式如下：

$$资产周转率 = 产品销售收入净额/资产平均占用额 \times 100\%$$

存货周转率：是指产品销售成本与存货（指产品）平均余额之比。其计算公式如下：

$$存货周转率 = 产品销售成本/存货平均余额 \times 100\%$$

## 11.3.3　效率控制

效率控制的目的是提高销售人员推销、广告、销售促进和分销等市场营销活动的效率，市场营销经理必须重视若干关键比率，这些比率表明上述市场营销职能执行的可靠性，显示出应该如何采取措施以改进执行情况。

销售对于竞争性行业的企业来说具有举足轻重的地位。销售低下会对企业的业绩造成严重的损害；同样，销售的优异表现可以极大地提高企业的市场地位。销售效率分析，目的是分析效率找出高效率的方式，使之更好地管理销售人员、广告、销售促进及分销工作。

### 1．销售人员效率控制

不同的企业、企业不同的发展阶段对销售人员效率控制侧重点不同。但在企业实际操作中，销售经理要记录本地区内销售人员效率的几个主要指标。

（1）每个销售人员平均每日销售访问次数。

（2）每次会晤平均花费的访问时间。

（3）每次销售访问的平均收益。

（4）每次销售访问的平均成本。

（5）每百次销售访问而订购的百分比。

（6）每个考核期间赢得的新顾客数，即新客户获得数量。

（7）每个考核期间丧失的顾客数，即客户流失数量，一般用客户流失率表示。

（8）销售成本对总销售额的百分比。

（9）客户维护量和客户忠诚度。

在销售人员效率评估之后，营销管理人员需要比照计划的差距促使企业对效率低下的环节加以改进。企业从以上的分析中，可发现一些非常重要的问题。例如，销售代表每天的访问次数是否太少，每次访问所花时间是否太多，在每百次访问中是否签订了足够的订单，是否增加了足够的新顾客并且保留住原有的顾客。

### 2. 广告效率控制

广告是企业营销活动的一部分，它服务于企业营销管理目标。企业市场营销人员要做好广告效率分析，以实现企业营销目标。广告效率控制可以作以下统计。

（1）每千人成本：某种广告送达 1 000 人所花费的广告成本。例如，某节目 60 秒广告费为 8 000 元，可送达人口 80 万，每千人成本为：（8 000 元 ÷ 800 000）× 1 000 = 10（元）。

（2）到达率：在某一特定期间内，广告目标受众（个体或家庭）能够收到某一广告信息的人数（或户数）占总人数（或户数）的百分比。

（3）视听率（收视率、收听率）：在某一特定时间收看（或收听）某一电视（或广播）节目的人数（或家庭数）占拥有电视机或收音机人数（或家庭数）的百分比。

同时，还要统计顾客对广告内容和效果的意见、广告前后顾客对产品态度的比较以及受广告刺激而引起的询问次数。

企业市场营销管理人员可以采取若干步骤来改进广告效率，包括进行更加有效的产品定位；确定广告目标；选择广告媒体；进行广告后效果测定等。

### 3. 促销效率控制

促销效率控制是管理层应该对每一次销售促进的成本和销售影响做记录，并注意做好一系列统计工作。

销售促进效率的控制应注意以下资料：优惠销售所占的百分比；每一美元的销售额中所包含的商品陈列成本；赠券的回收率；一次演示所引起的询问次数等。企业市场营销管理人员应该对促进的成本及销售的影响做好记录，进行效果评价。具体对每次促销活动可统计指标包括由于优惠而销售的百分比、每一销售额的陈列成本、赠券收回的百分比、因示范而引起询问的次数。

企业还应观察不同销售促进手段的效果，并使用最有效果的促销手段。

### 4. 分销效率控制

分销效率是指对企业存货水准、仓库位置及运输方式进行分析和改进，以达到最佳配置并寻找最佳运输方式和途径。

例如，海尔的分销物流体系建设，为海尔的营销管理带来了一定优势。作为国家经贸委确定的 34 家"现代物流工作重点联系单位"之一的海尔集团声称其高速发展很大程度缘于其先进的物流体系。海尔在全国已经建立了 12 个配送中心、1 550 个专卖店、9 000

多个配送网点，形成了完善的成品分拨物流体系、备件配送体系和返回物流体系，实现了中心城市 8 小时配送，区域内 24 小时配送到位，全国范围平均 4.5 天内配送到位。海尔的物流体系建设有利于其内部营销统筹管理，这对企业自身的发展十分有利。

分销网点的市场覆盖面，销售渠道中的各级各类成员，分销系统的结构、布局以及改进方案，存货控制、仓库位置和运输方式的效果等都是分销效率控制的一部分。

# 11.4　市场营销审计

随着市场经济不断发展，企业之间竞争越发激烈，企业立足于社会，谋求生存和发展的难度加大。营销审计则是强化营销管理使之更为有效的管理手段。通过营销审计加强营销控制，保证营销活动顺利开展，提高企业经济效益，使营销费用使用更加有效与合理，有利于企业在微利时代取得独有的优势甚至是核心竞争优势。

战略计划是应用于整体组织的，为组织未来较长时期设立总目标和寻求组织在环境中的地位的计划。战略控制的目的是确保企业目标、政策、战略和措施与市场营销环境相适应，因为在复杂多变的市场环境中，原来制定的目标和战略往往很快就过时。因此，每个企业都应利用一种被称为"营销审计"（Marketing Audit）的工具，定期重新评估企业的营销战略及其实施情况。

营销审计是对一个企业或企业中的一个业务单位的营销环境、营销目标、营销战略乃至营销活动所作的全面、系统、独立和定期的检查，其目的在于发现企业营销中的问题和可能的市场营销机会，以提出企业营销的行动计划，改善企业的营销运作，提高企业的营销效率。

## 张总该怎么处理面临的问题

一家大型企业这几年来销量是在一直上升，可营销费用却如坐直升飞机般，直往上窜！过去两年集团总部一直睁只眼闭只眼，在年底经营总结会上都算侥幸过去了，今年却由于集团要逐渐壮大，要外求扩张，于是给现有各区域下了死命令，要求营销费用的使用必须控制在总部要求的范围内，达到集团经营良性发展。

销售总经理张总是一个喜欢进攻的狮子型管理者，只喜欢不顾一切地进攻，而不是很关注费用的使用，所以，整个区域上下这几年来基本上都是只顾往前冲，很少为营销费用担忧，只要是营销费用的问题，以前只要能想办法，都尽量满足一线员工的要求。

现在既然总部下了死命令，将营销费用控制当作全年最重要的经营指标来考核，张总可不敢大意，除了开始翻看以前的营销费用审批表之外，张总还想到了财务部，要想控制费用，肯定由财务部门来控制最好，财务部门管钱嘛！可是，与总部派过来的财务副总一讨论，财务副总只能负责核算营销费用，却很难控制到营销费用。

张总该怎么处理这个问题？

张总想到了营销审计……

营销审计是西方营销控制最重要的营销工具。在国内，营销审计与控制还是一种非常新的营销管理思想，可是在国外，却已经有了很久的历史：营销审计最初在 1959 年就被引入营销领域。

营销审计可以解决各企业总部对区域、营销总监对营销活动最头痛的管理与控制问题，为国内企业提供了一个新的管理思路。

目前，国内企业面临无法对营销进行控制、无法做战略抉择、无法对自己的营销能力进行有效评估的现实问题，从分析来看，基本上都能通过营销审计来解决。营销审计由六大部分组成，即营销环境审计、营销战略审计、营销组织审计、营销效率审计、营销职能审计和营销系统审计。

### 1. 营销环境审计

营销环境审计除了要反映这是一个什么样的市场外，还要反映企业现在处在环境中的什么位置。同时，营销环境审计还应该包含动态营销环境审计的内容。通过行业分析，看清自己所处的行业环境。而且应用多种维度进行环境审计，能使营销人员对竞争环境有深刻的认知。

宏观环境方面包括以下主要因素。

人口环境：人口因素对企业带来哪些机会和哪些威胁？本企业已采取哪些措施？

经济环境：收入、储蓄、价格、通货膨胀等方面主要影响企业的是哪些方面？企业的措施是什么？

自然环境：企业所需要自然资源和能源在成本和可获性方面前景怎样？企业对环境的污染程度怎样？采取了什么保护措施？

技术环境：在产品技术和工艺过程方面发生了哪些重要变化？本企业在变化中处于什么地位？目前产品有哪些换代或替代可能？

政治环境：有哪些刚出台的可能影响到企业的营销战略技术的法规？如反污染法、就业政策、食品卫生法、广告法、价格法、反不正当竞争法等法规政策的出台。

文化环境：消费者的价值观念、生活习惯发生了哪些足以影响企业营销策略的变化？

微观环境方面包括以下主要因素。

企业市场：企业市场的规模、地区分布、获利性、增长速率如何？有哪些主要的细分市场？

顾客：本企业的现实和潜在顾客对本企业及竞争对手在商誉、产品质量、提供服务、定价等方面的评价怎样？不同顾客群是怎样做出购买决策的？

竞争者：谁是自己的主要竞争者？他们的目标、战略是什么？它们有何长处及短处？他们的生产规模及市场占有率怎样？

经销商：企业依靠哪些分销渠道将产品送达顾客？不同分销渠道的效益和增长潜力怎样？

供应商：生产所需关键原材料来自哪些供应商？供应商的销售方式可能有哪些变化？

储运机构：运输服务的费用怎样？仓储服务的费用怎样？

公众舆论：哪些公众给企业带来了机会或威胁？企业在处理与公众关系时有哪些措施？处理舆论工具时的措施有哪些？

### 2. 营销战略审计

企业发展的战略思想是什么？战略目标是什么？现有条件与战略目标相匹配吗？企业应该发展还是收缩？如果收缩，又会遇到什么壁垒？营销审计的内容应该能使营销决策人员清晰地认识到企业的战略目标才是企业员工共同奋斗的最重要目标。具体包括以下几点。

任务：企业营销任务是否得到明确阐述，并切实可行？

目标：企业目标是否通过指标形式得到明确表达，并切实指导市场营销计划及对工作绩效的衡量？企业营销目标是否与竞争地位、资源及企业机会相称？

战略：达到目标的战略核心是什么？是否有足够的资源保证？

通过营销战略审计，还能让企业营销管理人员找到一条适合企业的营销战略，这就是营销战略审计的现实意义。

### 3. 市场营销组织审计

审查营销组织在预期环境中实施整体战略的能力，其表现如下。

组织结构：市场营销部门对影响消费者满意程度怎样？

职能部门效率及部门间关系：市场营销与销售部门之间有良好的信息沟通和工作关系吗？产品管理系统怎样？产品经理职权怎样？营销部门同生产、研究开发、财务等部门关系如何？怎样改善？

营销能力审计：营销能力，反映企业产品、品牌、渠道等的实际能力。企业内部人员很难正确判断出自己的营销能力强在哪里，弱在哪里。渠道能力的审计，能让每个一线业务人员能更加自信地与渠道成员沟通，能让营销总监或总经理掌握一种企业的渠道发展、管理与控制的方法。

### 4. 市场营销效率审计

营销效率审计是检查各营销单位的获利能力和各项营销活动的成本效率，具体表现如下。

营销费用审计：营销费用控制是企业营销部门的大难题，怎样找到一种有效的办法，来让营销部门自己掌握一套简单的工具，能及时自我审计，是营销费用审计的重要内容。

营销费用审计如果能将企业最常用的营销费用进行细致的分类，然后进行组合，能使业务一线人员每次提交营销费用审批报告时，他自己或者营销总监都能清楚地知道应该花的费用是多少；甚至还能使每个业务一线人员在进行终端店洽谈时，根本不用请示主管、经理，就清楚地知道自己的底线在哪，这样非常有利于员工，在谈判中取得主动权。

获利性控制：企业在不同产品、市场、地区和渠道中的获利性怎样？企业应进入、扩展、收缩或撤离哪些细分市场？这样对短期或长期利润有何影响？

成本效益分析：哪些营销活动的成本过高？可采取什么措施降低成本？

### 5. 市场营销职能审计

它主要是对市场营销组合各因素进行评价，以促进企业更顺利地发展，其具体体现如下。

产品：现有产品线是否适合顾客的需要？现有产品是否需要做调整？应增加、扩大或淘汰哪些品种或品牌？产品的质量、款式、规格颜色及品牌（或商标）是否调整？

定价：定价的目标、策略、程序各是什么？成本、需求及竞争状况对定价的影响程度是什么？顾客认为价格与产品的实际利益是否相符？经销商和政府对定价又有哪些影响？

分销渠道：分销的目标和策略是什么？市场覆盖率怎样？分销渠道是否需要改进？

促销：企业广告目标是什么？预算怎么做？实际的费用是否适当？广告制作效果怎样？公众对广告效果的评价如何？其他促销手段是否要加强？

人员推销：推销队伍的规模、组织方式是否适应产品的销售？推销人员的选拔、任用、素质与能力的提高又进行得怎样？推销人员的报酬及激励措施怎样？与竞争对手相比又如何？

### 6. 市场营销系统审计

它涉及对企业的分析、计划、控制系统的审查，具体表现如下。

信息系统：市场情报系统是否能准确、及时、有效地提供与顾客、分销商、竞争对手及各类媒体有关的信息？企业决策者是否充分利用了市场调查？

计划系统：市场预测是否充分？计划制定是否有效？销售定额完成怎样？是否适当？

新产品开发系统：企业有无鼓励、评价新产品开发的措施？在进行研究开发之前是否有过充分的论证？新产品在推广之前是否进行产品测试或试销？

控制系统：控制系统是否能确保年度计划目标的实现？是否定期分析了各产品、市场、地区和分销渠道的获利性？是否定期审查市场营销成本？

营销审计不是只审查几个出问题的地方，而是覆盖整个营销环境、内部营销系统以至具体营销活动的所有方面。营销审计是定期进行的，而不是出现问题时才采取的行动。

## ➡ 案例分析

**【案例】 "中南海"——另辟蹊径创新**

中国卷烟市场已经进入群雄逐鹿的时代，竞争异常激烈。近几年异军突起于北京市场的北京卷烟厂低焦油"中南海"品牌以创新取胜，成为新一代的市场宠儿。

在国内林林总总的卷烟品牌经营中，"中南海"可谓另辟蹊径。在日本市场，"中南海"是中国卷烟出口的骄傲。在国内市场，"中南海"曾被誉为"中国卷烟第一支"，以低焦油技术引领市场潮流，最终成为京城卷烟市场的消费时尚。

**战略创新：让开大路奔两厢**

北京卷烟厂的品牌竞争力来源于创新。1970年，初创的北京卷烟厂需要技术专家，在郑州烟草研究院从事降低卷烟中有害成分研究的专家调到北京卷烟厂工作，这样一个偶然的机遇，使北京卷烟厂在建厂之初就与卷烟降害研究结下不解之缘。1975年，北京卷烟厂的几名科研人员协同开发出后来成为国际专利的中草药添加技术。20世纪70年代末80年代初建立起全国第一个烟草工业实验室。就在这个实验室里，"金健"、"中南海"相继诞生并获得市场成功，北京卷烟厂就此走上了以中草药添加技术和降焦技术为主的混合型卷烟发展道路。

在20世纪七八十年代，中国的卷烟市场还是以中高焦油烤烟型为主，确立以混合型技术为产品主攻方向的战略目标，就意味着北京卷烟厂要让开大路奔两厢，以创新战略构筑企业未来的竞争力。他们果敢地以中草药添加技术为切入点，在北京很多家医院做了临床实验，并以详细的病理数据证明，"中南海"、"金健"品牌具有缓解吸烟过程中咳嗽的作用。以降低危害的理念，他们的品牌在越来越关注健康的人群中获得认可。

　　同时，北京卷烟厂的创新技术也与当时国际市场的主流不谋而合。随着国外控烟运动的发展，国际市场对卷烟产品的技术要求也越来越严格，尤其是焦油量、尼古丁含量的技术指标一降再降。在 20 世纪 80 年代的日本市场，已经很难见到超过 10mg 的卷烟了，到了 90 年代，6mg 以下的卷烟已经成为主流。知变则胜，与国际市场早早接轨的北京卷烟厂未雨绸缪，一方面按照国际目标市场的要求，量身打造出口产品；另一方面，也为国内市场即将到来的变化储备着技术实力。

　　北京卷烟厂紧紧抓住技术创新的机遇，顺应市场的发展变化，在市场定位上找准了战略发展方向，形成了先行一步的竞争优势。

### 技术创新：风景这边独好

　　"中南海"品牌的科技内涵，是北京卷烟厂 30 年科技创新之路上获得成果的积累。

　　北京卷烟厂前瞻性地确定科技创新的方向，并充分重视利用地源科技优势，加强烟草科技的基础研究。他们与军事医学科学院合作，进行卷烟有害成分致病机理的研究；与北京医科大学等医疗机构合作，对添加中草药的卷烟做临床药理等研究；与中国科学院生物物理研究所合作，先后完成了卷烟中自由基存在形式、形成过程、生物毒理作用以及自由基清除剂等多项研究项目。目前，他们正在与清华大学合作，为纳米技术进入过滤嘴做储备。多种基础性研究的开展，不但增强了技术力量，而且丰富了高科技信息来源，并促使企业不断更新观念。

　　1985 年，他们的新混合型技术成为中国第一个获得国际专利的技术；1986 年，该项技术又赢得"中华人民共和国科学技术进步奖"，至今仍然是烟草行业唯一获得此项奖励的技术。1994 年，8mg "低焦油中南海"研制成功后，当年就在世界烟草大会与中、日、美、英、德等国卷烟的对比测试中，以聚氯联苯、塔尤开辛等有害物质最低的测试结果赢得赞誉。1995 年，北京卷烟厂"自由基清除剂在线添加方法"的成功应用，使自由基总清除率达 26.8 ％。1996 年，这一技术成果在国际烟草科学研究合作中心 CORESTA 大会上，被公认为世界领先水平，并在我国和日本、美国、德国、韩国申请专利。跨入 2000 年，5mg "低焦油中南海"和 3mg "低焦油中南海"研制成功并成功投放市场。2001 年，1mg "中南海"也已研制成功，并随时准备投放海外市场。

　　北京卷烟厂的中草药配方在研制初期就受到国外友好人士的关注。当时的国际烟草市场已经是混合型的天下，而信赖"汉方"的日本市场对北京卷烟厂的产品更是十分好奇。1985 年，"中南海"受邀参加了日本的筑波博览会，"中南海"一亮相就赢得日本消费者的热烈欢迎。1985～2001 年，"中南海"系列产品在日本累计出口 198 465 件，创汇 2 174 万美元，成为中国混合型卷烟出口的第一大品牌。

　　始终保持科学研究的前瞻性使企业为品牌注入了强大的活力，"中南海"通过技术营销概念使品牌与技术成功结合，使科技概念与市场消费如影随形，实现了"科技创新生活"的企业经营理念。

　　建立良好的战略合作伙伴关系也是一个出口品牌在目标市场成功的重要基础。"中南海"品牌的日本代理商太丰商社原来是一家多种经营的公司，但是随着"中南海"品牌在日本市场越来越受到欢迎，品牌本身的市场竞争力和发展前景使合作伙伴产生强烈的信赖，1997 年，新上任的太丰商社社长索性把公司其他经营项目都停了，全力经营"中南海"品牌。在太丰商社的努力下，"中南海"品牌进入了日烟公司的配送中心，这也意味着"中南海"品牌进入了日本 50% 以上的销售网络，"中南海"也成为唯一进入该销售网络的中国卷烟。2001 年，"中南海"又成功打入了 24 小时营业的"711"连锁店。能够进入这家国际著名零售连锁店的卷烟品牌，目前只有 5 个，只有销量高、牌子响的产品才能跨进这个门槛。目前，"中南海"已经成为日本第四大进口品牌。

随着国际市场开拓经验的积累，以及对国际市场的深入了解，"中南海"品牌的足迹已经到达美国、韩国、新加坡等市场，最近还将进入加拿大等市场。北京卷烟厂具有足够的耐心用 10 年时间在日本市场培育一个大品牌，他们还将有足够的耐心到其他市场去培育"中南海"新的消费群。

### 国内攻略：概念"软着陆"

1995 年，8 mg "中南海"已经在日本市场热销一年了，但是，国内市场对"低焦油"这一概念还很陌生。如何引导消费者接受"低焦油"，适应"中南海"的口味，成为企业很棘手的问题。他们没有将 8 mg "中南海"直接投放到国内市场，而是研制出 10 mg 的产品，既迎合首都市场的混合型口味，又大胆地制定出"引导消费，创造需求，树立名牌"的新战略。这似乎是冒险的一步棋，想从无到有地培养消费群，在没有市场的条件下创造出市场，谈何容易！但是，"中南海"正是以这样的前瞻性和前卫性抢占了先机，成功地创造出新的消费时尚。

他们采取概念营销的手段，先确立品牌的核心价值——"安全"、"健康"、"时尚"，并提出"科技创新生活"的口号，然后寻找对这些概念认可的人群作为突破口，再通过这些人对市场进行辐射。北京卷烟厂首先选择首都的知识阶层和白领阶层作为他们引导消费的"排头兵"，因为这些人既对新概念感兴趣，又能够接受国际时尚，同时还具有一定购买力，可以起到引领消费的作用。北京卷烟厂从中关村、高校、科研院所和使馆周边地区开始，对目标人群进行大规模的品牌概念宣传，以企业促销队伍为主力，广泛进行品牌概念推广。1998 年，为迅速提高"中南海"及其核心概念在首都市场的知名度，企业又确立了"抓龙头、分区域、多层次、重效果"的工作思路，组织促销小组先城区后郊区，对全市 14 个区县重点烟摊开展促销调研和宣传活动，仅几个月时间，"中南海"的形象就遍布京城街头大小烟摊，并很快被时尚消费人群认可，逐步进入首都市场。北京卷烟厂的概念营销初见成效。

服务是"中南海"品牌的另一根生命线。建立"中南海"质量信息员制度，是他们为消费者提供服务的一种最主要的方式。这种以自愿方式加入，旨在组建、培养稳定顾客消费群的制度，确实在提升品牌知名度方面起到了良好的促进作用。他们编制了企业内部刊物《中南海世界》来架构品牌与消费群之间的沟通桥梁，定期为信息员免费邮寄，培养着消费群对品牌的忠诚度。企业每年还多次组织"信息员联谊会"，通过体育活动、文娱活动，甚至经济学知识讲座，与消费群进行面对面、心与心的交流，为市场提供人性化的服务，极大地提高了"中南海"在市场中的声誉，丰富了品牌的文化内涵。人们常说，"天时不如地利，地利不如人和"、"攻心者，得天下"，北京卷烟厂就是充分发挥了地利优势，以攻心术构筑起品牌的文化价值体系。

在奥斯陆的世界卫生组织《控烟框架公约》技术咨询委员会第四次会议上，中国代表团将北京卷烟厂的"中南海"和广东梅州卷烟厂的"五叶神"作为中国卷烟工业降低卷烟危害的两个典型代表提出，它们也代表着中国卷烟的未来发展趋势。中国烟草总公司代表在这次大会上向与会代表申明，中国将把新混合型卷烟开发作为未来中国卷烟工业发展的新目标。这将为"中南海"的发展提供一个更为广阔的空间。

（资料来源：姜鸿舒、李文靖《中国烟草》）

问题：

1. 结合案例进行"中南海"的发展环境分析。
2. 分析"中南海"的发展战略。

3. 根据案例相关资料，制定"中南海"战略计划和具体行动方案。

# 思考与练习

1. 什么是市场营销计划？它主要包括哪些内容？
2. 市场营销组织经过哪几个演变阶段？
3. 市场营销组织有哪几种基本形式？
4. 市场营销控制包含哪些内容？
5. 营销审计对企业营销管理的意义是什么？
6. 营销审计具体包括哪些内容？

# 参 考 文 献

［1］吴勇. 市场营销. 北京：高等教育出版设出版社，2008.

［2］郭国庆. 市场营销学. 武汉：武汉大学出版社，2004.

［3］覃常员. 市场营销理论与实践. 北京：北京交通大学出版社，2009.

［4］王明东. 市场营销策划. 北京：北京理工大学出版社，2007.

［5］郝学隆. 新编市场营销学. 大连：大连理工大学出版社，2008.

［6］苏兰君. 现代市场营销能力培养与训练. 北京：北京邮电大学出版社，2005.

［7］顾青. 市场营销. 大连：大连理工大学出版社，2006.

［8］杨岳全. 市场营销策划. 北京：中国人民大学出版社，2006.

［9］冯丽华. 营销心理学. 北京：电子工业出版，2009.

［10］单凤儒. 营销心理学. 北京：高等教育出版社 2005.

［11］中国就业培训技术指导中心. 营销师—国家职业资格培训. 北京：中国广播电视大学出版社， 2006.

［12］侯贵东. 市场营销学. 上海：复旦大学出版社，2003.

［13］[美]迈克尔·波特，夏忠华译. 竞争战略. 北京：中国财政经济出版社，1988.

［14］黄丹，余颖. 战略管理. 北京：清华大学出版社，2005.

［15］宋云，陈超. 企业战略管理. 北京：首都经贸大学出版社，1997.

［16］王方华等. 企业战略管理. 上海：复旦大学出版社，2003.

［17］张鸿庆等. 现代企业管理. 西安：西安交通大学出版社，1993.

［18］赵春明. 企业战略管理—理论与实践. 济南：山东人民出版社，2003.

［19］董大海. 现代企业竞争战略. 北京：中国商业出版社，1994.

［20］宋军. 市场营销理论与实务. 北京：化学工业出版社，2009.

［21］连漪. 市场营销管理——理论、方法与实务. 北京：国防工业出版社，2010.

［22］纪宝成. 市场营销学教程. 北京：中国人民大学出版社，2002.